3000億円の事業を生み出す

ビジネスプロデュース戦略

BUSINESS PRODUCE

なぜ、御社の新規事業は大きくならないのか?

TAKAYUKI MIYAKE　TAKASHI SHIMAZAKI
三宅孝之・島崎 崇

PHP

はじめに

「新規事業を立ち上げようとしても、どれもスケールが小さくて困ってます」

「いろいろ検討してみたが、次の事業の柱となるようなものが見つからなくて……」

最近、大企業の幹部の方から、我々がたびたび受ける相談である。


そこで逆に我々は問う。

「○○常務は、例えばどんな事業をおやりになりたいですか?」


もしよければ、あなたもこの役員になったつもりで答えていただきたい。

「とにかくスケールが大きい事業がいい。三年くらいは投資で赤字も結構だが、そこから一気に立ち上がってくるような……」

と答えるだろうか。それとも、

「MVNOのような規制緩和は非常に大きなチャンスだと思う。こうした規制緩和にうまく乗って、他業界に進出していくのがいいのではないか」

とか、

「やはりＩＴは外せない。ＵＢＥＲ《ウーバー》やＡｉｒｂｎｂ《エアビーアンドビー》に代表されるように、とにかくネットを絡めるとおもしろいことができるはずだ」

と答えるだろうか。それとも、

「弊社が最近開発した技術に非常に大きなポテンシャルがありそうだ。しかし、どの顧客とどう組んで製品化するかは非常に悩ましい」

とか、

「実はおもしろい企業を買収し、これがかなりの優良顧客をつかんでいることが分かった。弊社の商品とのシナジーが非常にありそうだが、いくつかの問題があって……」

とか、

「これからの市場構造を考えると、ヘルスケアの成長は間違いない。少子高齢化社会で、製薬会社に限らずいろんな分野からいろんなプレイヤーが入ってくるのに乗り遅れないように参入したい」

という切り口でくるだろうか。はたまた、

「それが分からないのです。だから相談しているのですよ」

とおっしゃるかもしれない。

どれも間違いではない。また、そして必ずしも正解とも言い難い。

◎「三〇〇〇億円」の事業創造＝ビジネスプロデュース

読者の皆様が、どのような答え方をしたかは定かではないが、とりあえずイメージしたその事業について、次の質問に答えられるかをやってみてほしい。

1. （あなたのイメージした新たな事業は）どんな社会的課題に立脚しているか？
2. その社会的課題（の解決）に値する市場規模はどのくらいか？
3. あなたの企業でできる範囲と、他のプレイヤーにお願いすべきところはそれぞれ何か？
4. あなたの企業がそのポジションをとれる理由は何か？
5. 他のプレイヤーがそれをやってくれる理由（他のプレイヤーのメリット）は何か？
6. その事業には具体的にどんな法整備や規制の緩和が必要だろうか？

どうだろう。具体的な答えが一つでもできただろうか。

1でいきなり面食らった方もいらっしゃるかもしれない。それでも大企業の役員クラスだと半分くらいの方が答えられる。しかし、2もセットで答えられるレベルで1を回答できる方となると、ほとんど皆無になると言ってよい。

では、なぜ我々はこんな質問をするのか。

答えは簡単である。この質問に答えられなければ、大企業が目指すような、いや目指すべき「三〇〇〇億円」の事業創造はできないからだ。

最近は新聞はじめ様々な場面で日本企業の危機が語られる。そしてハイテクを中心に近年やたらと世界で負けている。既存事業はジリ貧なので新しいことを始めないとまずい、なのに始められない。始めても大きく育たない。どうしたらいいのか？

そんなことは今さら言われなくても分かっている、という読者が多いはずだ。そこで本書では、その解決策として「ビジネスプロデュース」という手法を紹介する。「三〇〇〇億円」の事業、つまり、次の事業の柱となり得るような数百億、数千億円単位の事業を創造するための方法論である。

そのレベルの事業創造は、個人のアイデアレベルからはほぼ間違いなく出てこない。事業というのは付加価値の総体である。それが数百億円や数千億円ということは、それに相当する社会の大きなニーズがあることが前提になる。

しかし、多くの基本的なニーズに対しては、すでに何らかの業界やどこかの企業の事業やサービスが存在している。例えば、「安全に暮らしたい」というニーズに対しては住宅や警備サービスなどがすでにあるし、「移動したい」というニーズに対しては自家用車としてモノで供給されていたり、電車やバスなどの移動支援サービスで供給されていたりする。そして他にも、食事、通信、医療、教育などなど、見渡せば数え切れないほどたくさんのニーズはあるが、それに対する何らかの事業やサービスがすでに存在するというのが現代の社会だ。

こうした状況においてなお、数百億、数千億円のビジネスを考えるというと、どうだろう。果たしてそんな大きな固まりのニーズはあるのだろうか。

◎「社会的課題への着目」と「業界の枠組みを超えた発想」が不可欠

ある。それが「社会的課題というニーズ」である。しかも、人々が感じつつも普段の生活では何気なく放置している疑問や、居酒屋談義で多数のサラリーマンに語られている社会への不満や、新聞におもしろおかしく書かれている法制度の矛盾など、身近なものの背景に、実はたくさんある。

社会的課題に着目すると、既存の業界の枠組みは超えざるを得なくなる。先ほど申し上げたとおり、業界の枠組みで考えている限りは、そこから出てくるニーズはすでに誰かが何かをやっている。しかし、業界の枠組みを超えた発想ができた瞬間から、誰も手をつけていなかったようなまったく新しいニーズが見えてくる。つまりは、これからの大きな事業は、こうした業界をまたいだところに創出されてくるということだ。

もちろん、その逆は必ずしも真ではない（業界をまたいで考えさえすればいくらでも新しい、しかも大きなニーズが出てくるわけではない）。そこに社会的課題という一種の「傘」のような存在を介することで、業界をまたいだ形の、新たな、かつ大きなニーズを紡ぎ出すということなのだ。

なお、社会的課題は、その大きさが大きいほど、その裏に存在する潜在的な事業規模も大きい。一方で、課題が大きいほど顕在化させるのも難しい。しかし、そこには間違いなく事業創造ポテンシャルがある。このあたりが、先ほどの質問の1と2に直結する。

そして社会的課題に着目する理由はもう一つある。それは、大きな事業創造は一人では実現できないし、一社でも実現できないという点だ。いろんなプレイヤーと役割分担しながら事業を紡いでいく必要があるとしたら、そのプレイヤーと根本的なところで共感していることは必須条件になってくる。そのためにも、複数のプレイヤーの理解を得やすいのは、やはり社会的課題なのである。

こうした部分は先ほどの質問の3〜5、さらに社会的課題には大抵の場合、国等の現行制度がボトルネックになることが多いため、質問の6にも絡んでくる。

◎ビジネスプロデュース力が企業の命運を握る

さて、「社会的課題を取り込み、それを解決する形での構想を描き、その実現に向けた仲間づくりをして連携していく。それによって数百億、数千億円規模の事業を創出していく」――という話をすると、もしかしたら「そんなこと、狙ってやれている企業なんて、本当にあるの？」と思った読者もいるかもしれない。

そう思った読者は相当危機感を持ったほうがいい。詳しくは第1章で述べるが、近年、日本企業が相次いで負けている最大のポイントがここにある。世界の名だたる企業が必死になって潜在ニーズを切り取ってビジネスにしようと日々格闘しているのに、その必要性すら認識できていないという状況にあるということだ。

ただ最近は、さすがに日本企業の中にもその必要性を認識し、必死に動き出しているところが出てきている。人材面でも、超一流の企業、例えばトヨタや富士フイルムといった企業には、「これぞビジネスプロデューサー」と呼べる素晴らしい人材が何人もいらっしゃるし、実際我々もそうした方々と仕事をさせていただいている。

今後は、これをやれる企業とやれない企業、やれる人材がいる企業といない企業で決定的な差がついていく。いや、すでに差がつき始めている。

今ある業界で圧倒的な地位を占めているトップ企業、またはそれに続くような業界大手企業でさえ安泰ではない。ある日突然、まったく別業種の企業（ライバルだとは夢にも思っていなかった企業）が創出した事業に、自社のメイン事業が壊滅的にやられてしまうことだってある。

このままいったら、御社はどちらになりそうか？

◎ビジネスプロデュースを多数手掛ける中で見えてきた方法論

話は変わるが、伝統的な戦略コンサルティングの世界では、できれば手をつけるべきではない（そもそも提案しないほうがいい）と言われているタイプのプロジェクトが二つある。

一つは、「シナリオプランニング」と言って、将来のマクロ環境が複数のシナリオ（まったく異なる世界観や市場環境）が想定されるというタイプの戦略策定プロジェクトである。シナリオごとに戦略をつくることになるので、四つのシナリオを想定すると四個分の戦略を同時につくらなければならない。単純に考えても工数負荷は数倍になるというタイプのプロジェクトだ。

そしてもう一つが、「新規事業創出」である。通常のコンサルティング会社にとって、新規事業はシナリオプランニング以上に厄介である。なぜなら、シナリオプランニングであれば、優秀な戦略コンサルタントが死ぬ気で頑張れば、あるいは何日も徹夜すれば何とかなる。多少デフォルメして言わせていただくと、そもそも戦略策定自体、クライアントのことをしっかり勉強し、世の中の事例を多数見て、クライアントと何度も議論を重ねれば、だいたい何とかなる。

しかし新規事業はそうはいかない。筋がよくて、実際に大きな売上も利益も得られる可能性があって、しかも実行可能で、ある一定の（しかもある程度短期間の）間に結果が出るアイデアを、文字どおりゼロから「創出」できなければならない。クライアントに聞いても分からない。せいぜい、冒頭のレベルの回答が返ってくるだけだ。

我々ドリームインキュベータ（以下「ＤＩ」と言う）は、そうした大掛かりな事業創造である「ビジネスプロデュース」を多数手掛けてきた実績を持つ。普通の戦略コンサルティング会社であれば当然選択したはずの、もっと楽な（例えばコスト削減とか業務改革とか営業改革とかの）、そしてクライアントからのニーズも多く、しかもコンサル的に言うと比較的楽で儲かるプロジェクトを横目にしながらも、我々はあえてビジネスプロデュースという名の事業創造型プロジェクトに、しかも数百億、数千億円という規模の事業創出を目指すプロジェクトを中心に十年近く格闘してきた。

それはつらい道のりではあった。しかし、逃げずに格闘してきたおかげで、どうやらその方法論が見えてきたようだ。今やDIのプロジェクトの多くがビジネスプロデュースに関するものだ。そして超一流のクライアントから喜ばれ、長く継続して様々なお声がけを多数いただけていることから、一定の成功を収めていると自負もしている。

ビジネスプロデュースの肝《きも》は何か。それをひと言で言うと、「社会的課題を取り込み、それを解決する形での業界を超えた構想を描き、その実現に向けた仲間づくりをして連携していく」ということに集約される。もちろん、口で言うのは易しい。これをすべて、しかも一貫した形で一企業や一担当者が実際に行うことは、想像を絶する難しさがある。しかし不可能でないのも事実だ。

今、日本企業に最も必要なのは、こうしたビジネスプロデュースを実践していくこと、そしてそれを担える人材であるビジネスプロデューサーをもっともっと輩出していくことである。そうした想い、そして日本を元気にしたいという想いを込めて、創業十五年にして、その全容をお伝えしたいと筆をとった。

◎本書の構成

本書は以下のような構成で話を進めていく。

まずは第1章で、時代背景分析を行う。日本企業がどういう状態にあるのか、米国との違いを改めて俯瞰しつつ、なぜ、ビジネスプロデュースが必要になったかについて、事例を交えながらお話しする。

そして第2章では、ビジネスプロデュースとは何かについてお話しする。少しでもイメージが湧くように、ここでもいくつかの具体例を交えながらお伝えしたい。

そしていよいよ第3章では、ビジネスプロデュースの進め方、注意点を五つのステップ（構想、戦略、連携、ルールづくり、実行）に分けて解説していく。

ひととおり概念やポイントを論じたのちに、第4章では、それをよりリアルにイメージしていただくために、実際にビジネスプロデューサーの立場に立って、ビジネスプロデュースの架空ストーリーを体験していただく。ある大企業の経営企画室長である主人公の「中原雄平」になったつもりで読み進めていただけると幸いである。もし読物形式が好きな読者なら、最初にこの第4章から読んでいただいてもよい。

最後に第5章で、こうしたビジネスプロデューサーになるため、または養成するための要諦と、その活躍のための要件についてまとめた。企業がなすべきことに加え、国のなすべきことも、現場の真の課題を踏まえて提言している。

もちろん、ビジネスプロデュースが簡単ではないことは重々承知のうえである。しかも本書を読めば読むほど、ますます実感されるようにも思う。しかしそれを乗り越えたところには、大きな事業の可能性も見えてくる。その乗り越える決心をされた、あなたのデスクの大事な場所に、本書が置かれることを願ってやまない。

二〇一五年四月

株式会社ドリームインキュベータ執行役員　三宅孝之

島崎　崇

3000億円の事業を生み出す「ビジネスプロデュース」戦略

目次

はじめに

第1章 なぜ、日本企業は「世界を制する事業」を生み出せなくなったか

第2章　ビジネスプロデュースとは何か

第3章 ビジネスプロデュースはこうして進める

第4章　ビジネスプロデュース・ストーリー
～大手ハウスメーカー経営企画室長「中原雄平」の事業創造ドラマ

2…戦略から連携へ 215

第5章 ビジネスプロデューサーへの道

装　丁：竹内雄二
編集協力：坂田博史
図版作成：齋藤　稔

第1章

なぜ、日本企業は「世界を制する事業」を生み出せなくなったか

1……日本には大きな事業が生まれていない

◎ケタ違いに大きくなった米国企業、日本はトヨタだけ

まずは図1-1を見てほしい。これは時価総額が一兆円を超える日本企業と、一〇〇億ドルを超える米国企業を一九九〇年と二〇一三年で比較したものだ。

仮に一ドル＝一〇〇円とすると、時価総額一兆円の日本企業と時価総額一〇〇億ドルの米国企業は同規模の企業と見ることができる。以下ではこれらを「兆円級企業」と呼び、日本と米国での動向を見てみよう。

一九九〇年時点での企業数と時価総額を見ると、日本の兆円級企業の数は五四社で、その時価総額の合計は約一一二兆円。一方、米国は二八社で、その時価総額は約七一兆円相当だ。意外かもしれないが、日本のほうが数も時価総額も大きい。簡便のため、ここでも一〇〇億ドルを一兆円相当と換算している。

図1-1　時価総額で「兆円級企業」の日米比較

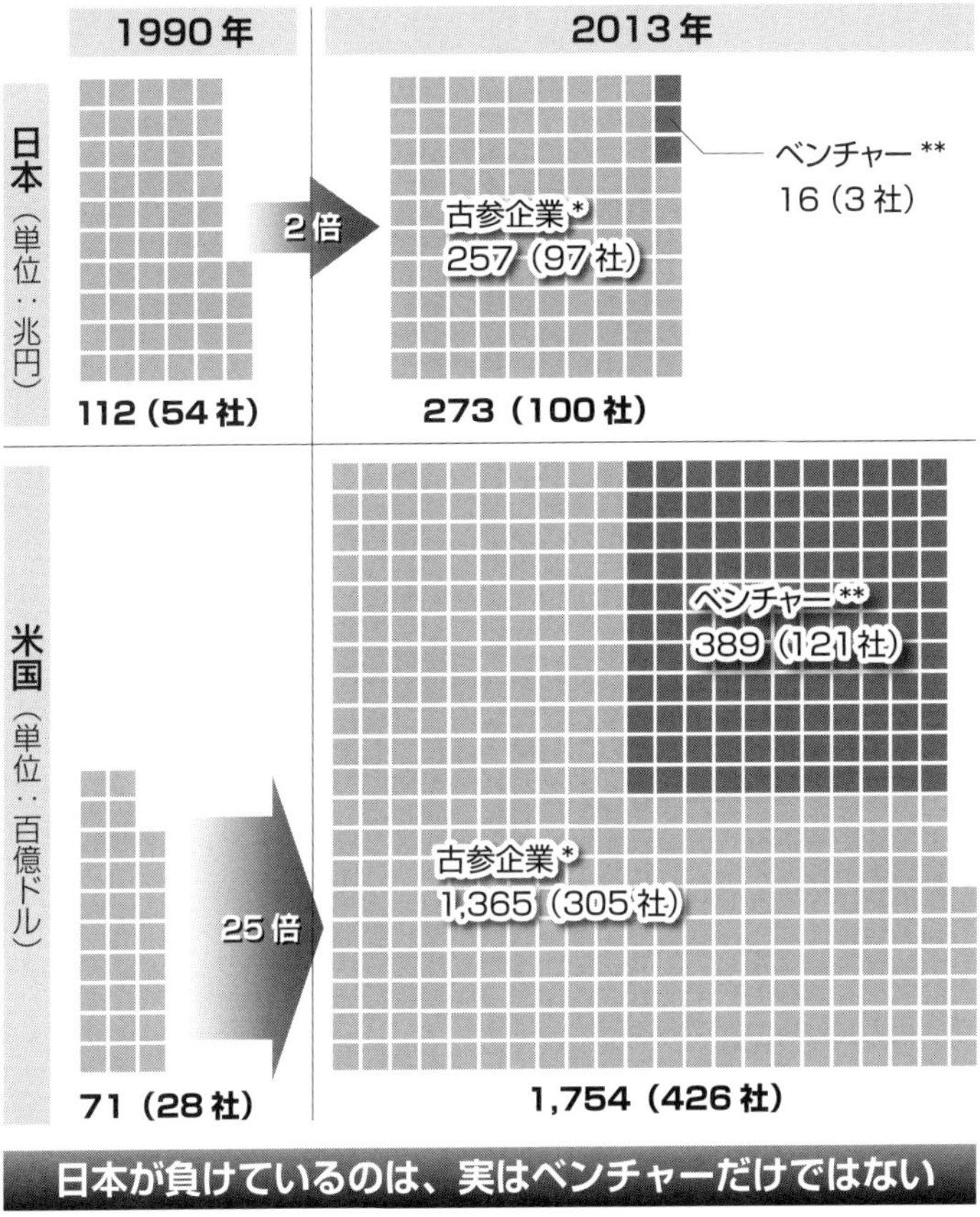

*　古参企業　：1990年時点ですでに上場していた企業
**　ベンチャー：1980年以降に設立された上場企業のうち、持ち株会社化・分社化・M&A・国有企業の民営化で新設した企業を除外

出所：トムソン・ロイター・ナレッジ Thomson ONE データ（1990/12/31, 2013/12/31）をもとに DI 分析

ところが、二〇一三年になると、米国が大きく伸びているのに対して、日本はあまり伸びていない。この二十数年間で、日米の状況は大きく逆転してしまったことがひと目で分かる。失われた十年とも、二十年とも言われるが、それを証明するデータの一つであろう。

二〇一三年では、日本の兆円級企業の数は一〇〇社と倍増しているが、米国では、二八社から四二六社へと一五倍にもなっている。時価総額の合計も日本企業が一一二兆円から二七三兆円へとせいぜい二倍程度なのに対し、米国企業は七一兆円相当から一七五四兆円相当へと二五倍にも伸びている。

◎米国では「古参企業」も大きく成長している

図1-2も併せて見ていくと、もっとすごい事実が見えてくる。

ベンチャー（注：一九八〇～二〇一三年に設立された上場企業のうち、持ち株会社化・分社化・M&A・国有企業の民営化で新設した企業を除外したものと定義）では、グーグルの三七兆円相当を筆頭に、アマゾン、フェイスブック、クアルコムなど、米国ではなんと一二一社が兆円級企業に成長していることが見てとれる。

一方、日本のベンチャーで時価総額が一兆円を超えたのは、ソフトバンク、ヤフー、楽天の三社だけだ。「日本でベンチャーが育っていない」と言われるがまさにそのとおり、というこ

図1-2　2013年における兆円級企業の内訳

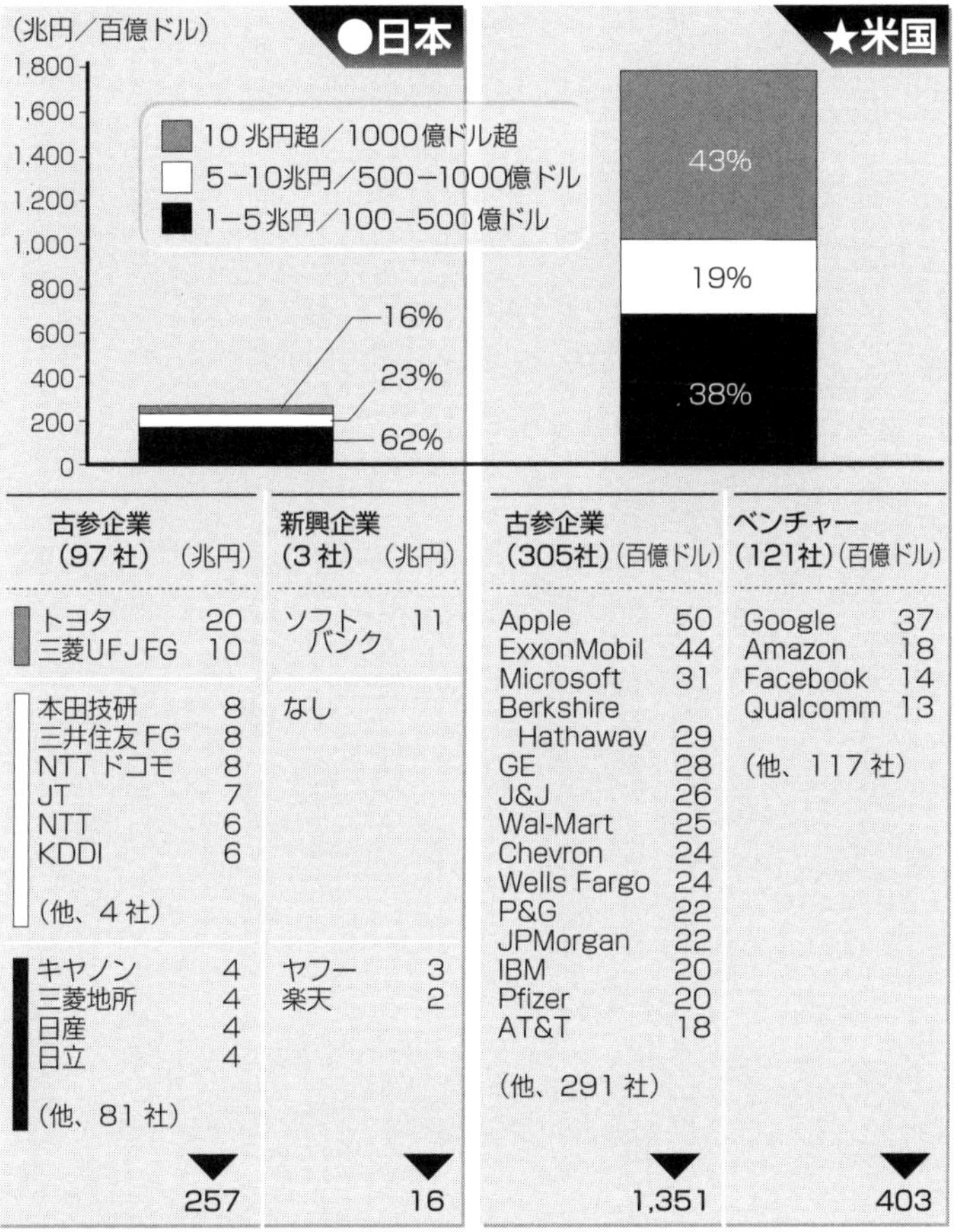

古参企業(97社)(兆円)		新興企業(3社)(兆円)		古参企業(305社)(百億ドル)		ベンチャー(121社)(百億ドル)	
トヨタ	20	ソフトバンク	11	Apple	50	Google	37
三菱UFJ FG	10			ExxonMobil	44	Amazon	18
				Microsoft	31	Facebook	14
本田技研	8	なし		Berkshire Hathaway	29	Qualcomm	13
三井住友FG	8						
NTTドコモ	8			GE	28	(他、117社)	
JT	7			J&J	26		
NTT	6			Wal-Mart	25		
KDDI	6			Chevron	24		
				Wells Fargo	24		
(他、4社)				P&G	22		
				JPMorgan	22		
キヤノン	4	ヤフー	3	IBM	20		
三菱地所	4	楽天	2	Pfizer	20		
日産	4			AT&T	18		
日立	4						
				(他、291社)			
(他、81社)							
▼	257	▼	16	▼	1,351	▼	403

注：時価総額の単位は、日本企業：兆円、米国企業：百億ドルとし、四捨五入は日本企業の場合は1000億円台、米国企業の場合は10億ドル台で実施

出所：トムソン･ロイター･ナレッジ Thomson ONE データ(1990/12/31, 2013/12/31)をもとにDI分析

とになる。

しかしここで注目してもらいたいのはそんなことではなく、実は米国では「古参企業も大きく成長している」という点だ。

各企業別に一九九〇年と二〇一三年の時価総額の数字を紹介しながら見てみると、まず、二〇一三年時点で、五〇兆円相当と時価総額で最大企業のアップル（一九七六年創業）は、一九九〇年の時価総額はランク外、つまり兆円級企業ではなかった。さすがにアップルは例外としても、ジョンソン&ジョンソンは二兆円相当から二六兆円相当と約一三倍に、GEは五兆円相当から二八兆円相当と約五倍に、ウォルマートは三兆円相当から二五兆円相当と約八倍に、エクソン・モービルは六兆円相当から四四兆円相当と約七倍に伸びている。実に凄まじい。

それに対して日本では、トヨタ自動車が時価総額の最大企業で、六兆円から二〇兆円と約三倍に伸びている。しかし、一九九〇年当時、時価総額で日本企業トップだったNTTは一七兆円から六兆円へと約三分の一に減らしており、NTTドコモを加えた合計でも一四兆円と減少している。日立は一九九〇年で四兆円だったが、二〇一三年でも四兆円のままだ。日本の古参企業で米国企業並に成長しているのはトヨタだけなのだ。

◎日本の大企業には優秀な人材がいて技術も資金もある。それなのになぜ？

それでは、こうした日米差はどこから生まれてくるのだろうか。

日本においてベンチャーが育たない理由は数多くある。リスクを見越して投資するベンチャーキャピタルが少ないために、お金が集まらないという問題もあれば、優秀な人材が起業しない、またそもそも大学を卒業した優秀な人間の多くが大企業に行ってしまって、ベンチャーに人材が集まりにくいという問題もある（次ページの図１‐３参照）。

もちろんベンチャーのほうも大きな問題だが、それは他書にゆずるとして、本書では、お金もあって、優秀な人材もいて、最新の技術もふんだんに持っているはずの日本の大企業が、なぜ成長できていないのかという問題を、成長の大きな要素の一つである事業創造の観点から取り上げて考えていきたい。

ＤＩは、大企業の事業創造のお手伝いも多数してきたし、その一方でベンチャーにも投資や成長支援をしてきた。その両方の経験から言っても、日本のビジネス環境は大企業に圧倒的に有利であると言える。にもかかわらず、古参の大企業が米国企業に比べて成長していないのはなぜか。

図 1-3　ベンチャーと大企業への社会的リソース配分の日米比較

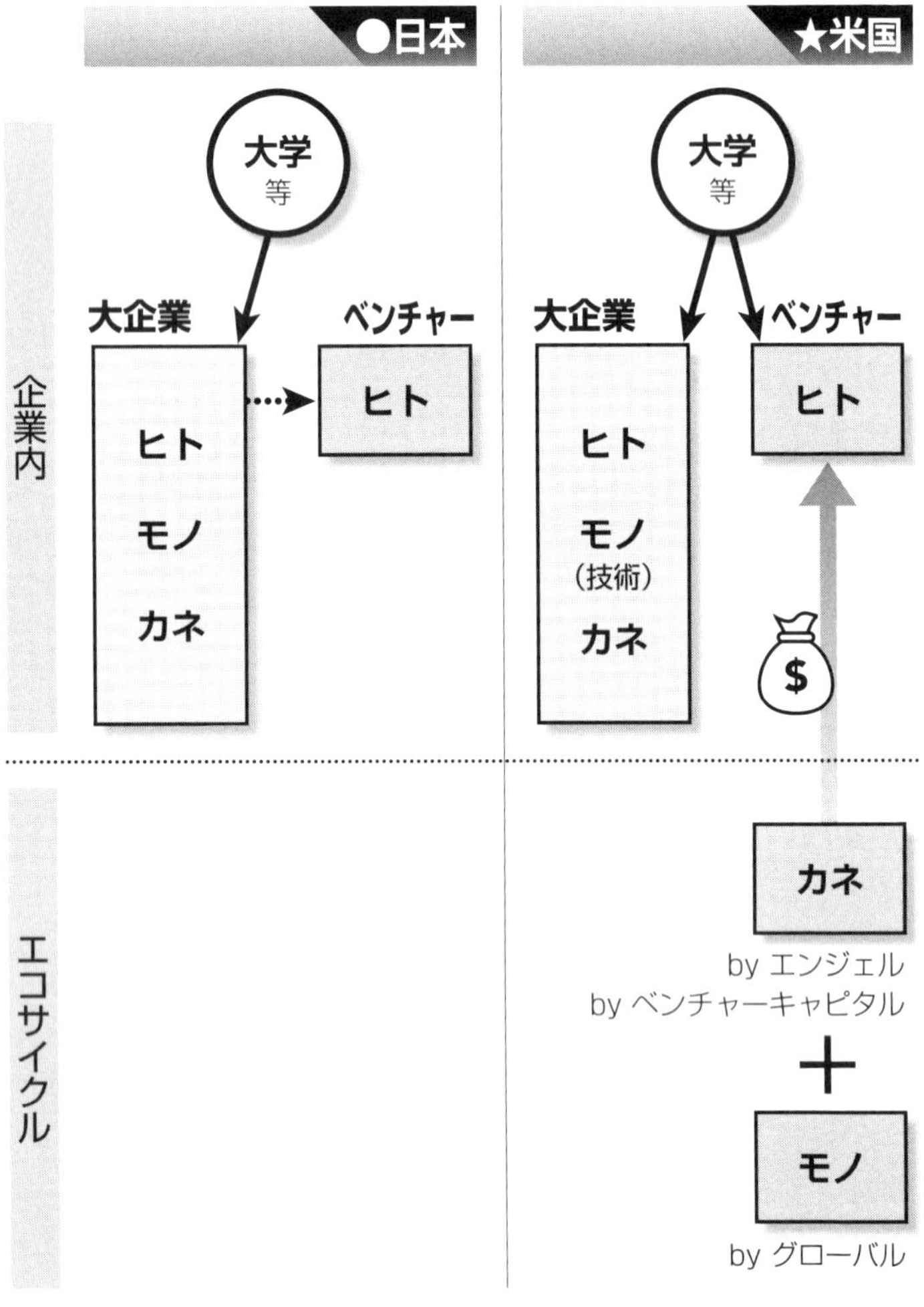

念のために確認しておくと、34～35ページの図１‐４や図１‐５からも分かるとおり、特許の数や研究開発費が原因ではない。

日本企業は、研究開発にお金を出しているし、優秀な人材がそのお金を使って新しい技術も開発している。しかし、それが残念ながら大きなビジネスにつながっていないのだ。

では、改めて問う。それはいったいなぜなのか。

まずは米国企業との比較をしながら見ていきたい。

図 1-4 特許数の各国比較

1990～2000年代の特許出願数

日本人	アメリカ人	ヨーロッパ人
40万5,000件	24万1,000件	9万4,000件

世界五大特許庁への登録件数

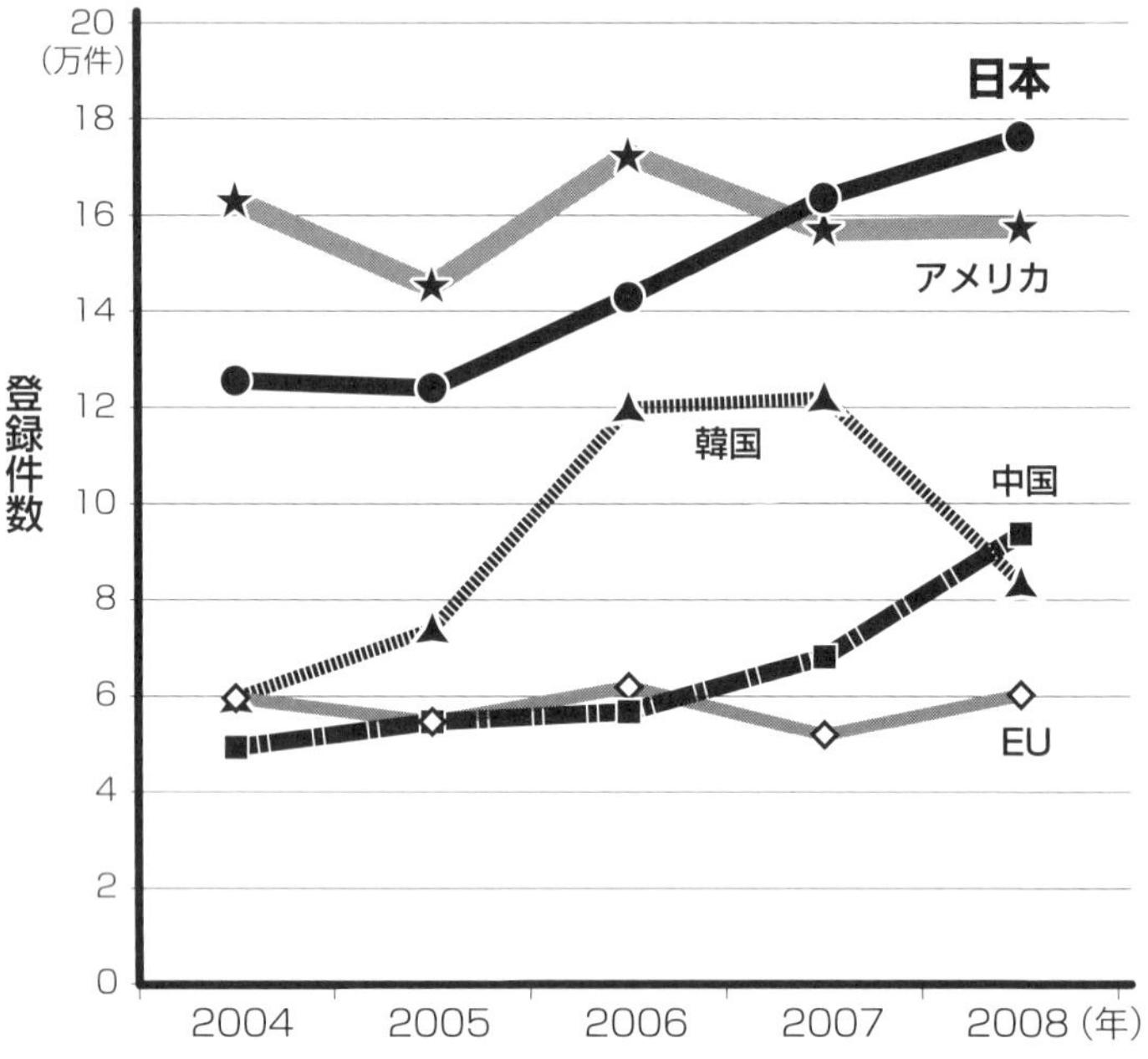

日本企業の特許数は非常に多い

出所：東京大学政策ビジョン研究センターの小川紘一氏資料（2013年）より

図 1-5　研究開発投資額の各国比較

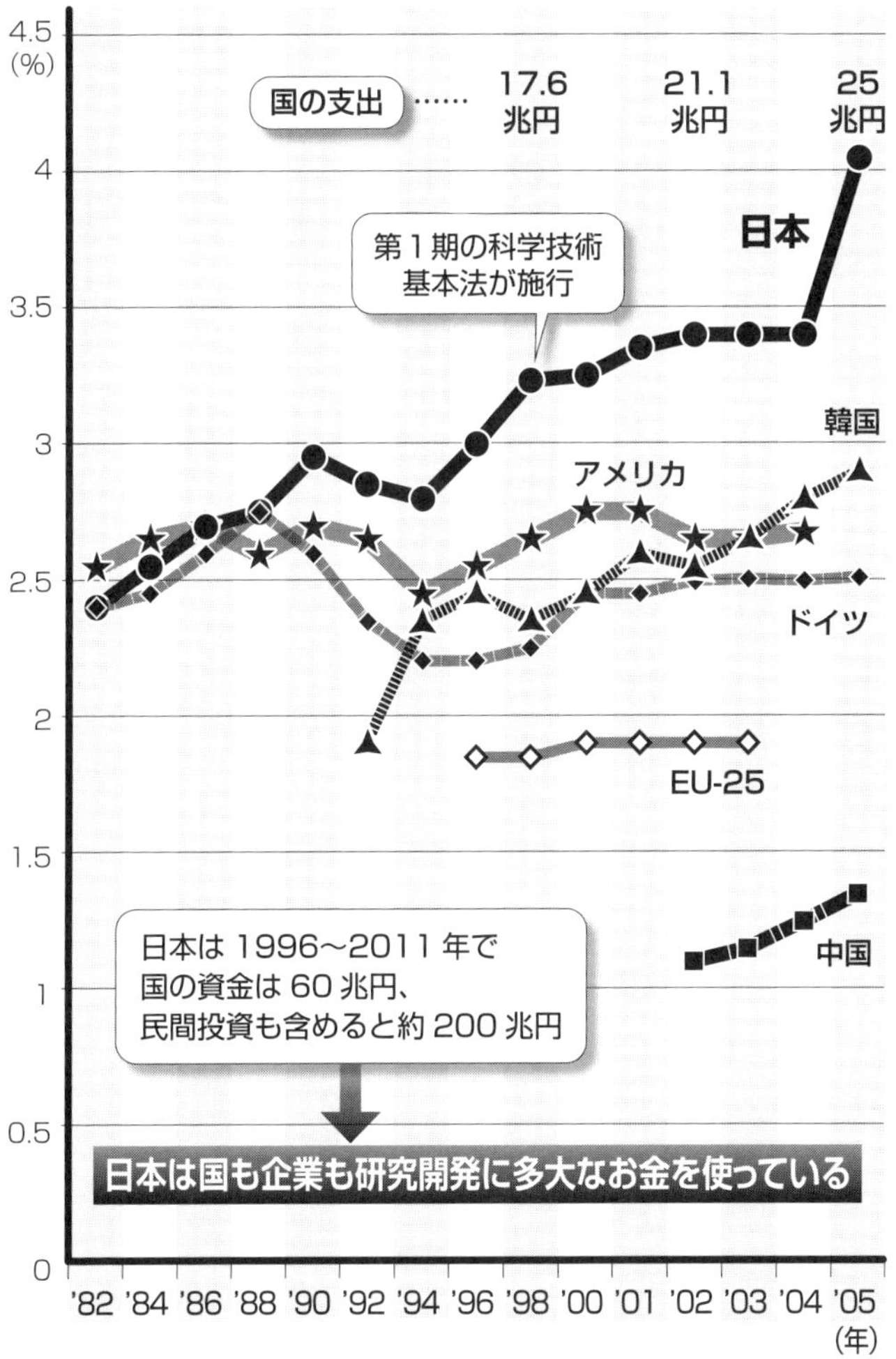

出所：東京大学政策ビジョン研究センターの小川紘一氏資料（2013 年）より

2……米国企業はどうやってケタ違いに大きくなったのか

◎コンピュータ業界で起こった「つながり」の拡大

インターネットの登場により、パソコンをはじめとする数々の情報機器がつながり、世界は劇的に変化した。今では、スマートフォン（以下、スマホ）やタブレット型端末（以下、タブレット）の普及により、ヒトが常時「つながる」時代が到来している。

「つながる」ことで何が起きたのか。米国企業はどのように成長したのか。これらの点について、「つながり」をキーワードにコンピュータ業界を見てみたい。

かつて、コンピュータメーカーとして世界最大だったＩＢＭ。このＩＢＭは、International Business Machines の頭文字をとったものだ。確かに、最初はマシーンとしてのコンピュータをつくるハードメーカーであったが、現在のＩＢＭは、コンピュータ関連のサービスやコンサルティングが主要な事業内容となっているソフトメーカーである。

そのソフトメーカーに革命を起こしたのがリナックス（Linux）だ。かつて、大手ソフトウエアメーカーは各社で膨大な費用をかけ、システム開発にしのぎを削っていた。しかし、リナックスは、まったく異なる仕掛けでそれらをすべて凌駕してしまった。

リナックスは、有志のプログラマーがボランティアで共同開発を行い、大手メーカーのシステムを超えるものをつくり出した。システムに詳しいエンジニアがつながったリナックスこそ、集合知の走りと呼べるものだった。

ハード機器はソフトによりつながり、ソフトはクラウドによりつながり、さらに今ではスマホやタブレットの普及でヒトまでもがつながっている。

かつては、ハードウエアメーカーはハードウエアメーカー同士、ソフトウエアメーカーはソフトウエアメーカー同士、同じ分野、同じ業界の中で戦っていた。

しかし、今はいろいろなものがつながった環境で、業界を超えた広い範囲を俯瞰して、「ここでどう戦うか」を考えなくてはならなくなっている。逆にそれができた企業がケタ違いの成長を遂げている。

◎つながりやすくなった環境をフル活用している米国企業

チップ業界を見てみよう。

インテルは主にPCやサーバーにチップを提供することで、パソコン全体を見据え、ハード・ソフト・データの垣根を越えた戦い方をして成長してきた。もちろんインテルは、大きく成長した代表的企業の一つだ。けれども、インテルは残念ながらスマホやタブレットでヒトまでがつながるところまでは見据えられなかった。

一方、クアルコムは、ヒトまでつながることを見通して動いた。「つなげる」ことで、業界の垣根がなくなることを予見していたのだ。

クアルコムはもともと携帯電話メーカーであったが、今ではチップと特許に特化し、周到な知的財産権戦略をとる一方で、業界団体等と連携した技術の標準化による普及拡大の仕組みを構築するなど、インテルの一歩先を見据えた事業展開を行っている。

その結果、今ではクアルコムのチップはPCやサーバーだけでなく、スマホや、スマホで「つなげる」ことができる多くのハードに採用されている。

さらにクアルコムは、様々な製品に採用された自社のチップを通じて入手可能な「生活者データ（情報）」を収益化するビジネスモデルに着手するとともに、アプリサービスの展開も視

図1-6 「つながり」の先読みが勝負を左右

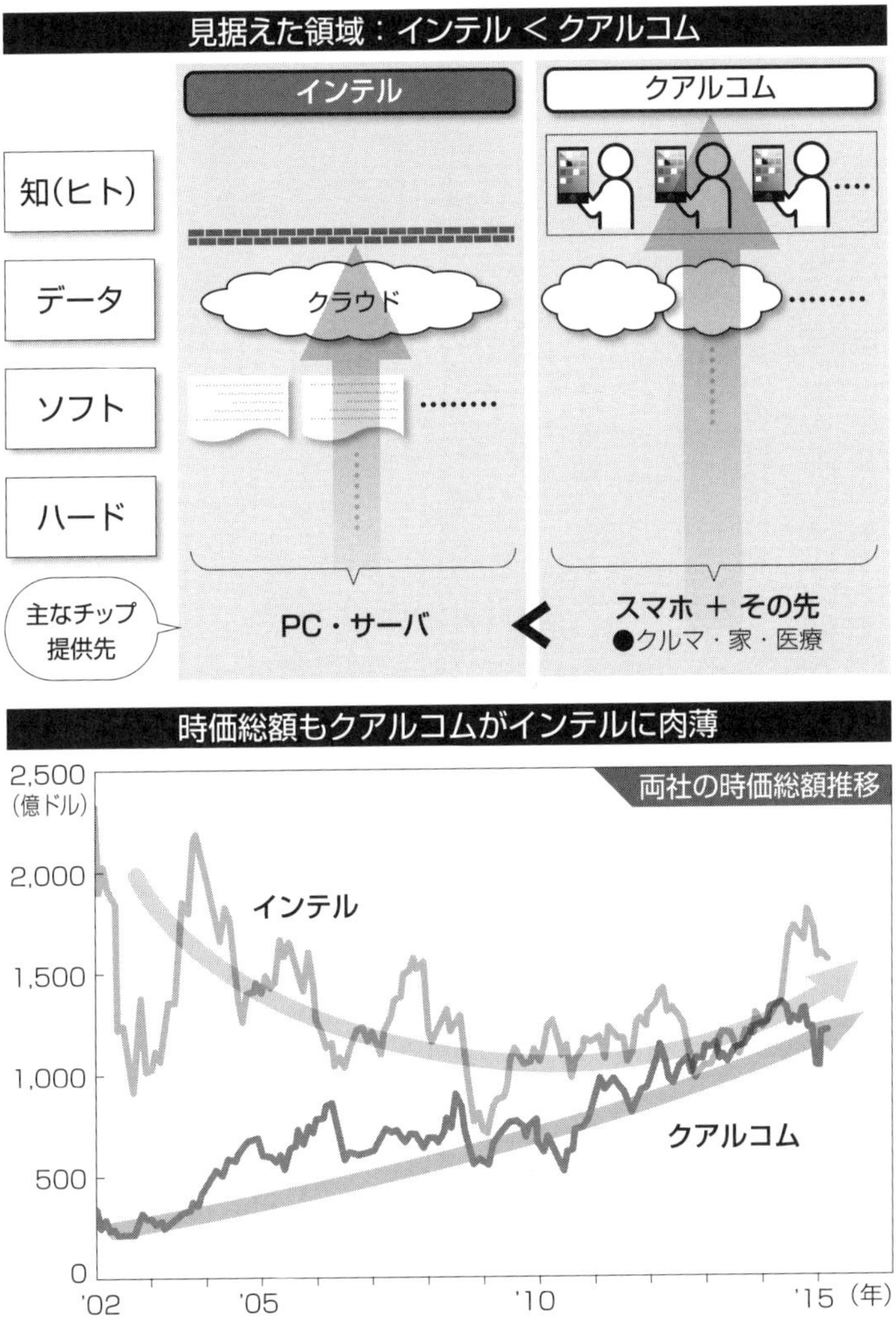

野に入れている。

クアルコムは「つながり」がもたらす社会を俯瞰し、自分はどこでどう戦うべきかを考えることで業績を伸ばしているのだ。これらの取り組みで、クアルコムの時価総額はインテルに肉薄するようになった。

「つながり」によって業界の垣根がなくなりつつある昨今、業界内を俯瞰するだけでは意味がなくなってきた。すべてのものがつながったことで、従来、業界間に存在した壁がなくなり、複数の業界を「切り取る」形で新しい市場が形成されるようになっているのだ。

◎ある日突然、まったくの別業種、別業界の企業にやられる時代に

このような市場形成の過程では、どの業界であっても、「より大きな俯瞰」をしている異業種のプレイヤーに飲み込まれる可能性があり、その背後には、さらに大きなプレイヤーが待ち構えていることすらあり得る。

今後、この傾向は一層強まることが予想される。例えば、映像ストリーミング配信事業会社のネットフリックス（Netflix）も異業種の企業を飲み込みつつある企業だ。

ネットフリックスは当初、映像コンテンツの配信事業で業績を伸ばしたが、配信する映像の調達コストの上昇を受け、一時は事業継続すら危ないほどに追い込まれた。しかし、その後自

前のコンテンツの製作に着手し、これがネットフリックスを大きな成功に導いた。

かつて映像コンテンツの製作は、テレビ局や映画会社の言いなりだったのだが、それとは異なるコンテンツ製作の流れが生まれたことで、映像ストリーミング会社がテレビ局の強力なライバルになったのだ。

なぜ、ネットフリックスは成功できたのだろうか。ネットフリックスの強みは二つあった。テレビ局や映画会社に頼ることなく視聴者に直接アクセスできることと、豊富な視聴者の視聴データを保有することだ。

ネットフリックスは膨大な視聴データを分析し、視聴者の嗜好に合う監督・キャスティング・脚本を選択し、視聴者に受け入れられる可能性が高いコンテンツを分析し、そこに思い切った投資を行い自前で製作したのだ。

その結果、ネットフリックスが製作した『ハウス・オブ・カード　野望の階段（原題：House of Cards）』は、二〇一三年、テレビ局以外で初めてエミー賞を受賞した。

この成功により、製作者側が企画をネットフリックスに持ち込むという新たなコンテンツ製作の動きが出て、テレビ局や映画会社を脅かす存在にまでなった。

米国のテレビ局や映画会社は、ある日突然、まったく違う別業種、別業界の企業にやられる時代になったことを痛感したことだろう。

◎業界の垣根を超えるのはIT企業だけではない

このように、「つなげる」ことを活かした新しいビジネスモデルを多数生み出しているのが米国のベンチャーだ。伝統的な企業のライバルが、死角とも言える異業種からやってくる可能性が十分にあり得る。

ネット検索サービス大手のグーグル（Google）は、広告業界で巨大企業に成長した。伝統的な大手広告会社にとっては、思いもよらないところから巨大ライバル企業が突然現れ、業界トップの座に座ったことになる。

現在では、同じ業界の枠組みの中にいる同業他社に出し抜かれることは、ほとんどないと言っても過言ではない。むしろ、その業界自体の成熟により衰退の道を歩むということに恐怖を感じたほうがいい。「井の中の蛙《かわず》」で業界の中に閉じこもって戦っていても大きな成長は見込めない。それどころか、井戸の水がなくなることを真面目《まじめ》に考えるべきだ。

日本企業がはまっている罠は、まさにこれに他ならない。業界を飛び出して「つなげる」べきときに、系列やグループのしがらみにがんじがらめになっているため、業界を飛び出したくても飛び出せない、つながりたくてもつながれない。それゆえにケタ違いに大きくなれない。

図1-7　スターバックスと共に成長する グリーン・マウンテン・コーヒー・ロースターズ

ビジネスモデル

収益の柱は新しいイノベーション "Keurig"（ワンカップコーヒー）

- 淹れたてのコーヒーを自宅で楽しめるコーヒーメーカー
- 当初はKeurig（キューリグ）が売れると自社のコーヒー豆も売れていく仕組み

スターバックスとの提携でスターバックス店舗にてKeurigカップと本体の販売を開始

- スターバックスとしては、店舗だけでなく家庭での消費モデルを獲得

結果、スターバックスが伸びれば伸びるだけKeurigが普及するモデルに

- スターバックスが機器本体を販売するおかげで、アフターマーケットのカップ売上も急伸

売上高と営業利益率の推移

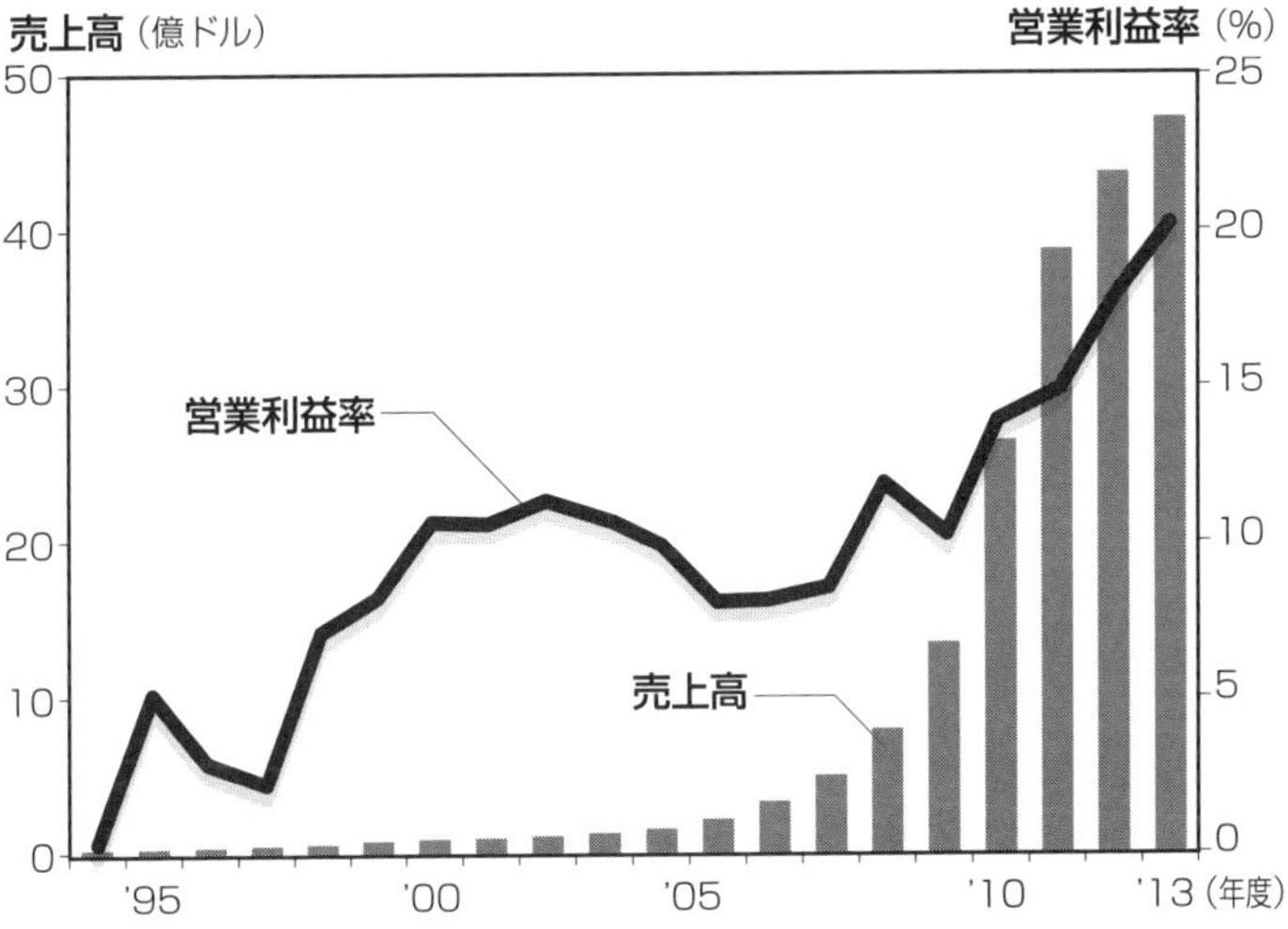

念のために申し上げるが、「つなげる」ことで成長しているのはＩＴ企業に限らない。

例えば、グリーン・マウンテン・コーヒー・ロースターズは、当初はコーヒー豆の卸売業者であったが、自宅で淹れたてのコーヒーを楽しめるワンカップコーヒーの技術を開発し、特許を取得した。

その後、スターバックスと提携し、スターバックスブランドでワンカップコーヒーを販売することにより、スターバックスの成長に伴って同社も成長。スターバックスも店舗だけではなく、家庭での消費を獲得するという果実を得た。まさにＷｉｎ－Ｗｉｎのつながりによって両者が成長したのだ。

さらに、グリーン・マウンテン・コーヒー・ロースターズは、スープなどコーヒー以外の飲料も手掛けることで、新しい市場を創造している。コーヒー業界を飛び出して、「飲料業界のクアルコム」とでも言うべき取り組みを行っている。

◎既存の業界という枠に収まらない「超」業界企業が大きく成長

実は、こうした業界を飛び出して「つなげる」ことで大きく成長する企業は昔からある。

デュポン（Du Pont）は火薬や爆弾をつくる会社だったが、その後は合成ゴムやナイロンを開発するなど化学メーカーとなり、今では食料品までつくっている。

ＧＥは「ゼネラル・エレクトリック」だが、電気製品はもうほとんどつくっていない。日本においても、トヨタ自動車が豊田自動織機から生まれたのは有名だし、富士写真フイルムは、社名から「写真」がなくなって富士フイルムとなり、今では写真フィルムはもうほとんど生産しておらず、新しいタイプの化学メーカーに変貌・進化を遂げている。

ケタ違いの成長をした企業は、当初の企業名からは想像もできない業界に進出している。逆に企業名そのままに業界内に踏みとどまっている企業は、成長が頭打ちで、動きも鈍化しているのではないだろうか。

そもそもグーグルは広告収入が多いからといって広告業界の会社なのだろうか。日本で言うところの電通や博報堂と比べるべき会社なのだろうか。ＩＴ企業であることは間違いないが、世界最強のＩＴエンジニアを世界中から集めているにもかかわらず、その人たちがつくった技術自体では、ほとんど売上をあげていない。

同様に、アマゾン（Amazon）は小売業界の会社なのだろうか。確かに、本をはじめとした商品をインターネット上で販売しているから小売業ではある。だが、それ以外にもクラウド上でのストレージサービスも提供していれば、電子書籍の「キンドル」を製造して販売もしている。

既存の業界という枠に収まり切らない「超」業界企業が登場し、そうした企業がケタ違いに大きくなっている。米国企業の時価総額上位の企業は、もう何が本業だか分からないか、本業がいくつもある企業のどちらかだ。

一方、日本企業の時価総額の上位にいる企業はどうだろう。本業が何かハッキリしていて、その業界の盟主のような存在が多いのではないだろうか。

◎ビジネスと政策を「つなぐ」米国大企業の戦略

つながりには、企業同士だけでなく、政府とのつながりということも含まれる。

GEは、オランダのフィリップスをはじめとする他の企業と共同で、米国におけるLED照明の適切な市場形成のため、DOE（米国エネルギー省）に対して相当なロビイングを行った結果、LED照明市場を大きくドライブしやすい環境づくりを実現させている。

その背景では、二〇〇三年に、オスラムやクリーも含めた一〇社ほどで、NGLIA（The Next Generation Lighting Industry Alliance）と呼ばれる新たな業界団体を構成し、その団体を通じてDOE含め、様々なプレイヤーとのディスカッションを重ねた。

おそらくは、LED照明を使うことに対する省エネルギー効果やCO_2削減量などの社会的意義や、産業育成を通じた雇用効果や税収などを定量化し、様々な面から議論を重ねたのであろう。

その結果、ＤＯＥにおけるＬＥＤ照明に対する政策の優先順位は大きく上がり、Ｒ＆Ｄ補助金の大幅増額や、粗悪品を排除する仕組みである客観的テスト（CALiPER）の導入、Energy Star（米国の省エネ基準）への登録、さらには標準化に至るまで、米国のＬＥＤ照明の推進につながる政策が大きく進展した。

異なる業界の企業が行政を介して「つながる」場合もある。

米国のサンフランシスコにはホテルが多数あるが、サンフランシスコに限らず、ホテルというビジネスは、平日の空室が多く収益悪化の原因になっている。

例えば、そうしたホテル集積地にコンベンションセンター（大会議場）ができると、平日にイベントが開催されるようになり、宿泊客が増えて多くのホテルが潤い、ホテルの収益は劇的に改善する。

しかし一方で、コンベンションセンターは利幅も薄く回転も悪いため、それ自体で収益をあげることが構造上難しいビジネスだ。このため、よほど条件がよくなければ、新たにコンベンションセンターを建ててビジネスを始めようとする奇特な人はいない。

そこで、カリフォルニア州政府が立ち上がった。コンベンションセンターを中心に、そこからの距離に応じてホテルから税金を徴収して、そのお金をコンベンションセンターに還元するというモデルを構築して実行したのである。

コンベンションセンターはイベントを開催すればするほど、ホテルからの収入が上がることで収益が改善し、周辺のホテルもそれだけ平日の稼働率が上がる。税金を徴収されてもホテルにとってメリットのほうが大きい。

コンベンションセンターにとっても、ホテルにとってもありがたいだけでなく、周辺のレストランや小売店も恩恵にあずかれる。そして、カリフォルニア州政府も税収が増える。この背景では、両ビジネス側からの適切な働きかけがあったことは想像に難くない。

コンベンションセンターとホテルが、州政府を通してつながり、さらに地域としてのつながりができた結果、誰もが潤うことができたのだ。


勘の鋭い読者はすでに気づいているかもしれないが、以上述べた「つながり」には、いくつかのレベルがある。

ＩＴの情報ネットワークで「つながる」ことで単純に広がったビジネスチャンスもあれば、成長企業とビジネス上の「つながり」を持つことで自社も成長していこうという取り組みもある。そして、他の業界が持つ付加価値を自社の強みに変換できるように自らも変態することで

図 1-8　サンフランシスコのコンベンションセンターとホテルの補完関係

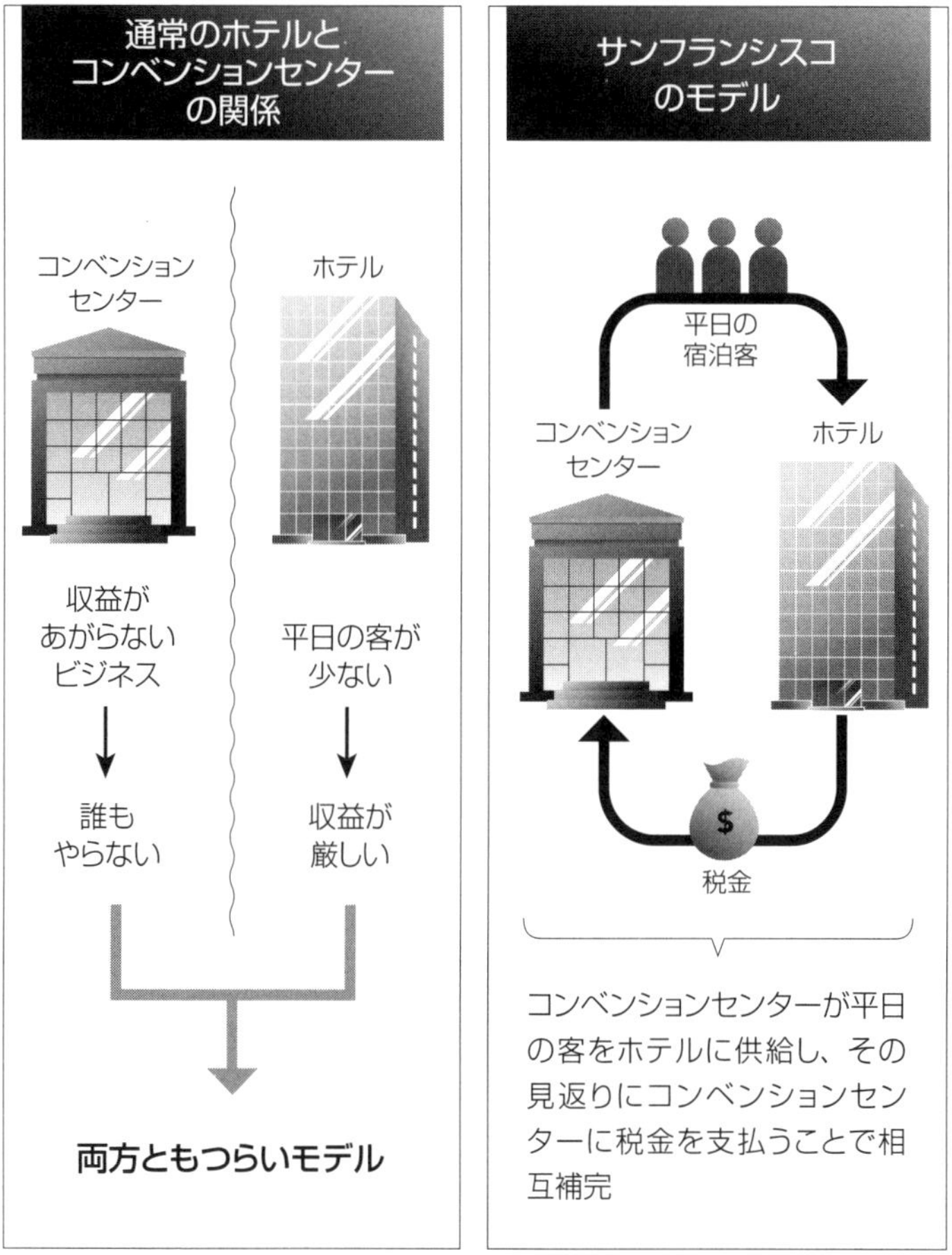

出所：国土交通省総合政策局「官民連携によるMICE施設を核としたエリア開発のあり方検討業務　報告書」より、DI作成

新しい付加価値を生もうとした取り組みもあれば、さらにそれを国や自治体とも連携させている例もある。

本書では、「つなげる」ことの重要性を強調していくが、単にＩＴによるつながりの話ではなく、「つなげる」ことで戦略的に何を起こすかを、一段高い視座から見た発想（＝構想）から考えることの意味を、企業の事業創造の観点から述べていく。

普段のビジネスではなかなかそこまで考えないが、今のグローバルも含めたマクロ事業環境から見たとき、いかにその発想が大事かをお話ししたい。

3……なぜ日本企業の新規事業は大きくならなかったのか

◎ホームランの打ち方を伝えてこなかったツケ

日本の大企業は、ベンチャーに比べて、人材の面でも、技術の面でも、資金の面でも有利であることは間違いない。しかし、それでも大企業から新規事業が生まれないのはなぜなのか。

52～53ページの図は、日本の大企業の組織構造とイノベーションとの関係について、戦後以降の二十年ごとで経年変化をまとめたものだ。

一九五〇年代は、とにかく「欧米に追いつけ、追い越せ」を合言葉に、一丸となってがむしゃらに働いて成功体験を積み重ねた時代だった。前例や成功モデルはまだほとんどなく、全員がイノベーターであり、起業家精神に富んでいたと言えるであろう。

一九七〇年代になると、成功モデルが確立した事業分野が増え、そうした事業では、イノベーターの下に忠実な実行部隊が配置され、ルーティン業務を確実にこなすことで成功モデルを

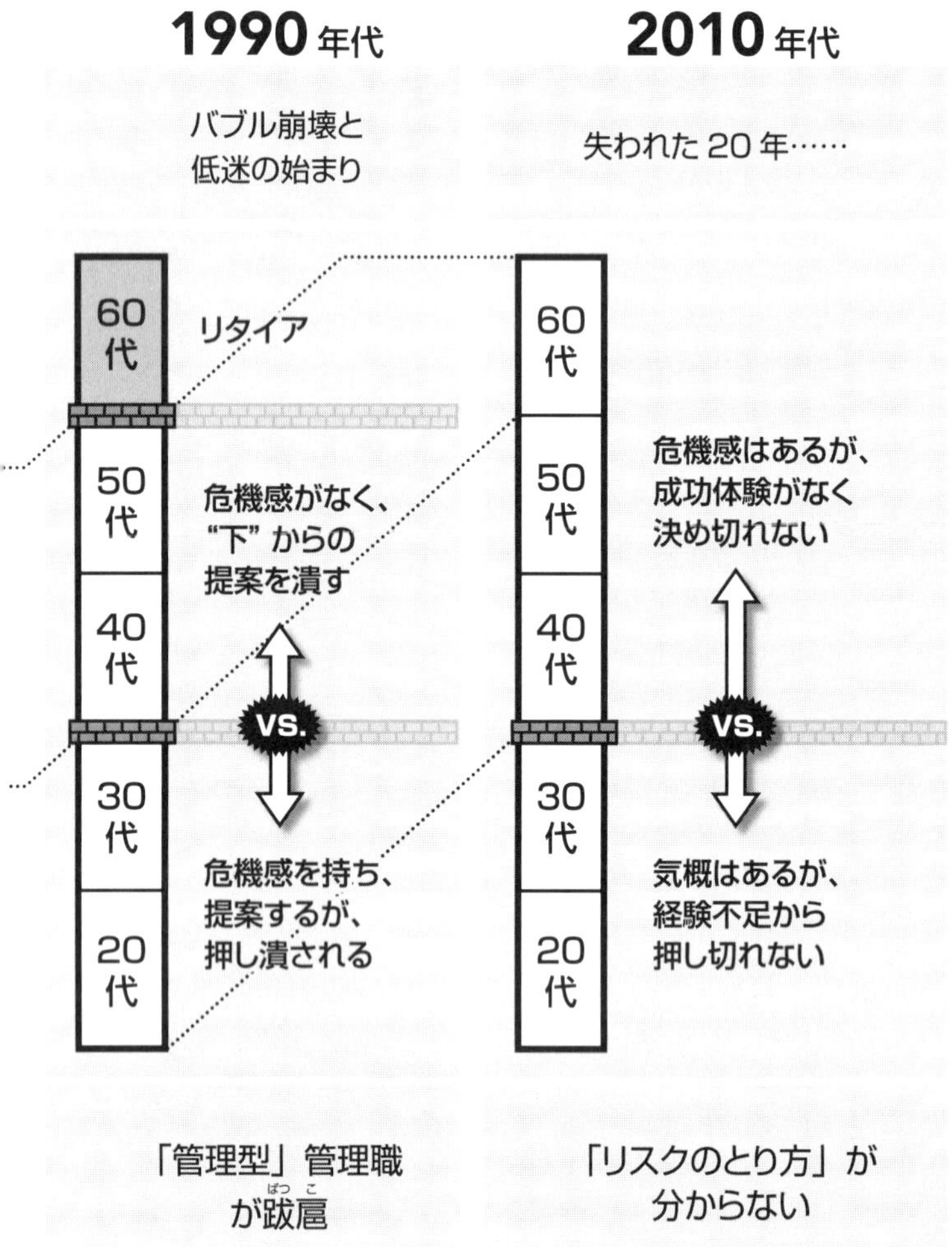
1990年代
バブル崩壊と
低迷の始まり
60代
リタイア
50代
危機感がなく、
"下"からの
提案を潰す
40代
VS.
30代
危機感を持ち、
提案するが、
押し潰される
20代
「管理型」管理職
が跋《ばつ》扈《こ》
2010年代
失われた20年……
60代
50代
危機感はあるが、
成功体験がなく
決め切れない
40代
VS.
30代
気概はあるが、
経験不足から
押し切れない
20代
「リスクのとり方」が
分からない

図 1-9　組織変遷から見る日本企業の「非イノベーション」構造

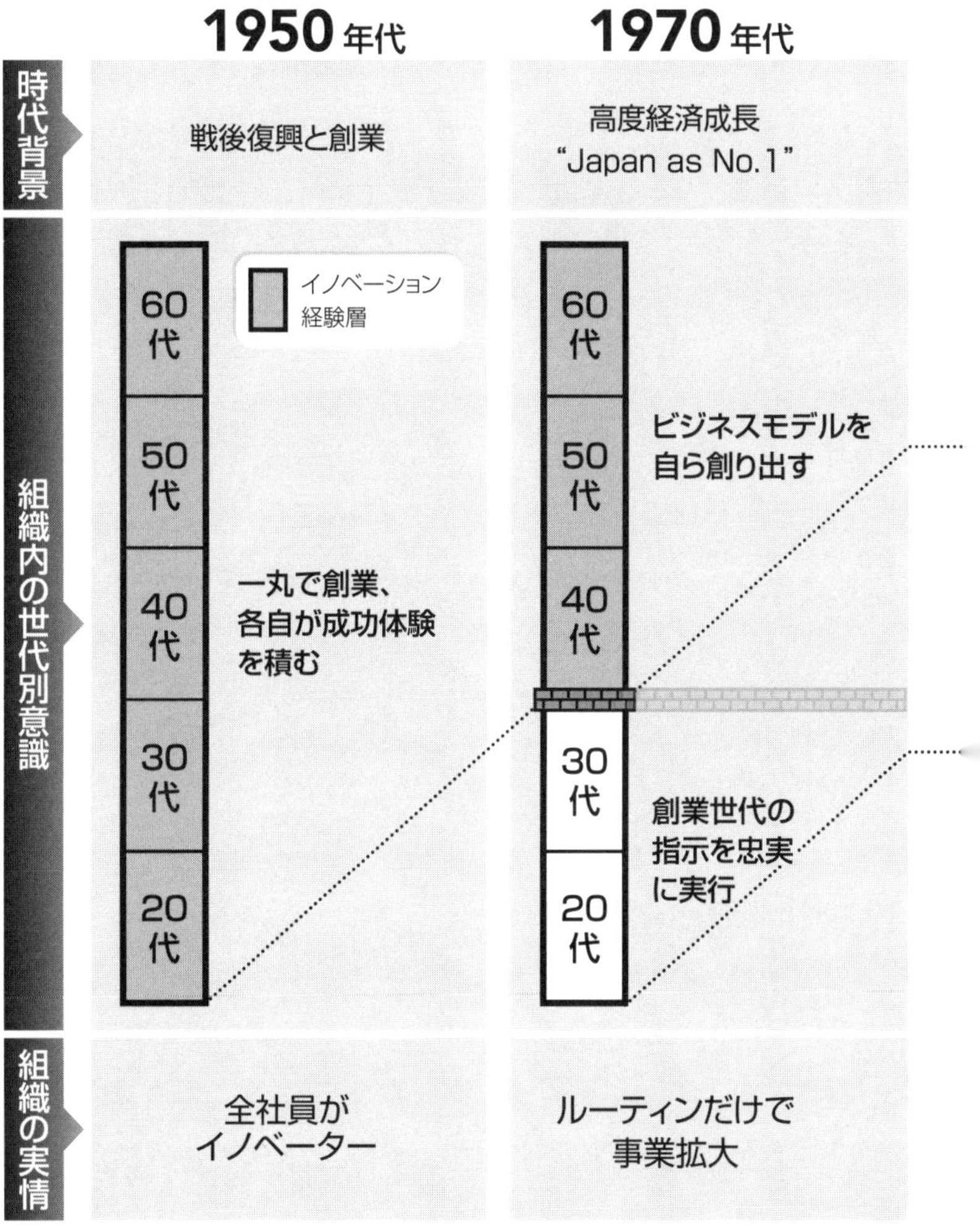

着実に成長させていった。

その一方で、成功モデルが確立していない事業分野もまだまだ多く、そうした事業分野ではイノベーターが成功モデルを創り出そうと切磋琢磨していた。管理職も当然それを後押ししていたし、管理職自身にも成功体験、もしくは失敗体験があったためにそれができた。

一九九〇年代は、バブル経済が崩壊し、一気に攻めから守り重視の経営へと一八〇度舵《かじ》が切られた時代だ。すでに管理職は、ルーティン的業務で頭角を現した人材が多くなっており、自らイノベーションを経験した人材は一部の限られた人だけとなる。

二十代、三十代の若手社員はバブル崩壊に危機感を抱き、新しいビジネスを提案するが、四十代、五十代の管理職に危機感がなく、それらの提案を安全第一の守備重視の発想で「着実に」潰していく。リスクをとってチャレンジする人が報われることがなくなれば、誰もリスクをとろうとしない組織になっていく。

二〇一〇年代の現在は、自らイノベーションを経験した人材が大企業の中にほとんどいなくなってしまった。今の日本の状況では、既存のビジネスがジリ貧になる中、さすがに新しいビジネスを立ち上げる必要性は誰もが身にしみて分かっているが、管理職もトップマネジメントもイノベーションの経験がないために、何をどうやってよいか分からず決断することができない。

若手世代には新しいビジネスに挑戦したい気概はあるが経験がなく、上司や先輩を頼ろうにも、その上司や先輩たちにも教えられないというのが、日本企業の事業創造をとりまく現実である。

野球にたとえると、コツコツとバットに当てることは組織として伝承され、ときどきヒットも生まれるが、そのランナーをホームに返すことができるほどにはヒットが続かない。また、ホームランの打ち方が伝承されてこなかったために、大振りする若手に「それではダメだ」とは言えても、ホームランを打つためのコツや秘訣を指導することができなくなっている。

つまり日本企業は、皮肉なことに、戦後から続いてきた「大成功の殻」に阻まれているというわけだ。

◎「新規事業部」から事業は生まれない

そんな人的構造の組織で何か新たな事業を創造しようとするとどうなるか。

例えば、「新規事業部」という一切事業が生まれてこない部門をつくることになる。そういう部門に我々が呼ばれて目にするのは、おおよそ次のような光景だ。

まず「エクセル」でつくられた表を見せられる。そこには約三〇個の新規事業案が書かれていて、A、B、Cなどとランク付けがされている。Aは予算一億円、Bは予算五〇〇〇万円、Cは予算二五〇〇万円。要は、予算のバラマキが行われているだけで、そこには戦略もなければ、選択と集中もない。

三〇もの事業を始めれば、いくつかはうまく立ち上がるものもある。しかし、三年たっても売上三億円、五年たっても五億円といったように、いっこうに大きくならない。

事業部に昇格して予算と人をつけても、誰も事業を大きくする方法が分からないから急成長や急拡大などしない。いつまでたっても赤字か、よくて数百万円の黒字といったレベルで、大企業の事業の柱に育つような数百億円や数千億円の売上に育ちそうなものは出てこない。

事業の種となる技術やアイデアはいくつもあり、しかも、資金もあるにもかかわらず、それをビッグビジネスに成長させることができない。非常にもったいないことだ。

そもそも、なぜ新たな事業を創造しようとするかと言えば、本業や会社の柱となっている事業がジリ貧だからだ。にもかかわらず、売上一〇億円そこそこの事業をいくつかつくったところで雀の涙であろう。

新規事業を何とかつくって、それを維持することが目的化してしまい、本業を補う事業を創造する、会社の柱になる事業に育てるといった本来の目的が忘れ去られてしまう。

大企業によるベンチャー投資でも同じことが言える。どれが育つかは分からないと言って二〇社、三〇社と多くのベンチャー企業に対して少額を投資してあとはただ待つだけ。これでは大企業がベンチャー投資をする意味がない。

こうして、「新しい柱となる事業を育てる」という当初の本質的目標は、いつしか忘れ去られる。

◎決断しないトップ、失敗したくない担当者

大企業の場合、社長にしても、役員にしても、三年から五年で交代することを前提に考えて行動するのが一般的だ。だから、大失敗をして汚点を残すよりも、その期間を無難に切り抜けて、これまでのキャリアを継続しようという意識が強く働く。よほど自分に自信があるか、勘違いでもしなければ、当たり前で賢明な行動原理とも言える。

口では「新規事業が大切だ」「新しく柱となる事業を育てることが課題だ」とは言うものの、本気で実行しようと思っているかというと疑わしい。ジリ貧であっても、大崩れさえしなければいいと思っているのが本音ではないだろうか。

新規事業担当者にも同じような意識がある。自分が担当して失敗という烙印を押されるとあ

とあとの出世に響く。小さくても成功させておけば、失敗の烙印は押されない。大きなリスクをとって大成功を狙うより、リスクを最小限に抑えて、小さくても一応成功したという形で終わりたいのだ。

もちろん、例外の企業トップもいる。リスクをとった経験があり、ホームランの打ち方を知っている人が経営トップになると、その組織は変わる。

例えば、東芝の西田厚聰《あつとし》取締役会長は、東京大学大学院時代にイラン人と結婚してイランに渡り、そのイランで東京芝浦電気（現・東芝）と現地資本の合弁会社に入社したという変わった経歴の持ち主だ。

一九九〇年代、アメリカで「ダイナブック」を売りまくり、その後も日本国内のパソコン事業を立て直すなどの実績が認められてグループ全体の社長となった豪傑で、ＬＥＤでも「七年後に一兆円を目指す」と言って、結果的には本当に巨大なＬＥＤ市場をつくってしまった。

現在の日本企業の経営陣をはじめとする管理職層は、守るのは得意だが、攻めに弱い。それは、決められたオペレーションをきちんと実行することだけが長らく求められ、それに長《た》けた人が出世してきた結果でもある。

大企業という何千人もが働く大組織を動かしてマネジメントを行っていくには、そうしたオペレーション・エクセレンスのある人のほうが適しているのは確かだが、そうした人たちばかりでは、新しく事業を創造し、それを大きく育てられないこともまた事実である。

◎単に「つながればいい」というものでもない～法螺から始まる構想～

大風呂敷を広げることに日本人には抵抗感がある人が多い。もちろん嘘をついてはいけないが、法螺《ほら》を吹くぐらいでないとビッグビジネスは育たないという一面もある。

ソフトバンクの孫正義社長が自らのことを「法螺吹き」と言うのは有名な話だ。また富士フイルムで本業のフイルムが大きく沈みゆく中、化粧品、医薬品、さらには再生医療と、軸となり得る事業を次々と創造した立役者として有名な戸田雄三取締役常務執行役員も、自らのことを「嘘はつかないが法螺は吹く」と公言してはばからない。

欧米人は、大きく考えて大きな絵を描こうとすることが多いように思う。普通に考えても「できない」ことをいかに「できる」ようにするかを考えるし、そこに価値を置く。それに対して日本人は「できる」ことから発想する傾向が強いように感じる。夢や理想から発想するよりも現実から発想する。しかし、今ある技術、今ある市場、今ある業界から発想している限り、ケタ違いの成長など期待できないのが現代のビジネス環境だ。

もし数百億、数千億円の事業を育てたいなら、最初からそれだけの規模が見込める可能性を見つけて、どうやったらそこまで売上が伸びるのかをあらかじめ考えておく必要がある。たとえそれが法螺のような都合のよいストーリーであったとしてもだ。

大風呂敷を広げてから小さく始めれば、その事業は大きく広がる可能性があるが、広げてもいないのに小さく始めれば、その事業は間違いなくいつまでたっても小さいままだ。

また、いくら「つなげる」ことが大事だからと言っても、あるものを何も考えずにつなげたり、つなげられるものだけをつなげても、大きな事業は何も生まれない。何をなすべきか、何を実現したいかという発想から、何をつなげたいか、どうつなげるべきかを考えていくことが大事である。

できそうもないことまで含めて考えて大きな絵を描けない、大風呂敷を広げられないことも、日本企業が事業を育てられない原因の一つだと考えられる。

私たちは、この法螺のような都合のよいストーリーを含んだ大きな絵を「構想」と呼んでいる。詳細については第2章以後で述べるが、この構想をつくる力が日本企業には決定的に欠けている。

また、事業の実行役に法螺を吹く能力が必要なのと同時に、周囲もその法螺をある程度認める寛容さと忍耐力が必要になるのだが、日本企業はこの点もあまり得意ではない。

夢や理想を語ろうものなら、「そんな夢みたいなことを語っている暇があったら目の前の仕事をしろ」と言われるか、逆に「いつまでに、どういう方法で実現するんだ。具体的に提示しろ」と言われてしまう。

事業創造では、やってみないと分からないことのほうが多い。よく分からない段階でもとにかく行動することで少しずつ分かってくることが多いのだ。にもかかわらず、最初から分かっている範囲で事業を行おうとするから事業が大きくならない。

よく分からないものを、よく分からないままにしておく、よく分からないままに進めるということができない。

ルーティンワークや既存事業のオペレーションであれば、先を見越してきちんきちんと管理していくことが大切になるが、新規事業では同じような管理をすることができないし、同じような管理をすることが逆に事業の成長の芽をつむことにもなる。

大きな目標のためには細かいことには目をつむり、場合によっては後付けも認めるぐらいの寛容さと忍耐力が、経営陣はもちろん、その事業に関連する部門の管理職たちにも必要なのだ。

◎ソニーのリーダーはなぜ品質の劣るキンドルに負けたのか

欧米企業が構想を描いて事業を大きく育てているのに対して、日本は技術や製品の質にこだわって新規事業を行っているとも言われる。この違いが明暗を分けた事例としては電子書籍の例があげられる。アマゾンのキンドルとソニーのリーダーを比較しながら見ていこう。

技術力が高く、先に品質の高い製品を市場に投入したのはソニーであった。アマゾンはリーダーより品質の劣るキンドルを、しかも後発で発売した。どちらが市場を席巻したかはみなさんご存知のとおりキンドルのほうだ。

ソニーは、リーダーを一〇〇点満点のこれまでにない品質にまで高めて満を持して発売した。目にやさしい画面、バッテリーの寿命、容量の大きさなど、製品の各性能に関してはユーザーの評価も高かった。しかし、売れなかった。なぜか。

リーダーが爆発的に売れなかった理由は、製品以外のところにあった。つまり、電子書籍市場の他のプレイヤー、出版社などとうまくつなげることができなかったからだった。もちろん、ソニーとしてはつながろうとしたのだろうが、そこに具体的な戦略はなく、これまでにない高い品質の製品を市場に出せば、「何とかなるだろう」「消費者によって市場が変わるだろう」といった程度にしか考えられていなかったのではないか。

一方、アマゾンは自分が書籍小売業のトップであり、市場の約三割を占めるポジションをうまく活かしながら、出版社とうまくつなげることに成功した。リーダーに比べれば、キンドルの電子書籍端末としての品質は決して高くないにもかかわらず、それでも新しい電子書籍市場をつくり、そこを席巻したのはアマゾンだった。

アマゾンは用意周到に大きな構想を描いた。新しい電子書籍市場を大きく成長させるためには、既存の書籍市場への目配せが欠かせない。出版社の協力が絶対不可欠であるため、出版社や著者の利益が電子書籍市場によって増えるように販売価格や販売手数料などを提示して交渉を行った。そして、出版社の協力を得た。

これを可能にしたのは、一冊電子書籍が売れても利益が出るどころか、アマゾンに赤字が発生するような販売価格と販売手数料の体系だった。売れば売るほど赤字が増えるような価格構造で、なぜアマゾンはビジネスを開始したのか。

それは、最終的には自分たちも大きな利益が得られるような構想を描いていたからだ。

例えば、三九九ドルのキンドルが一台売れれば何十％もの利益が得られる。販売価格と販売手数料にしても、販売量が増えれば自分たちに有利な条件に変えていくことができる。

つながるプレイヤーたちにも十分な利益があり、市場が大きくなるにつれて自分たちの利益も大きくなるような構想をアマゾンはあらかじめ描いて、電子書籍市場をつくっていった。残念ながらソニーにはこうした発想はなかったのではないだろうか。

◎大切なのは「進化」。継続や単なる変化ではない

事業を大きく育てていく過程というのは、ルーティンワークや既存事業のオペレーションとはまったく違う。とにかく不確定要素が多い。やってみないと分からないことが多いのだから、当然のことながら、当初の構想や計画どおりにいかないことのほうが多い。

うまくいかなければ、その方法はすぐにやめる。そして、次の手を考える。よさそうな手を考えついたらやってみる。うまくいかなければ、また別の方法を考えて実行する。事業創造というのは、まさにこうした試行錯誤の連続で、そのためには構想や計画もどんどん進化させていかなければならない。

構想や計画の中には、変えてはならない重要なポイントももちろんあるが、それ以外は臨機応変に変更し、朝令暮改を恐れず、最適解を見つけるために繰り返し実行していくしかない。ところが、普通の人は、どうしても最初の構想や計画にしばられて、どうしたらその構想や計画のとおりにできるかを考えがちだ。そしてその結果、行き詰まりやすい。アジリティのあるマネジメントができない。

クライアント企業にもときどき言うのだが、構想や計画を「進化」させることが重要で、た

だ単に「継続」していてもダメだ。もっと言えば、単なる「変化」もダメで、同じ変えるにしても、よりよく、より大きくなるように変える意識が大切なのだが、日本企業の「変化」は、より実現しやすくするという意識が強く、より小さく、うまくまとめようとする変化になりやすく、構想や計画がシュリンクしやすい。

よく言えば、現実的に、「できる」ように進化させているとも言えるが、実行しやすさだけを追求すると、最初に描いた大きな絵は、実行段階でどんどん小さくなってしまう。

数千億円規模にまで事業を伸ばそうと思えば、当然、大きな壁がいくつも立ちはだかる。その壁をあの手この手でどうにかして乗り越えようと発想することが大事なのであって、壁の内側でうまくやる方法を考えるようになると、事業規模はなかなか大きくならない。

◎一〇〇点満点になるまでリリースできない日本企業

米国のベンチャーだと「ベータ版」と銘打って、まだ完成していない製品やサービスをリリースして、それを使うユーザーの不満や要望を聞きながら最終的に製品やサービスを完成させるということを普通に行っている。

日本の大企業の多くは、こうしたいい意味での「いいかげんさ」を持ち合わせていない。七〇点の製品やサービスをリリースするのはもってのほかで、完璧に一〇〇点満点になった製品やサービスだけをリリースする。

事業創造においては、この違いは大きい。未完成なものでも市場に出すことで、ユーザーの反応も分かれば、その製品やサービスの欠陥も分かる。それを批判されても「いやいや、これはまだベータ版だから」と言えば許される。

同じことが、日本ではベンチャーであってもなかなか許されない。特に大企業が中途半端な製品やサービスを出したら、マスコミもユーザーもその製品やサービスを袋叩きにしたりする。

日本には厳しい消費者が多いから製品やサービスの質が高くなるとも言われるが、事業創造ではそれが裏目に出る要因になっている。

米国では、ベータ版としてリリースされたものが、徐々に完成度が高まり、いつの間にか完成版になっている。しかも、ベータ版としてリリースしたときには予想もしていなかった完成形であったりする。「つながり」を利用することで、当初予想していた完成形よりも、進化した完成形を生み出すことも多い。そして、完成形になるころには、完全に市場に浸透して市場を席巻してもいる。

日本の大企業、特にメーカーの人と話をしていると「ロバスト性」という言葉をよく聞く。何が起こっても耐えられる堅牢性のことだ。このロバスト性が低い製品は市場には絶対に出せないという一種の信仰のようなものがあって、とにかく社内でシコシコと品質を高めることに精を出す。

それに対して米国企業は、七〇点の出来で市場に出して、世の中の数億人のユーザーに集団でテストしてもらって完成度を上げる。新規事業、新製品、新サービスなど、不確かなものを試行錯誤を繰り返して完成させるときに、どちらのほうが合理的だろうか。

リスクがあるからできないと考えるのではなく、そのリスクを数値化してマネジメントすることをリスクマネジメントという。しかし、日本企業は事前にリスクがゼロになることを目指す。

ロバスト性を高めて完璧なものを市場に出すというのは、トップ企業の「後出しジャンケン」の戦略としてはとても有効で、先行する企業の未熟な部分をすべて完璧にして市場に出せば、その市場を一気に席巻することができる。

事実、日本のトップ企業がこれまで得意としてきた戦略だが、新規事業というのはロバスト性ではなく、新しいことが差別化ポイントだ。新規事業においては「ロバスト性は横に置く」というメリハリをつける必要があるかもしれない。

◎日本企業がつながれない理由1「自前至上主義」

米国の企業がケタ違いの成長を遂げたのは「つながり」を重視したからだが、それは基礎研究の分野でも見て取れる。日本の基礎研究の論文が、質・量ともに下がっているという指摘があるのだ。

少し調べてみると、海外の論文では国際協調が進んでいて、米国の大学や企業とイギリスやフランス、ドイツなどの大学や企業が協力、または分担して基礎研究を行い、その成果を論文として発表している。

これに対して、日本は大学や企業、研究機関の単独か、連携するにしても国内にとどまっている研究・論文が多い。

例えば二〇〇九年における産学共同研究で見ると、八二%は国内のみの連携で書かれたもので、国際共著は一八%しかなく、その比率は二〇〇三年からずっと増えていないそうだ。(出所：文部科学省　科学技術・学術政策研究所「共著論文から見た日本企業による国際産学共同研究の現状」〈二〇一四年九月〉)。

類似のデータをもう一つご紹介しよう。70ページの図1-10は、二〇一三年に日欧イノベーション・科学・技術協力促進のための「JEUPISTEプロジェクト」発足の際に、発表された各国の国際共著論文と国際共同発明・開発の比率をそれぞれ横軸と縦軸にプロットしたものである。一目瞭然すぎるほど、日本は残念な位置にプロットされる。

これらは世界中が基礎研究の世界においても「つながっている」にもかかわらず、日本は知恵をつなげていないという事実の断面であり、「つながり」を取り込んでいない日本の基礎研究の今後の質の低下が懸念される。

業界という垣根も、国という垣根もなくなり、大学や企業が最適な相手を選んでつながっている。インターネットをはじめ環境は、どんどんつながりやすくなっている。しかし、日本の大学や企業は内向きだ。

京セラ、日本電産、オムロン、村田製作所など、京都本社の企業には、世界トップの独自技術やシェアを持つ企業が多数ある。他の価値観に踊らされることなく、我が道をひたすら突き進むことで技術を深掘りし続けて世界トップ、世界最先端に到達した企業たちだ。内製志向が強く、自社にないもの、足りないものを外部から借りてきたり、外部に一部を任せることを良しとしない。

学校教育であれば、「物理のノートは俺がとるから、化学のノートはおまえがとって、交換しようぜ」というのは推奨されることはないが、ビジネスにおいても全部自分がやることが本

図1-10 各国別「論文の国際共著」と「国際共同発明・開発」の比率

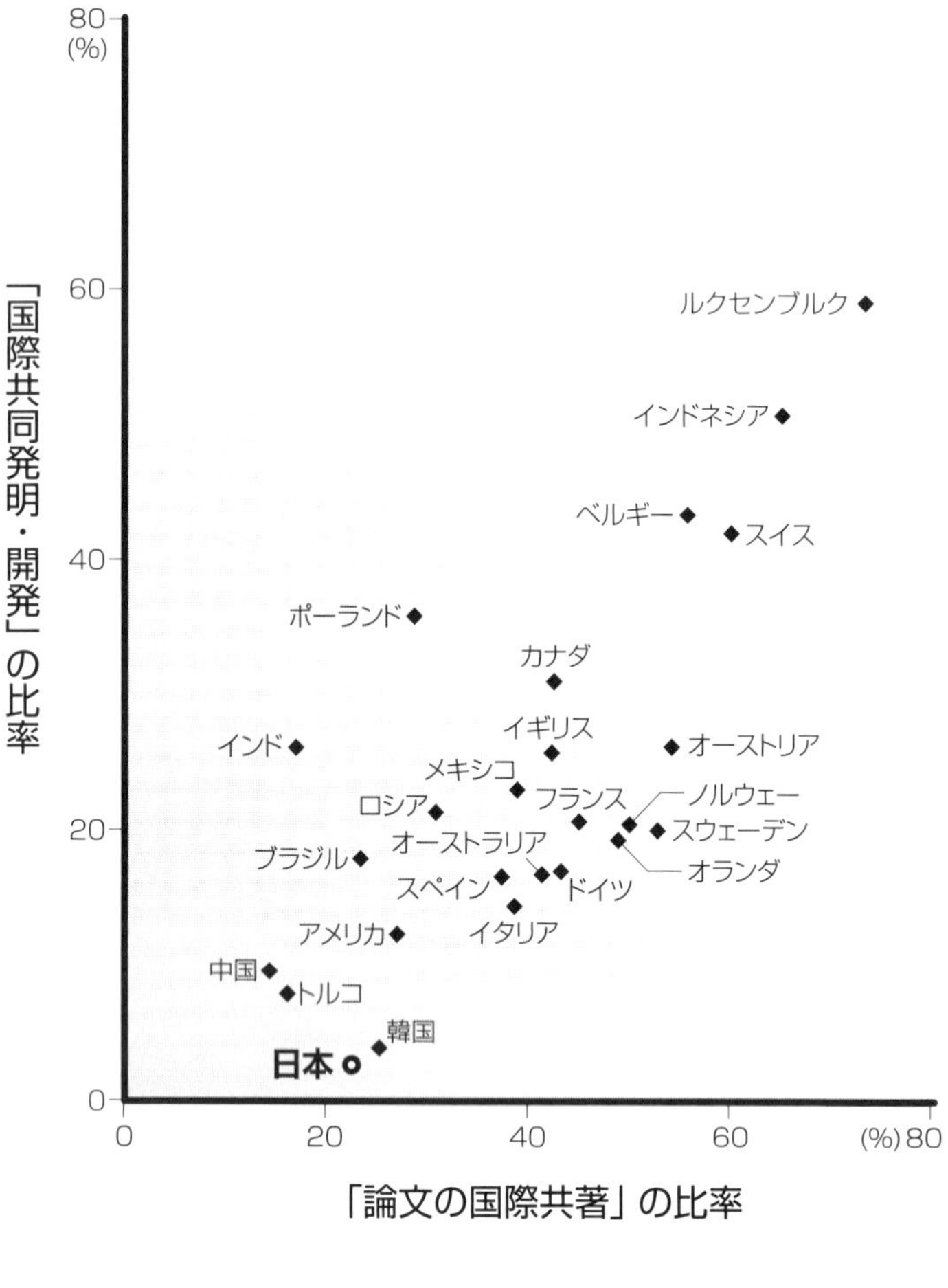

出所：「JEUPISTE プロジェクト」より DI 作成

当に最適なのかは考える必要がある。特に、スピードや臨機応変さ、要領の良さも大事になる事業創造においてはなおさらだ。

日本企業は、要素技術で差別化して画期的な技術なり製品を生み出し、その技術や製品で新規事業や新しい市場を成長させていくことを重視してきたが、現実を見れば、そんな画期的な新技術や新製品によるホームランはめったに生まれない。ここ十年ぐらいを考えてもハイブリッド技術を搭載したプリウスやノーベル賞を受賞した青色ＬＥＤの技術を使った製品ぐらいではないだろうか。

技術のみでホームランを狙うという戦略はあるが、それだけでは、何十年に一度しか大きな事業は生まれない。

◎日本企業がつながれない理由２「強い業界意識」

日本における「業界」は、戦後の好景気の中で一斉に立ち上がっていった。しかも、自分たちの手で業界の概念をつくったというよりは、欧米にあったものを与えられた形に近い。

人間というのは、何か良い枠組みやルールをつくり、それがある一定以上の期間うまくいくと、その枠組みが通用しなくなりつつあっても、「慣性の法則」が働き、なかなか次に移行しにくいという傾向がある。

それでもまだ、枠組みをつくった本人なら、その枠組みを進化させたり変化させたりというのは比較的容易である。つくった本人にとってみれば完璧だと思ってつくったわけではない。欠点がどこにあり、どこを補完するとどうなるかなども理解できているので、むしろ進化や変化に前向きだったりする。

しかし、枠組みを与えられた側の人の場合は、そうはいかない。しかもその枠組みを前提にして自分の事業も動きも組み立てているので、枠組みの修正というところに頭がいかないし、つくったこともない人にはそもそも変え方が分からない。そうするとそこに「慣性の法則」が働く。小さいときに形成された性格が大人になっても変わらないのと同様で、規制緩和がなかなか進まないのもそのせいだ。

業界という枠組みは、その典型である。日本企業各社は、戦後与えられた業界の中で、切磋琢磨し、競争し、技術を磨いてきた。企業の競争も自分自身のキャリアも、すべてその業界という枠組みやそこでのルールを前提として成立している。

企業だけではない。政府も業界別に課室が設計されている。さらには企業にサービスを提供している広告代理店もコンサルティング会社も、みな業界別で組織が組まれている。

アナリスト業界でも二〇一四年に、アップルの分析をするに当たり、アップルの同業種として一般的なハードメーカー業界を設定し、その業界平均PER（株価収益率）と比較して評価するという珍事がニュースになっていた。賢明な読者の皆様が冷静な目で見るとあまりにもセンスのない話だなと思うかもしれないが、実際に組織人として自らが社内でやっていることは、似たようなものだったりしないだろうか。

自分の業界とは考え方やしきたりも違う他の業界の常識や考え方は、なかなか理解できないものである。頑張って理解しようとしてもあまりの違いに愕然とすることもある。そうこうしているうちに、なんとなく他業界は無意識に避け、自分の業界の中だけの世界に閉じこもってしまいがちになる。こうなると当然、業界を超えた本質的なつながりをつくるのは難しい。

日本では歴史的に見ると、良い意味でも悪い意味でも上手にかつ楽に成長できたために、古い業界を自ら壊したり、新しい業界を定義したりするのが難しい構造になっている。もちろん今の形でよければ問題はないし、そのことは大変幸せなことだが、もはや、世界の情勢がそれを許さない。

◎日本企業がつながれない理由3「弱い官民の連携」

先ほど紹介したように、フィリップスやGEが、米国のLED市場をつくるために、米国政府に対して合理的なロビイングを行ったのは有名な話だ。

ロビイングの目的は、誰にとっても公正な市場をつくることであり、その市場を成長させるための新しいルールづくりに関与することであり、逆に市場の成長を阻害する既存の規制を変更してもらうことであった。

世界を席巻するようなグローバル企業は、ほぼ間違いなく政府との強い「つながり」を武器にしている。

それに対して日本企業は、こうした政府へのロビイング、働きかけも苦手だ。ロビイングという言葉自体に悪印象を持っている場合も多く、何か陰で癒着することのように思っている人もいるが、それはまったく違う。

ロビイングは、自社だけのための我田引水や陳情とはまったく違う。米国では大変ステイタスの高いプロフェッショナルの仕事である。

日本のとある立派な大企業の部長さんがある省エネ機器の新しい市場をつくるに当たって経済産業省に要求してきたのは、「この省エネ機器は非常に社会的意義が高いので、その導入に向けて、消費者が購入する場合の補助金として、国から合計五〇〇〇億円の予算を出してもらえないだろうか」というものであったという。

その省エネ機器がこれだけ普及すれば、省エネ効果がこれだけあり、雇用規模もこれだけありますといった「自社のためだけではない」という数字の提示もあり、いわゆる「陳情」とはずいぶんレベルの違うものだった。しかし経産省から見れば、世の中に無数にある商材のうち、その省エネ機器にだけ五〇〇〇億円という途方もない数字の補助金を出すというのは、政策全体のリソース配分という観点からは財務省にも国民にもまったく説明不能である。

ちなみに霞が関の常識からすると、機器に対する補助金というのは、せいぜい数十億円程度であり、しかもR＆D補助金ではなく導入補助金となるとビジネスに直結する話なので、一般的には非常にハードルが高い。経産省としてもその省エネ機器の普及は大きく拡大したいという思いはあったが、その提案では経産省はまったく動けなかったという。

もっと大きな構想を描いて、その省エネ機器市場全体を見渡し、競合も含めて各プレイヤーが活動しやすい環境づくり、ルールづくりを目指した政策連携の提案であれば、経産省も協力できたであろう。そうした提案を行う視座の高さと認識が日本企業には欠けている。

例えば、自動運転技術をグーグルをはじめとする米国大企業が研究しているし、トヨタをはじめとする日本の大企業も負けじと研究を行っている。

しかし、グーグルは公道でバンバン走行実験を行っているが、日本企業は自社の施設内の走行実験がほとんどだ。技術的なアドバンテージは日本企業にあったはずだが、自動運転技術の開発を先に成功させるのは果たしてどちらだろうか。

図1 - 11は、エネルギー分野を例にして、先端技術の社会実装で起こっていることをまとめたものである。資金面は比較的国の支援が回るようになっているが、制度面が追いついておらず、せっかくの技術を試せないということを物語っている。こういうことが至るところで起こっているのが今の日本だ。

どんなに高い技術力を持っていても勝てるとは限らないのが、これからのビジネスである。自動運転の研究が公道でもできるように自動車業界が政府にきちんとロビイングを行い、日本においても既存の法律を変更してできるようにしていくべきであろうし、それに真摯に応えていくのが国や自治体の役割である。

本来ロビイングとは、我田引水ではなく大義名分があり、世の中のために行うものだ。日本社会や市場全体のことを考えたうえで、公平性や公共性のためのルール変更、ルールづくりを政府に働きかけていくことが大事である。

政府も、実際にそうした提案であれば一生懸命聞くし、ルール変更や新しいルールづくりをやらざるを得ない。「自社のために」では政府は動けないが、「社会や産業のために」と世の中のマクロインパクトとともに、具体的で筋のよいアイデアを示されて「一緒にやりましょう」と言われれば政府も動きたくなる。

図1-11 先端技術の社会実装で起こっていること

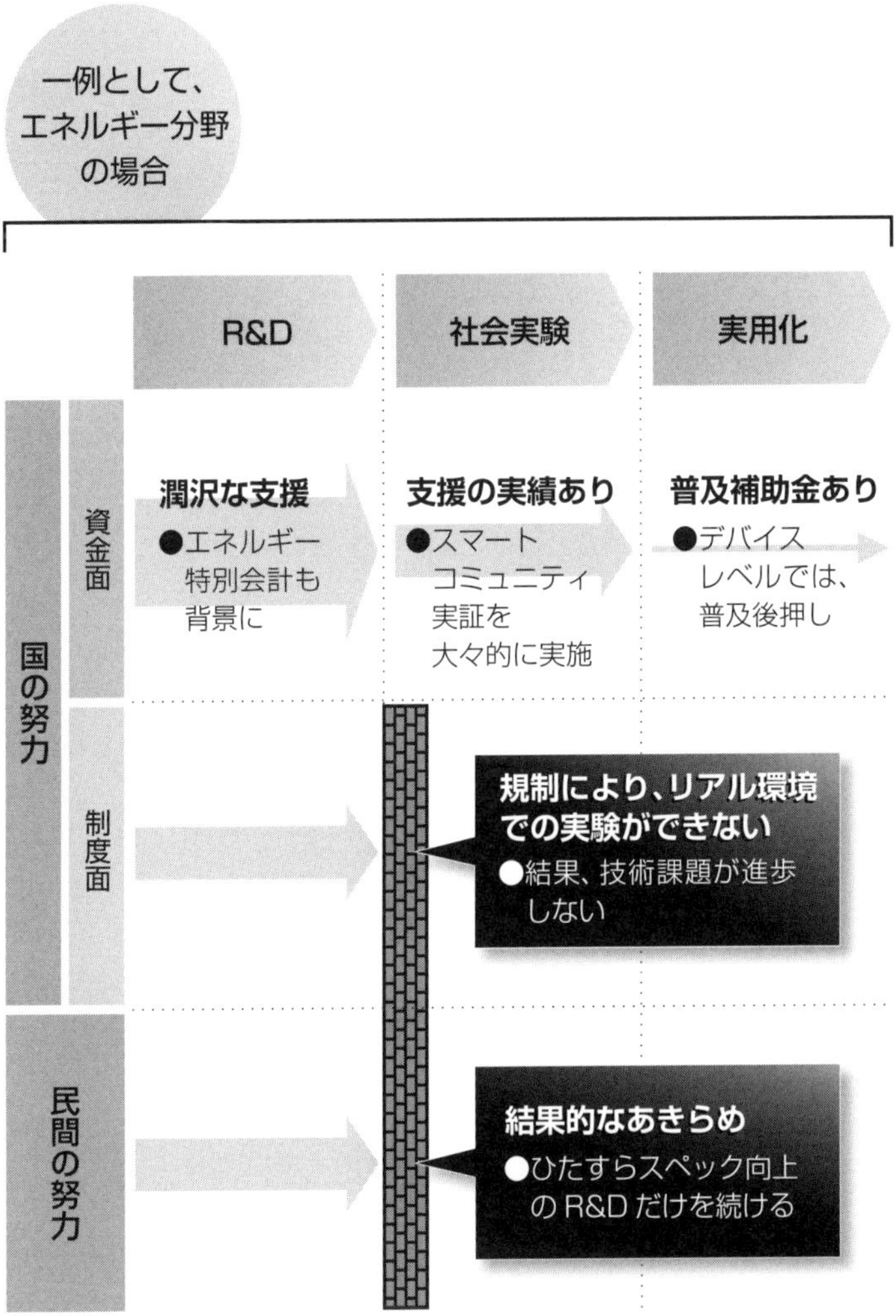

欧米におけるロビイングもこれと同じだ。日本企業が欧米市場に進出していったときに、欧米企業にとって都合のよいルールがあることに気づき、「自分たちに都合のよいルールばかりつくりやがって」と言うが、基本は欧米企業以外も含めたいろいろなプレイヤーが公平・公正に市場で競争できるためにつくられたものだ。提案した企業にある程度有利になるのは、その企業がその分、汗をかいたことを考えれば当たり前だ。

日本でも、いろいろな団体が政府に対して「規制緩和要望」とか「政策提言」というものをたくさん提出している。しかし、かつて政策側にいて、そういうものを多数受けとっていた筆者の感覚からすると、残念ながら大変レベルが低い。大抵の場合、自社や自業界の都合ばかりで社会的意義が突き詰められていないか、要望が漠然としていておよそ政策ツール上どう対応すべきかが見えないかのどちらかに分類される。

結局、（政策提言とはおよそ関係なく）政府側が自発的に必要と感じた課題についてのみ「審議会」や「研究会」が立ち上げられ、かつ完全な政府側のイニシアチブで進められるものだけが制度変更につながってきたのが戦後日本の政策の歴史である。このような一方的な状況では必ずしも良い政策ができるとは限らない。実際、政府側も制度変更のイニシアチブを一方的にとることには違和感を持っている。

日本では、企業と政府との距離が近くなると癒着が行われているのではないかと疑われたり、「政商」と呼ばれて批判されたりすることが増えてしまったが、それを恐れて企業が政府と正当な連携ができないというのでは、日本の将来は暗い。

そのためにも民間は、自社のためでなく、もっと広い視野で、日本市場、ひいては世界市場のためになるロビイングを行っていこうという企業がつながって団体をつくり、実際に高い視座からの提案、政策連携を行うことが大事であり、それこそがケタ違いの事業を生み出す要因の一つになる。

第2章

ビジネスプロデュースとは何か

1……大木に成長する事業の種は実はたくさんある

◎業界と業界の間にビジネスチャンスは転がっている

日本企業が、なぜ数千億円規模の事業を生み出せないのか、その理由をいろいろと考えてきた。それをひと言で言えば、「つながれない」からだ。企業同士がつながれない、業界や国を超えてつながれない、政府や行政とつながれない……。

大きくなる事業の種は、業界をまたぐところにある。既存の業界内だけではすでに成熟しているためにどうしてもある一定以上には大きくならない。

かつて新規事業と言えば、成長している別業界への進出が大半であった。

例えば、トヨタ自動車やパナソニックが成長著しい住宅業界に進出し、トヨタホームやパナホームで事業をなすといったパターンだ。成長している業界に進出すれば、その業界の成長に伴って進出企業も成長することができた。それは、さほど難しい新規事業ではなかった。
イトーヨーカ堂がセブン‐イレブンを、ダイエーがローソンをつくってコンビニ業界に進出する。ソニーがソニー損保で損保業界へ、ソニー生命で生命保険業界へといった他業界進出を行う。こうしたものであれば成功例はいくらでも挙げられる。

しかし、こうして他業界に進出しても、その業界の成長が止まれば、進出した企業の成長も止まる。業界が成熟すれば、企業も成熟する。つまりは、業界成長依存型の新規事業と言える。

だから、成長する業界がなくなったら新規事業が大きくならなくなった。成長していない業界に新たに進出してもパイの奪い合いになるだけで大きく成長するのは難しい。東芝や日立製作所など、進出できそうな業界にはもうほとんど進出してしまったような大企業もある。
ひところ「事業の多角化」が盛んに言われたが、それも要は他業界への進出であった。そしてその後、「選択と集中」に変わり、業界上位に入れなかった進出企業は撤退を余儀なくされ淘汰された。

こうした他業界への進出という発想で、いまだに新規事業を考えている企業は多い。だから新規事業が大きく成長しない。

図2-1　経済の発展ステージに応じて、事業創造のポイントも大きく変化

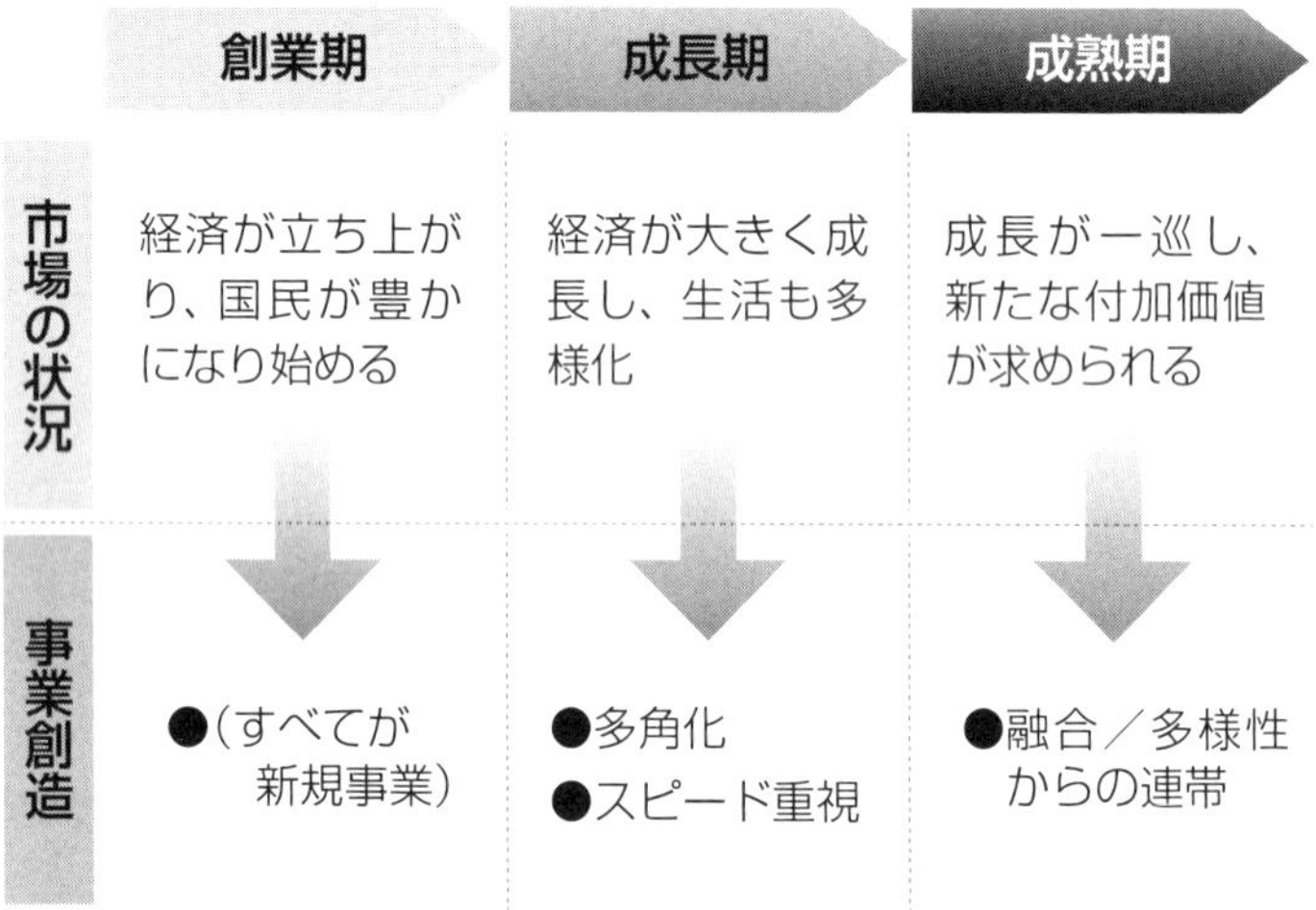

	創業期	成長期	成熟期
市場の状況	経済が立ち上がり、国民が豊かになり始める	経済が大きく成長し、生活も多様化	成長が一巡し、新たな付加価値が求められる
事業創造	●（すべてが新規事業）	●多角化 ●スピード重視	●融合／多様性からの連帯

事業サイクルという観点からまとめると、ビジネスには「創業期」、「成長期」、「成熟期」がある。成長期には業界が「タコツボ化」しやすいが、この時期の「タコツボ化」は悪いことではない。業界が成長している時期には、むしろ「タコツボ」のほうが効率的だからだ。

しかし、業界が成熟し、衰退に向かう時期には、業界の「タコツボ」から出て、もう一度広い視野で新たな事業を発想する必要がある。

特に、インターネットなどによってつながりやすくなっている現代のビジネス環境では、業界と業界の間にこそビジネスチャンスが転がっている。

大きくなる事業の種は、業界をまたぐとこ

図 2-2　これからの事業創造は、融合領域から

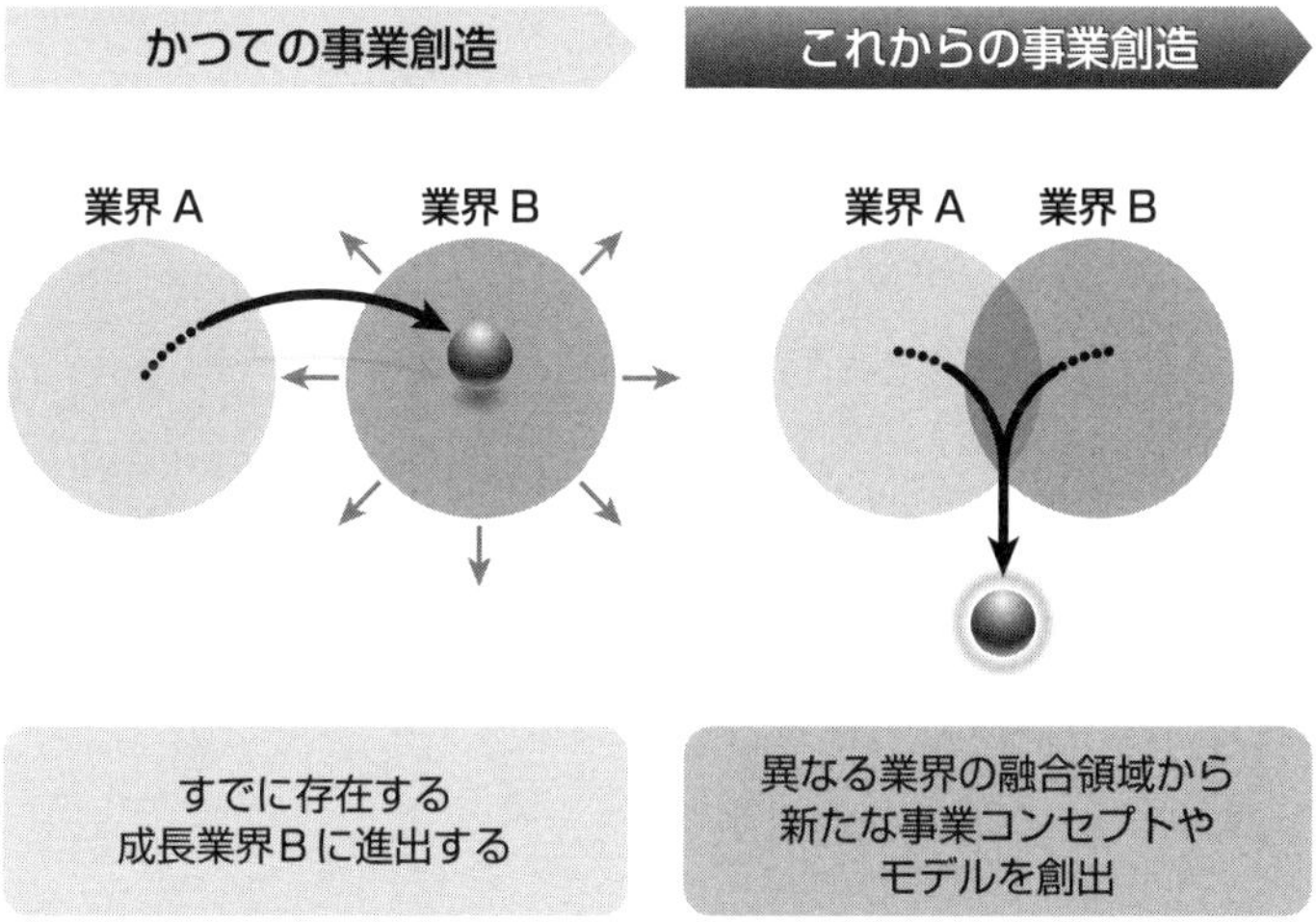

ろにあり、単独ではなく、他のプレイヤーとつなげることで新しい市場が生まれる。「業界をまたぎ、融合することで事業を創造する」という発想への転換が必要なのだ。

こうした業界をまたいだ大きな絵を描いて、他のプレイヤーとつながりながら行う事業創造を我々は、「ビジネスプロデュース」と呼んでいる。

そもそも「業界」というのは、後付けでつくられた枠に過ぎない。

その業界をまたぎ、業界を超えて、新たな業界をつくるのがビジネスプロデュースであり、業界と業界を結び、他のプレイヤーとつながり、ときには政府への働きかけも行う人材が「ビジネスプロデューサー」である。

業界をまたぐところにビジネスが生まれや

すくなったのは、それができるようになったからでもある。

業界と業界の間には、まだまだブルーオーシャンと呼ばれる競争空白地帯があり、ビジネスチャンスが転がっている。だが、そのことに多くの日本企業は気づいていないのではないだろうか。

◎「構想」とは～業界を超えて考えることの意味～

「業界をまたぎ、業界を超えて、新たなものをつくるのだ」と言うと、「すでに異業種でのコラボは十分やっているよ」とか、「だからオープンイノベーションが必要だ」といった声が聞こえてきそうである。

しかしながら本書で、業界を超えた取り組みを……と言うときは、その超えた取り組み自体にフォーカスを当てているのではない。業界を超えることはあくまでも手段であって、超えることで他の業界の人や付加価値を相手側の目線で理解し、自社の付加価値と融合させたり、自社の取り組みの形を変えたりしながら、新しい付加価値を生み出していくことを指している。

そのためには、少しイメージが湧きにくいかもしれないが、自分の業界も相手の業界も超えた「神の視座」から見渡し、両者が何をすべきか、そして両者が頑張っても足りないものは何か、ということから考える必要が出てくる。

図 2-3　業界を超えて、構想を考える

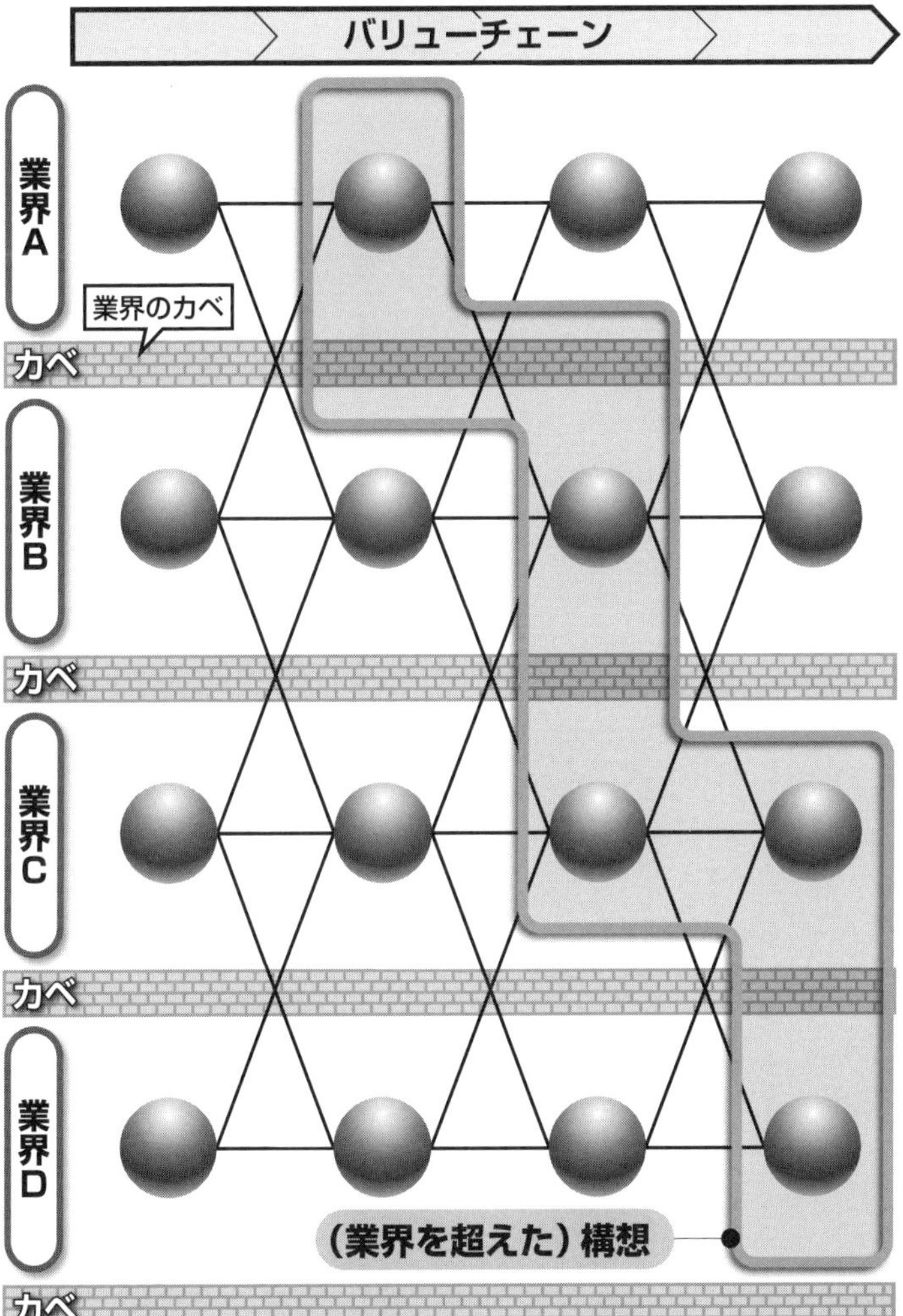

本書では、そういう神の視座から見たあるべき姿を「構想」と呼んでいる。構想を打ち立て て、その構想の中で改めて各業界やその中の企業がどう振舞うべきか、どう変化すべきかを定義していくことは、今のような時代において、新たな付加価値を生み、新たなビジネスを創造していくために最も筋のよいやり方であると確信している。

例えば、スマートグリッドは、エネルギー業界とＩＴ業界をつなぐことで生まれた。さらに、建設業界や住宅業界、自動車業界をつなぐことでスマートコミュニティが生まれている。こうした発想で事業創造を考えていくと、まだまだいろいろなコンセプトを生み出すことができそうだ。

◎すべては一人の勝手な「妄想」から

一方で、日本企業はそれぞれがそれぞれの業界の中で生きてきた。長く続いている業界ほど、その業界ならではの作法やルールが数多くある。それらを熟知してお互いに守り合うことで業界の結束が生まれる。同時に業界内のポジションが決まり、役割が決まる。こうして業界内のことについてはどんどん精通していく。どこの業界でも同様のことが起きているから、外の世界である他業界の作法やルールについては逆にどんどん疎《うと》くなる。

グループ企業であっても、業界を超えての人の行き来は少ない。だから、日本企業の中には、いくつかの業界をまたいで仕事を行った経験があったり、いくつもの業界に精通している人材というのは、思いのほか少ないのが現状だ。

したがって、業界と業界の間にビジネスチャンスがあっても気づかないし、仮に気づいたとしても、どうやって業界を超えて動いていいのかが分からない。

業界をまたぎ、業界を超えた事業創造を発想するためには、業界内を見ているだけでは見つけられない。高い視座に立って、いくつかの業界を俯瞰することが求められるが、業界内で長らく生きてしまった人にはこれがなかなかできない。どうしても、その業界の「中から」外を見るという発想になりがちなのだ。

「業界人」としての意識から、「日本人」「アジア人」「地球人」といった意識に転換し、日本全土、アジア全域、地球全体を俯瞰して事業創造を発想するようになれば、アイデアレベルの事業創造の種ならいくつか思いつくことができるようになる。

業界という枠を取っ払って発想すると意外なものが見えてくることもある。

第1章で三〇個の新規事業の種が並んだ新規事業リストの話をしたが、例えばこれらを「一つ一つ育てる」という発想から「まとめて育てる」という発想にするだけでブレイクスルーが起こることもある。単独では弱くて小さかった事業の種も、いくつかを合わせて発想すると事業規模が拡大する。

また、ビジネスの原点が「お客さまのために」であるなら、そこから発想することもできる。ユーザーニーズから発想すると、ＩＴ企業だけでも、エレクトロニクス企業だけでもつくれない製品やサービスが見えてくることもある。

このように自由に発想することを「妄想」と呼んでいる。妄想と言うと悪いことを想像することに使われることが多いが、本書では、伸び伸びと想像を大きくふくらませることを指し、「構想」の前段階と位置づけられるものだ。

「そんなことを考えている暇があったら目の前の仕事をしろ」

そう批判してはならない。目の前の仕事ばかりをやっているから事業が生まれないのだ。いい製品をつくっているのに売れない。いいサービスを行っているのにお客さまが増えない。だから一旦、すべての枠を取っ払って妄想することが大事である。

同様に、事業創造を発想する際には次の批判も最初のうちは禁句だ。

「それって儲かるの？　どこで儲けるの？」

企業が行う事業創造である以上、利益を出す必要があるのは当然だ。ただ、最初から儲けることを意識すると発想が小さくなる。自分の部署とか事業部、せいぜい自社の範囲内でしか発想ができなくなる。そうすると発想の飛躍は生まれない。

妄想段階で大事なのは、自社の外や業界の外まで想像を大きくふくらませることだ。どこで儲けるかは、妄想を構想にする段階で考えればいい。

◎「切り取る側」「切り取られる側」「無視される側」

大きな絵を描く際には、どの範囲でビジネスを行うかを検討し、全体設計をする必要がある。異なる業種を含めて広く捉えることが必要な反面、広すぎても現実的ではなくなってしまう。

妄想を構想にしていく段階では、どの業界のどの会社と連携するか、どこで収益を得るか、それはいつごろからかなどを具体化していく。

だからと言って、それにこだわる必要はない。やってみなければ分からないことが多い事業創造では、構想を実行に移してうまくいかなければ、また構想に立ち戻って考え直すことも当然のこと。それを何度も繰り返して構想を進化させながら事業を伸ばし、広げていくのだ。

こうした大きな絵を描いて主導的に動く企業がある一方で、そうした企業に声をかけられてから動き出す企業もある。業界をまたいで「切り取る側」と「切り取られる側」に大企業といえども分かれるということだ。

もちろん「切り取る側」に立つべく、構想をしていくほうがより大きな果実を得ることができるだろう。「切り取られる側」では、自分から仕掛けることはできない。iPhoneに使われている部品の多くが日本企業の製品だとしても、アップルが格段に大きな果実を得ていることからも分かるはずだ。

もっと言えば、「切り取られる側」はまだましで、業界の「タコツボ」にもぐったままであれば、「無視される側」になって環境変化に取り残されてしまう可能性すらある。

大きな絵を描いて、他業界のいいところを「切り取る」ためには、高い視座で業界をまたいでビジネス環境を俯瞰するとともに、他業界との仲間づくりも欠かせない。

また、検討している大きな絵を、いろいろな人たちを巻き込みながら複数の視点で眺めてみることが重要になる。ある方向から見ると石ころであっても、別の方向から見ると宝の山であることも多々ある。

「つながり」をチャンスと捉え、自らが持っている事業の種の新たな可能性を考える。自社のすべてのものが宝の山になり得るという前向きな発想で、今まで気づかなかった自社の強みを見出す努力も大切だ。

既存業界の固定観念にとらわれない視点を持ち込んでくれる人との仲間づくりは、事業機会として想像もしなかった成果をもたらしてくれることであろう。

図2-4　「切り取る側」vs.「切り取られる側」と、「無視される側」

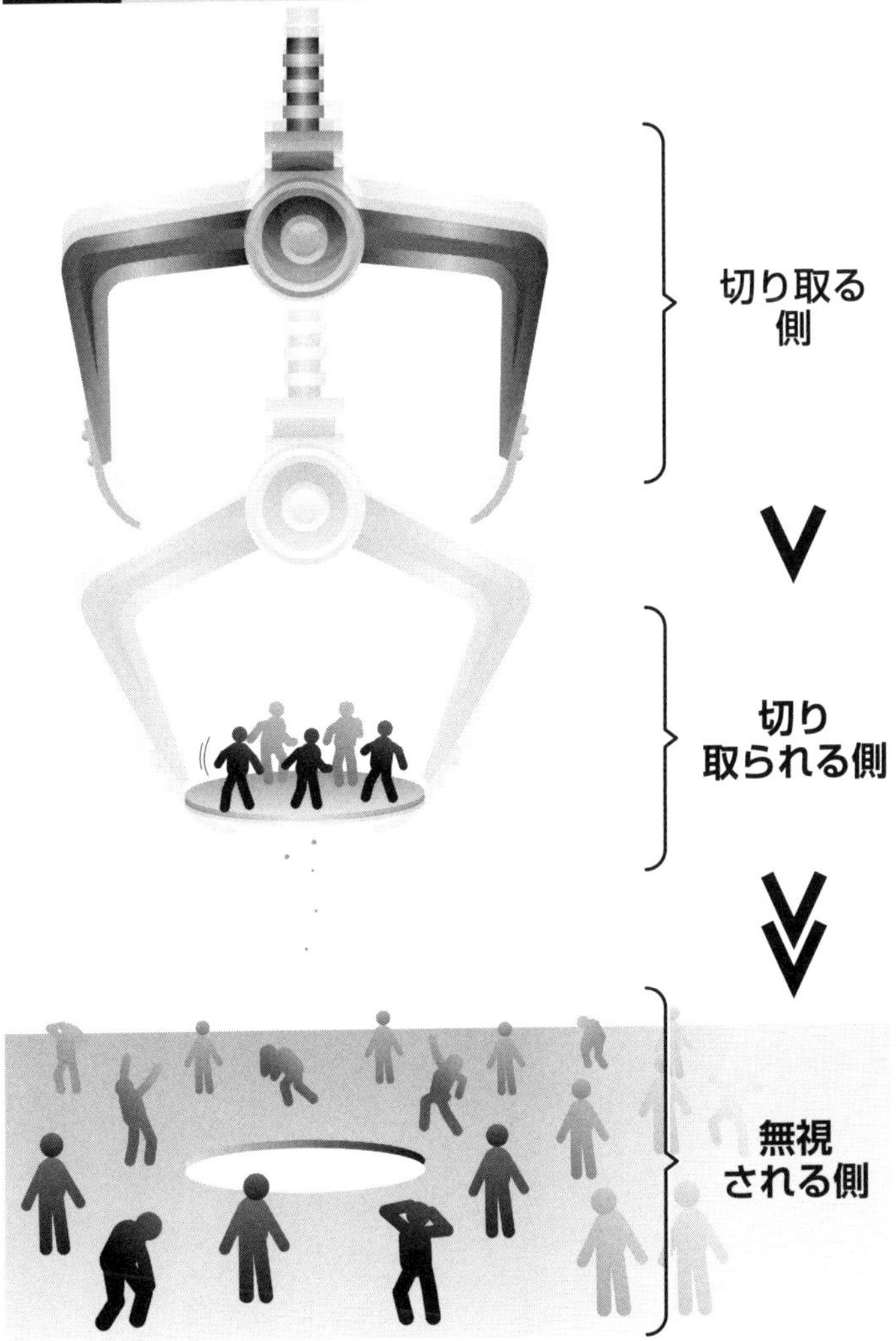

◎なぜ構想する側に立つことが重要なのか

切り取る側、つまり構想する側に立つことがいかに重要かは、インテルとパソコンメーカーとの比較で考えてみるとよく分かる。インテルは、自分たちにとって有利なビジネスを構想したからこそ、高い利益率を達成することができ、売上は三兆円だが利益率が五〇％近いというメーカーとは思えないほど凄まじい収益力を誇っていた。

一方、切り取られる側になってしまったパソコンメーカーは激しい低価格競争を強いられ、カツカツの利益しか出せなくなった。

インテルのＣＰＵが技術的に高くて他社が真似できないのに対し、パソコン本体のハードはそれほど技術力が高くない中国などのメーカーでもつくれるから、というのは実は結果論である。

もし、ＩＢＭがハードメーカーが有利になるビジネスの構想を立てて実行していたら、逆にインテルなどのＣＰＵメーカーがカツカツの利益しか出せない状況に追い込まれていたかもしれない。

ハードメーカーとＣＰＵメーカーのどちらが技術力が高いかではなく、どちらが市場全体の構想を描いてイニシアチブをとったのかが勝負を分けたのだ。

◎ベンチャー以上に大企業にチャンスあり

大きな絵を描いてビジネスプロデュースを行うに当たっては、やはりベンチャーよりも大企業のほうが圧倒的に有利だ。それはヒト・モノ・カネといった経営資源が豊富にあるからだが、それだけではない。

まず、日本においては、ベンチャーに比べて大企業のほうが圧倒的につながりやすい。例えば、切り取る側として業界を超えた他のプレイヤーと提携する際、大企業のほうが相手企業から信頼を得やすい。もちろん、切り取られる側としても同様である。大企業がどこと一緒に事業創造をやりたいかと言えば、それはやはり同クラスの大企業だ。

また、大企業には眠っているが魅力的な技術がたくさんある。十年、二十年と研究されて開発されながら、まだ市場に投入されていない技術——宝の山が眠っているのは圧倒的に大企業で、アイデア次第では自社内に眠っている技術同士をつなげるだけで、新しい市場をつくり出すことだってできるかもしれない。

それが無理だとしても、多くの大企業に眠っている高度技術が多々あるのだとしたら、それらの要素技術をつなぐことで新しい製品やサービスを生み出すことができる可能性は高い。アンテナを張って、どの企業にどのような高度技術が眠っているかを知る必要はあるが、そうした情報も大企業のほうが得やすい。

政府や行政機関に働きかけるロビイングを行うにしても、大企業のほうが話を聞いてもらいやすいということもある。

自社内や業界内だけを見て新たな事業を発想しようとするから、なかなか大きなビジネスを発想できないだけであって、他業界とつなげることを前提に視野を広げていけば、思いがけずいろいろなところに大きなビジネスチャンスが転がっていることに気づくはずだ。

どんな企業であっても三六〇度全方位に強みがあるわけではない。自分たちの弱い方面を自分たちで強くするには時間もかかるし、できない可能性もある。その方面に強い企業の力を借りて助け合ったほうが得策だ。

学校の勉強であれば、すべてを自力で学び、自分の中に知識をためていくことが求められるが、ビジネスでは必ずしもそうである必要はない。特に事業創造においては、他のプレイヤーと連携し助け合うことでスピードが上がり、それだけ市場を席巻できる可能性が高まる。

日本の事業創造においては、大企業同士が連携するビジネスプロデュースが一番成功確率が高くなるはずなのだ。

2……ビジネスプロデュースの実例

◎東京丸の内の再開発に見るビジネスプロデュース

かつて三菱地所は、丸の内を中心とした大手町や有楽町エリア——大丸有エリアを「スマートコミュニティ」として再開発を行った。このときの動きが極めてビジネスプロデュース的で、業界を超えていろいろなプレイヤーをつなぐことで価値を高めていたのが強く印象に残っている。

三菱地所としては、大丸有エリアの価値が高まれば、出店したい店舗や本社を置きたい会社が増え、それだけ家賃収入が増える。

我々はビジネスに誘導する仕掛けのことを「フック」、それをお金に変える仕組みのことを「回収エンジン」と呼ぶが、大丸有エリアのスマートコミュニティは、その発想自体がフックとなって人を集め、店や会社を集め、エリアの価値を高めることができる可能性がある。もちろんフックだけでは投資を回収することができないし、継続的に利益を生み出すことができない。そこで大切になるのが回収エンジンであり、三菱地所にとっては家賃収入が回収エンジンに当たる。

三菱地所の場合、こうしたエリア開発が総合デベロッパーとしての本業であり、その背景となるフックと回収エンジンの関係が明確に理解されているため、構想段階からフックが盛り込まれた大きな絵を描くことができる。家賃収入という回収エンジンがあるから、そこを起点として、どんなフックへの投資がより効果的な回収につながるかとか、より市場規模を大きくできるかを発想できるのである。

日本企業においても、フックと回収エンジンのセットで事業を発想している企業や業態は、比較的業界を超えて他のプレイヤーとつながりながらその事業を大きく育てることができている。

他にも、日揮、千代田化工建設、東洋エンジニアリングといったプラントエンジニアリング企業が近い動きをする。「どの企業と組むことがそのプラントの価値を最大化するのか」を真剣に考えているから、グループ企業であるとか、日系企業であるとかにこだわらず、お客さまにとって一番いいプラントを建設するために、世界中で最適な企業と組むことが重要になる。

業界を超えてつなげることがプラントエンジニアリング企業の競争力の源泉であるから、自然とビジネスプロデュース的な発想となり行動となる。

セットメーカーも、ビジネスプロデュースのＤＮＡを持っている。トヨタ自動車をはじめとする自動車業界の企業も、パナソニックなどの家電・エレクトロニクス業界の企業も、セットメーカーである。彼らは、世界で一番いい部品を選んで使わないと自社製品の競争力にかかわる。その意味では、部品メーカーという他業界の中で最適企業を選び出し、その企業と連携することで最高の製品をつくり出してきたわけで、他業界のプレイヤーの見抜き方やつながり方といったビジネスプロデュースのＤＮＡは持っている。

裏を返すと、部品メーカーや材料メーカーは受け身の体質になりやすく、「切り取られる側」に甘んじやすい。ただ、部品メーカーや材料メーカーだから主導権を握ってビジネスができないかというと、そんなことはない。

シマノは自転車部品メーカーであるが、高級サイクリング市場でも、ママチャリ市場でも、それぞれのセットメーカーとともに業界を超えて連携し、主導権を持って世界市場で戦っている。

多くのビジネスは、プラットフォーム的な役割の企業と、そのプラットフォームに乗ってビジネスを行う企業の二つに大別できる。確かに三菱地所のような総合デベロッパーやプラントメーカー、セットメーカーといったプラットフォーム的な立ち位置にいる企業のほうがビジネスプロデュースを行いやすい。だが、シマノやインテルなどの例からも分かるとおり、どんな企業でもやれないことは決してないのだ。

◎海外進出を構想していた東京電力

プラットフォーム的な企業ということで言えば、電力会社ほどプラットフォーム的な立ち位置の企業もない。我々がかつて、東芝や日立のような重電系プレイヤーに対してスマートグリッドを本格的に展開しましょう、海外に輸出しましょうと提案したときも、「電力会社さんがいないと……」と言われたぐらいだ。電力会社にしかない技術やノウハウがあるから自分たちだけでは海外進出ができないのだ。

東京電力は、電気を売って収入を得るという回収エンジンを持っており、そのために様々なフックに投資していたし、その背景となる研究を相当しっかりやっていた。

スマートグリッドについても、スマートコミュニティについても、世間で話題になるずっと前から研究がなされており、事業の構想としてもかなり進められていた。どこが技術的なネックなのかも分かっていたし、どこを詰めれば実際に試験が始められるかも分かっていた。急いで事業化しなかったのは、その必要がなかったからである。スマートグリッドやスマートコミユニティを始めるよりも現状のビジネスを継続するほうが利益が大きいことが分かっていたから、あえて急いで始める必要がなかったのだ。

さらに言うと、電力業界は、スマートグリッドどころか海外進出のインセンティブすらなかった。三菱地所もそうだが、国内でしっかりとした足場がある企業は、海外へ進出する切迫性やインセンティブが低い。特にプラットフォーム的な立場を国内で確立している場合には、わざわざ海外に一からプラットフォームを構築するといった苦労をしなくとも、日本国内でぬくぬくとやっていけるからだ。

しかし、電力業界のリーディングカンパニーとしての高い視座から、東京電力は、二〇一〇年の中長期成長宣言『2020ビジョン』の中で海外進出へ舵を切ることを表明した。買収する海外プレイヤーのリストをつくるなど、計画はかなり具体化していたと見られる。それは、東芝や日立といった他業界のプレイヤーも巻き込みながら行われていただろうから、東京電力が主導した形での日本の電力オペレーションの海外展開が実現できていたら、数千億円規模のビジネスプロデュースになっていたであろうことは間違いない。

残念ながら福島の原発事故という痛ましい事故でそれどころではなくなってしまったが、本来東京電力は政府への働きかけも得意、研究会や団体をつくるのもお手の物だから、本来ビジネスプロデューサーとして動く企業としてはうってつけだった。

ＮＴＴやＪＲも分割される以前は、世界に出ていくことを視野に入れて、世界戦略の構想を練っていた。業界を超えたプレイヤーの育成や連携も図っていたし、政府への働きかけも行っていた。

それは海外進出しないと生き残れないという切迫性からではなく、日本を代表して世界で戦うのはリーディングカンパニーである自分たちしかいないという自負からだったと思う。

ところが、会社が分割されたことでヒト・モノ・カネといった経営資源が分散されてしまい、世界に出ていくにはＪＲ東日本やＪＲ東海であっても一社だけでは力不足となった。では、ＪＲ東日本とＪＲ東海が連携するかというと、逆に分割後は形式的には競合関係だったりする。一度袂《たもと》を分かつと連携することすら難しくなる。

日本とは違い、フランス政府の方針で分割せず、世界を攻めに行って成功したのが上下水道などの水インフラ企業、ヴェオリア・ウォーターとスエズ・エンバイロメントだ。

水処理はもちろん、電気やガスといったエネルギー、廃棄物処理・リサイクル、これら三つを主力事業にして、両社とも世界トップクラスのグローバルインフラ企業に成長した。地方自治体ごとにバラバラにやっている日本の水道局とはまったく逆の発想だ。

ちなみに、日本の水インフラ技術はおそらく世界トップクラスだが、それを輸出するとなると一番大きい東京都水道局でもヒト・モノ・カネが不足する。そもそも株式会社ではないから経営ができないであろうが。

水道局は別にしても、ＮＴＴやＪＲは再統合して世界を目指すことを考えてもいい。政府も、国内での不毛な競争を煽るのではなく、彼らの世界戦略を後押ししたほうが、よっぽど日本の成長戦略に貢献できる。

◎ＣＤの失敗をＤＶＤに活かした三菱化学

日本の化学業界は、一九八〇年代から九〇年代、ＣＤ（Compact Disc）やＣＤ‐Ｒ（CD-Recordable）の開発に巨額の投資を行い、巨大市場を生み出した。

ところが、台湾企業が一九九五年ごろからこの市場に参入してくると、日本企業は人件費や製造コストなどのトータルコストで勝てなくなる。三菱化学もそんな日本企業の一つであった。

記録媒体は、その後、ＣＤ‐ＲからＤＶＤへと移る。このとき多くの日本企業はＣＤ‐Ｒより一〇倍高度なＤＶＤなら台湾企業に負けることはないと考えた。だが、三菱化学は、ＣＤ‐Ｒのときと同様のことが起こり得ると考え、どうしたらそうならないかという発想で、業界を超えて、国を超えてビジネス全体を構想した。

三菱化学は、まず台湾企業をライバル視するのではなく、味方につけることを考えた。台湾企業が強いのは、台湾政府の後押しを背景とした圧倒的なコスト競争力だ。それを味方につけることができれば、他の日本企業や欧米企業にも負けることはない。

詳細については、弊社の特別顧問でもある小川紘一氏（東京大学政策ビジョン研究センター・シニア・リサーチャー）の著作『オープン&クローズ戦略』（翔泳社）の一読をお勧めするが、三菱化学が自社にとっても、台湾企業にとっても得になるビジネスにするにはどうすればいいかを考え、お互いの強みを活かしつつ、弱点を補完する関係をつくり出したということがポイントだ。

三菱化学にはDVDに関する高い技術力はあるが、すべて自前で製造するとコストが高くなるという弱点がある。逆に台湾企業には低コストで製造するコスト競争力はあるが、DVDに関する高い技術力はない。

三菱化学は、自前至上主義を捨て、製造を台湾企業に任せることを決断し、自らはスタンパーとAZO色素系という部品の供給にフォーカスした。そして、台湾企業に技術や製造の方法をレシピ化してオープンにしつつ、その製造には自社の部品が必ず使われる仕掛けをつくった。つまり、どこまで相手にオープンにし、どこはクローズにするかを構想し、交渉し、実現させたのである。この方法で三菱化学は、売上は捨てることになるが、代わりに高い利益率と

図2-5　三菱化学のDVDメディアのオープン・クローズ戦略

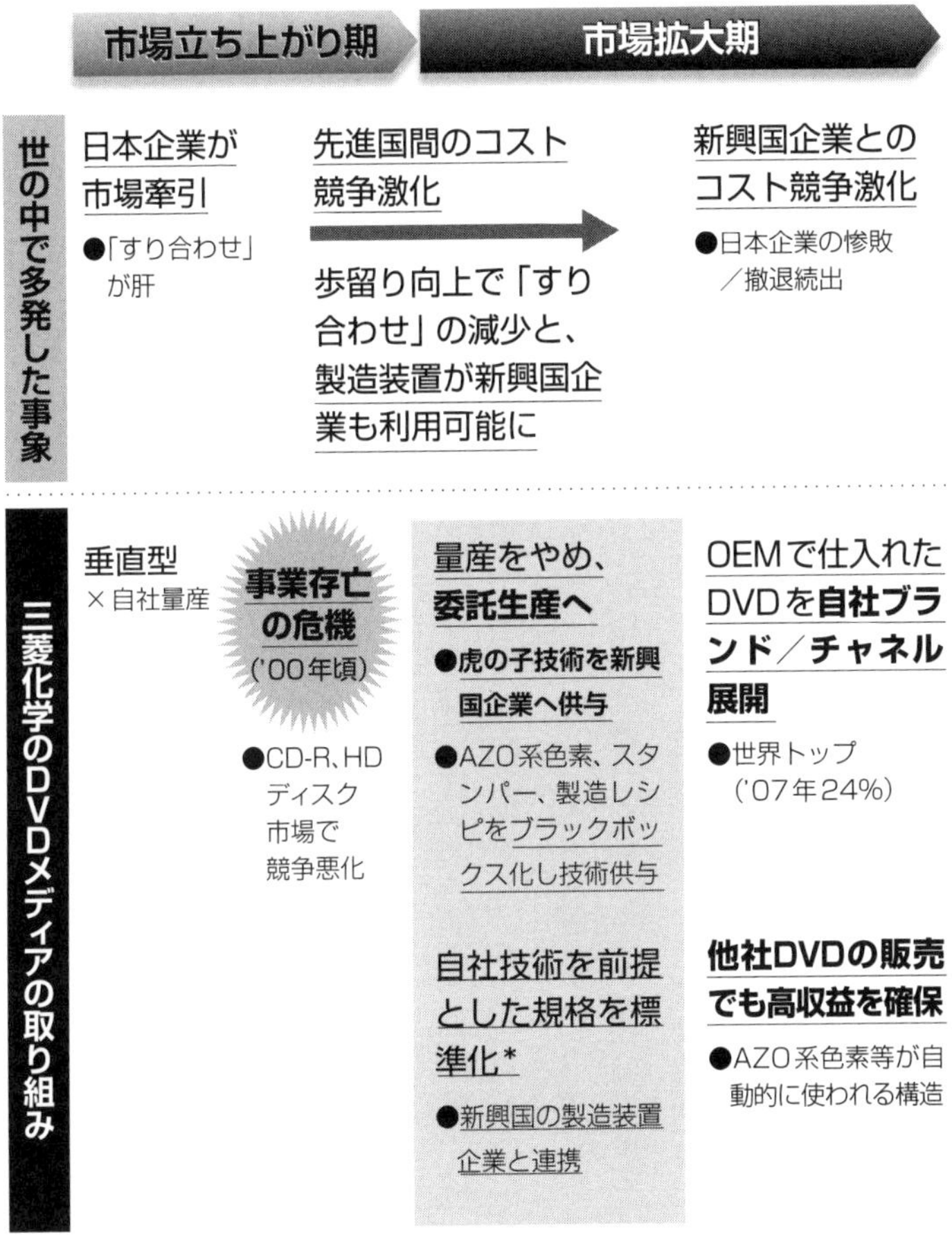
市場立ち上がり期
市場拡大期
世の中で多発した事象
日本企業が市場牽引
●「すり合わせ」が肝
先進国間のコスト競争激化
歩留り向上で「すり合わせ」の減少と、製造装置が新興国企業も利用可能に
新興国企業とのコスト競争激化
●日本企業の惨敗／撤退続出
三菱化学のDVDメディアの取り組み
垂直型
×自社量産
事業存亡の危機
('00年頃)
●CD-R、HDディスク市場で競争悪化
量産をやめ、委託生産へ
●虎の子技術を新興国企業へ供与
●AZO系色素、スタンパー、製造レシピをブラックボックス化し技術供与
自社技術を前提とした規格を標準化*
●新興国の製造装置企業と連携
OEMで仕入れたDVDを自社ブランド／チャネル展開
●世界トップ('07年24%)
他社DVDの販売でも高収益を確保
●AZO系色素等が自動的に使われる構造

* AZO系色素という言葉は出てこないが、実質的にAZO系色素を使わなければならない規格になっている

出所：小川紘一著『国際標準化と事業戦略』（白挑書房）をもとにDI作成

長期の安定的収益を得られている。

◎ダイキン工業が中国で描いた大きな絵

ダイキン工業の中国進出の成功の要因が、中国最大手のエアコンメーカーである格力《かくりき》との提携にあるのは有名な話だ。インバーターという高い技術力を持つダイキン工業とコスト競争力があり中国国内で絶対的な販売力を誇る格力がタッグを組むことで、中国のエアコン市場を席巻した。

インテルがパソコンの中に「インテル入ってる」を実現したのと同様に、ダイキン工業はエアコンの中に独自のインバーター技術が入っている状態をつくり出した。

当時、ダイキン工業内では、「独自のインバーター技術が格力に盗まれてしまう」として格力との提携に反対する声が圧倒的だったという。格力はダイキン工業に提携話を持ち込む前にも、いくつかの日本企業に提携話を持っていっていたが、そうした理由ですべて断られていたようだ。

しかし、ダイキン工業の井上礼之《のりゆき》会長がそうした反対を押し切り、鶴の一声で決めた。「さすが」の英断だったと言われている。もちろん、インバーター技術をすべて格力にオープンにしたわけではなく、コア技術の部分はクローズにできる提携契約となっている。

井上会長が大胆な決断ができたのには理由があると思われる。

もともと、格力が日本企業に技術提携の声をかけまくる必要があったのは、中国政府の省エネ規制が理由であった。規制が厳しくなることで、格力の技術だけではエアコンを製造・販売できなくなるのが明白だったからだ。

中国政府が厳しい省エネ規制に踏み切ったのは、産業育成以上にエネルギー問題が大きくなったからだ。優先順位が産業育成からエネルギーセキュリティへの対処に変わったのだ。

そして、この中国政府が規制を強めるようにロビイングを行っていたのがダイキン工業自身だった。規制を強化しないとエネルギーセキュリティがどれほど悪化するか、どの程度の規制でどれほど悪化が食い止められるか、そうした詳細なデータを中国政府の高官に提出していたと言われている。

中国筋の情報によると、ダイキン工業は、こうしたロビイングを通じて中国政府からの信頼を相当得ていたという。格力は中国の国策企業でもあるので、中国政府の信頼を得ているダイキン工業にそう無理な注文はつけられない。

だから、井上会長は格力と提携するという大胆な決断ができた。いや、もしかしたら井上会長にとっては大胆でも何でもなかったのかもしれない。

ダイキン工業が格力と組んで中国のエアコン市場を席巻できたのは、こうした大きな絵を描いていたからであったと推測される。

このアライアンスは双方にとって非常に良い取り組みであった。格力は高性能のダイキン工業のインバーターを得て、中国市場だけでなく、世界市場でも大きく躍進を遂げた。その一方で、ダイキンは格力の中国式のものづくりを学び、エアコンの製造技術を進化させた。結果、価格競争が激化している日本市場においても、ダイキンはしっかりと利益をあげる生産体制を確立したのだ。

第3章

ビジネスプロデュースはこうして進める

1……ビジネスプロデュースの全体像

◎ビジネスプロデュースの五つのステップ

ビジネスプロデュースは、大きく次の五つのステップに分けられる。

ステップ1：構想する
ステップ2：戦略を立てる
ステップ3：連携する
ステップ4：ルールをつくる
ステップ5：実行する

ビジネスプロデュースは「構想する」ことから始まる。ただし、いきなり構想するのはさすがに難しい。先ほど述べたように、その前段階として「妄想」から入り、ビジネスの目的や実現したときの社会的意義を考え、まず一旦は比較的自由にイメージをふくらませておいてから、それらに少しずつ現実的な修正を加えながら、具体的な構想にしていくのがステップ1だ。

構想がある程度固まってきたら、それらをどう実行するかという「戦略を立てる」。連携する相手企業を具体的に決め、交渉する順番、相手企業のメリットなどを明確化するのがステップ2だ。

戦略が立てられたら、連携したい企業に提案を行っていく。我々が「仲間づくり」とも呼んでいるもので、これが「連携する」のステップ3となる。相手があることなので、希望どおりに連携できるとは限らない。場合によっては第二候補へ連携する企業を変更することも必要だ。

主要な企業と連携ができたら、それらの企業と「ルールをつくる」。ここで言うルールは、企業同士のビジネス契約のことではなく、主に新市場、新ビジネス全体の公平で公正なルールのことだ。自社のためのルールではなく、高い視座からの全体のためのルールづくりがステップ４だ。

業界を超えて企業が連携し、新しい市場における基本ルールが決まったら、いよいよ事業創造を「実行する」。これがステップ５だ。実行できたからといって成功が約束されているわけではない。実行に移したとたんに問題が発生して構想段階まで逆戻りすることもある。戦略の立て直し、連携先の変更、ルールの再設定なども起きる。

ビジネスプロデュースは、大きな流れとして五つのステップがあるが、ステップ１から５への一方通行ではない。ステップ５からステップ３へ戻ったり、さらにステップ２に戻ったりと、行ったり来たりする。

◎市場の扉を開く連携とそのための構想

ビジネスプロデュースにおいて最も大切なのは連携である。

業界と業界の間にビジネスチャンスは転がっている。だから、自社単独ではできない。他社も単独ではできない。業界を超えていくつかの企業が連携することで、初めてビジネスチャンスが生まれ、新市場の扉が開く。

ただ、連携が大事だからといって「一緒にやりましょう」と言って簡単に一緒にビジネスができるわけではない。そこで大切になるのが構想ということになる。

このビジネスの目的は何か。フックと回収エンジンは何か。どのくらいの事業規模を目指すのか。どういったプレイヤーたちと連携するか。それぞれの役割分担はどうするか。こうした具体的な部分を詰めながら、大きな絵を描き、実行しながら構想をさらに進化させていく。これがビジネスプロデュースである。

2……いかにして「構想」するか

◎妄想を始める起点は「社会的課題」

日本の大企業で求められているのは、数億～数十億円規模の事業創造ではない。大企業を支える柱の一つとなり得る、数百億、数千億円規模に育つ事業創造だ。だが、ここ十年、二十年と、そうした事業創造があまり行われていない。

新たな事業が大きく育たない理由の一つは、成熟した各業界内だけでビジネスを行おうとするからだ。新たな事業を大きく成長させるためには、既存の業界を超えて企業が連携し、新たな業界をつくるような構想が必要になる。

しかし、事業創造のために構想しろと言われても、何から考え始めればいいのか分からない。そこで、発想の起点となるポイントと、それをどう広げていくかについて考えてみよう。

発想の起点として比較的考えやすいのは、社会的課題の解決である。

日本は社会的課題の最先進国と言われるように、少子化、高齢化、過疎化、医療問題、環境問題、労働問題など、数多《あまた》の社会的課題を抱えている。こうした社会的課題を自社の技術やサービスで解決できないかと考えてみる。

我々は、その社会的課題が大きければ大きいほど、解決策の市場規模は大きくなると考えている。日本の社会的課題を解決できれば、それを海外に横展開することもできる。数カ国に展開できれば、日本市場の数倍の売上、利益になるかもしれない。

社会的課題を解決するという目的の事業創造であれば、他業界の企業と連携しやすいという利点もある。社会的課題というのは大きな問題であるがゆえに、一社ではとうてい解決できない。だから業界を超えていくつもの企業が連携することに意味がある。

「一緒に、この社会的課題を解決しませんか」

そう声をかけられれば、無下《むげ》に断るわけにはいかないだろう。

さらにその社会的課題の解決の取り組みについて、もし政府や自治体の協力も得られているという説明ができれば、説明を聞いた企業の担当者も社内できちんと、しかも前向きに検討せざるを得ない。

◎「技術のバラ売り」から「大きな絵を描く」へ

二〇〇七年ごろ、我々は早稲田大学の産学連携のお手伝いをさせていただいた。早稲田大学の理工学部の技術を産業界、つまり大企業やベンチャーに紹介し、産学連携研究の取り組みを拡大させられないかという取り組みである。プロジェクトが始まって、理工学部の中身を調べたり話を聞いたりしていくと、自動車やロボットなどのナノテクノロジーの研究が他の大学に比べて進んでおり、様々な研究成果も出ていることが分かった。しかも、実際に我々が一つ一つの技術を見ていくと、それぞれが世界初のおもしろい技術であることもあった。

しかし、こうした一つ一つの技術をそのまま大企業に紹介していく過程で、もっとおもしろいことに気がついた。大企業は大学の技術そのものにも興味は示すものの、それだけだと小さな協力関係にしか発展しないということだった。また実は、大企業の社内にも「製品化はされていないが類似の技術」が多く眠っており、どれがすごい技術なのか自分たちでは判断がつかなくなっていたということも分かった。

そこで、一つ一つのバラバラだった技術を三つ、四つとつなげてストーリー化して提案してみた。これが実現できることでこれが実現でき、それによってこんなことが可能になりますといった「わらしべ長者」のような空想話もなかにはあったが、予想以上に企業に受け入れられ、単品の技術の話よりも圧倒的におもしろがってもらえるようになった。

複数の技術をつなげるという発想は、定義により個々の研究者では難しい。なぜなら、それぞれの技術の担当は別な研究者となるわけなので、相互の技術の詳細な中身は、知らない、いやそれ以上に興味がなかったりする。それが他部門・他分野の技術であればなおさらだ。しかも、複数の技術を組み合わせる場合にはどちらかの技術が主でどちらかの技術が従とならなければならないが、そういう発想は対等の研究者同士では大変難しい。

つまり技術を組み合わせる、しかもそれが三つも四つもとなり、さらには、その用途もまったく研究者が想定していなかった分野のものだと、大企業から見てもかなり斬新な技術（の塊《かたまり》）に見えるということだ。

このときヒントにしたのが、スタンフォード大学のスタンフォード研究所（Stanford Research Institute）から非営利組織として独立したＳＲＩインターナショナルだ。ここには幅広い研究分野を横断的に話し合う場があり、様々な企業人も参加していて、想像もしなかった技術の組み合わせや事業のストーリーが生み出されていたが、当時、日本企業からも、そうした産学連携の場があるとありがたいという話を聞いていた。それはまさに融合領域の技術革新のニーズであると我々は確信したのである。

図3-1　2007年時点ですでに大企業が問題意識を持っていた社会的テーマ

◎企業が重視していた社会的テーマとは

企業が大学と産学連携で研究を行いたい分野というのは、二〇〇七年当時では、次の三つに集約できた。

一つ目は、「環境エネルギー」分野で、太陽光や風力といった発電から送電、蓄電、省エネといった技術の研究。二つ目は「ライフサイエンス」分野。健康や医療、介護を含めた生活に密接した技術。そして三つ目が「ヒューマンサイエンス（人間工学）」分野。手になじみやすい機器とか、使いやすくするための科学的工夫といったものであった。スマートフォンの強みの源泉というとピンとくる読者も多いに違いない。

いずれも、将来に向けて重要になる研究テ

ーマではあるが、すぐに製品化が期待できるような研究テーマではないため、研究目的を設定しにくく、各社が単独では手をつけづらいという共通点があった。

環境エネルギーは、現在、多くの大学で研究が行われているように、大学として研究しやすいテーマであるため、企業側もテーマ次第で連携しやすい。

ライフサイエンスは、早稲田大学には医学部がないものの、当時、東京女子医科大学と協力関係があり、共同講座も行われていたため、何かおもしろいものが生まれそうな予感があった。

人間工学は、早稲田大学には人間科学部と理工学部があるので、この二つの学部が融合すると何かおもしろいことができそうだという発想がもとになっている。

こうした企業側のニーズをまとめて、早稲田大学にご提案した。個別の研究もいいが、融合的研究を推進すべきであり、必要に応じて複数の企業を大学が束ねる形で大掛かりなコンソーシアム等を構成しながら新分野の開拓を手掛けるべきであると。

早稲田大学も喜んでくれて、当時の白井克彦総長からは、まさにこれこそ大学が果たすべき役割としてふさわしいというお言葉をいただいた。

◎妄想を構想に変えるのは詳細なファクト

その後我々は、早稲田大学と行ったプロジェクトでの学びをもっと大きな動きに活用できないかと考え、まずは環境エネルギーを起点に構想してみることとした。当時は、我々もどうすれば良い構想ができるのか分からず、暗中模索であった。

実は早稲田大学とのプロジェクト以外の取り組みでも、企業が環境エネルギーに関するビジネスに関心を持っていることは気づいていた。しかしながらどんな技術を日本企業が持っていて、それは世界的に見て競争力のある技術なのかどうかなどの知識は十分ではなかった。しかも環境エネルギーは、当時の社会認識ではほとんどCSR（企業の社会的責任）として企業が社会にアピールするという位置付けでしかなかったし、それがゆえにどういうビジネスが定義できるのかまったく見えていなかった。

そこで、最初にやったのは徹底的なリサーチである。

環境エネルギーの技術と言っても、電力をつくる発電技術、電気を送る送電技術、電気をためる蓄電技術、そして電気を使うときの省エネ技術などに分けられる。そして、それぞれに様々な技術がある。

発電であれば、太陽光発電、太陽熱発電、風力発電、地熱発電、小水力発電、バイオマス発電など実に多くの技術がある。これらの技術を一つ一つ調べていくと、日本企業に競争優位がある技術もあれば、ないものもあることが分かってくる。

家庭用蓄電池のように、まだ基礎研究段階の技術もあれば、小水力発電のように製品化の段階の技術、ＬＥＤ照明のように量産化一歩手前の技術、太陽光や風力のようにすでに量産化された技術もあった。ご存じのように、ＬＥＤ照明はその後量産化され、今では家庭に普及しているが、当時はまだ製品化されてはいたが量産化はされていなかった。

こうして一つ一つの技術が事業ステージのどの段階にあるか、それぞれの技術の市場規模はどれくらいか、日本の技術は世界トップレベルなのか、といったことをどんどんリサーチしていった。

こうしたリサーチ結果をまとめて整理すると、視覚的に、どの技術が有望なのかが見えてきた（１２２ページの図３－２参照）。

ここから妄想を始めた。蓄電池であれば、自動車にするか、家にするか、あるいは発電施設の横に置くか、いろいろな発想ができる。一つ一つの技術だけを見ていると浮かばない発想が、全体を見ることで浮かぶ。ビジネスとして実現させようと考えると、いくつかの技術を組み合わせたほうがいいと分かったこともあった。こうして、いつの間にか、今で言うところ

図3-2 2008年時点で描いた環境エネルギー関連技術のポジショニング

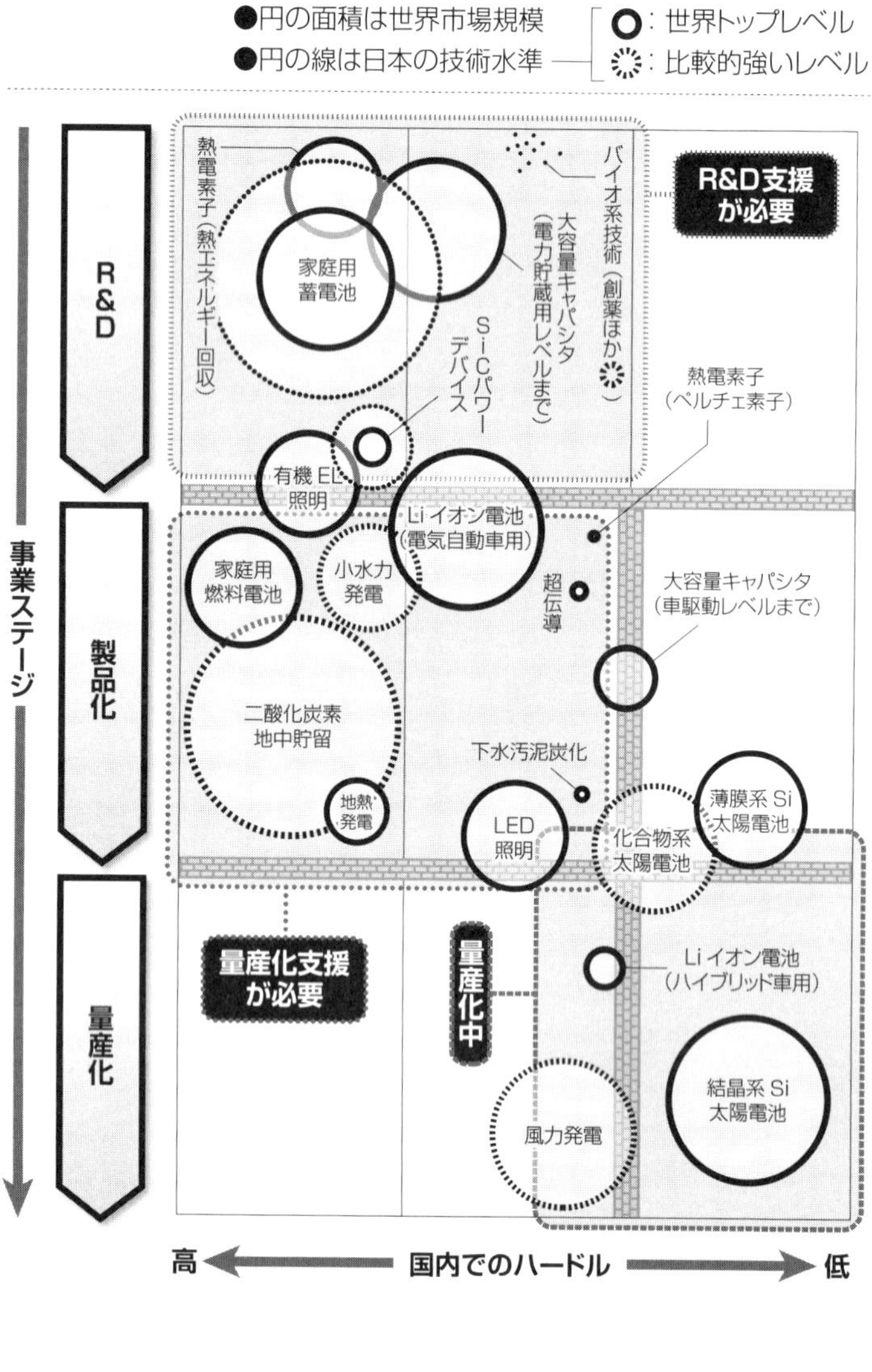

の、スマートグリッドやスマートコミュニティといった妄想が浮かび上がってきたのだ。

こうした妄想を企業の担当者に見せて議論をすると、具体的な問題点が抽出できる。問題点が分かれば、それをクリアするための方法を考え、また議論する。欧米の現状が知りたいと言われれば、それを調べて共有する。こうしていくつかの企業と何度か繰り返し議論したことで、妄想が徐々に実行可能な構想になっていった。

構想を大きく描くためには、かなり深いところまでリサーチして分析し、知識を得ないとできない。それが、このときに学んだことであった。

社会的課題を起点として発想すると視座が高くなる。業界にとらわれることなく事業創造を考えることができるが、最初はその社会的課題についてそれほど詳しいわけではない。そこで、まずは基本知識を身につけ、さらに詳しくリサーチしていくことが求められる。

高い視座と深い分析の両方が必要で、深い分析が進むと視座が高くなり、視座が高くなるとより深い分析が必要になる。高いビルを建てるには、地下深くまで掘る必要があるのと似ている。深い分析や詳細な知識なしに視座を高めよう、ビジネスを大きくしようとしても、それはできない。そうした構想は必ず破綻する。深い分析や詳細な知識が不十分な段階が「妄想」で、裏付けとなる分析や知識などのファクトがあるのが「構想」と言うこともできるかもしれない。

図 3-3 「視座の高さ」と「分析の深さ」は表裏一体

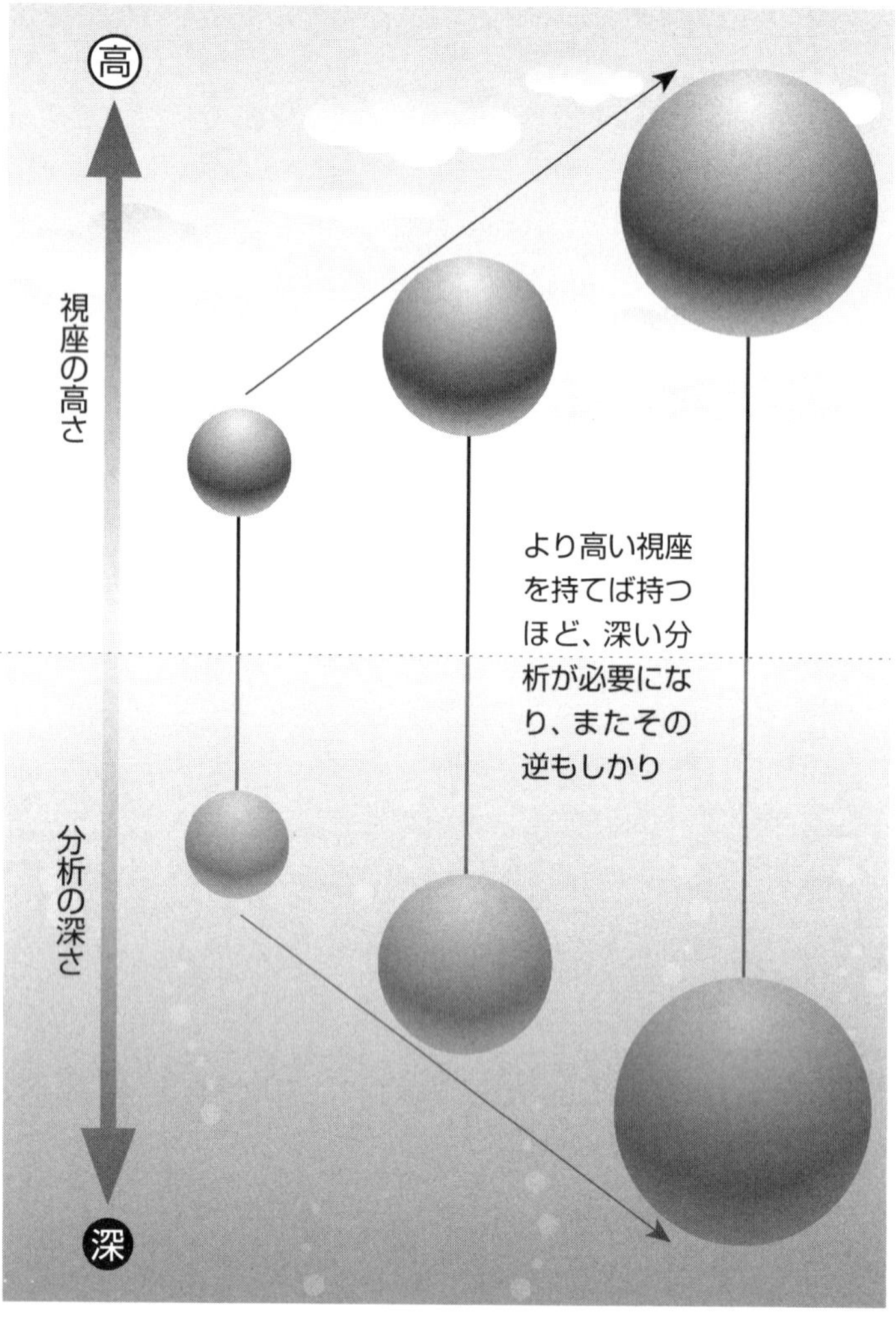

スティーブ・ジョブズは、誰もが認める偉大なビジネスプロデューサーであったと思うが、製品の非常に細かいところ、サービスの隅々にまでこだわったという。「神は細部に宿る」と言うが、細部に深くこだわることで、神のように高い視座を手に入れていたのかもしれない。

◎人物を見極めて外部の人と議論する

妄想を構想に変える段階で大切なことがもう一つある。それは妄想を議論する相手だ。妄想と言うと、一人で頭の中だけで考えることだと思うかもしれないが、ビジネスプロデュースにおける妄想は一人ではできない。

さらに言うと、社内の人たちだけで妄想を議論しても、なかなか構想にまで進化させることはできない。同類の人たちでいくら議論をしても議論が深まらないものである。自分たちとはまったく違う角度から物事を見ている人たちと議論するからこそ思いもしなかった問題点が見つかるし、その問題点を解決する方法も見つかる。

高い視座から大きなビジネスを構想しようと思えば、議論の相手も同様のことを考えている必要がある。他社の人間であれば誰でもいいわけではない。

例えば、我々が、環境エネルギーを構想したときには、仮想クライアントに議論を持ちかけた。議論相手は、トヨタ自動車や富士フイルムといった大企業や、関係省庁などに所属している方々だったが、重視したことは、所属団体名ではなく、人物の視座や考え方である。

当然、そういった〝素敵な人〟に出会うのは難しい。当初、高い視座から大きなビジネスを構想することに賛同してくれ、かつ、実際に高い視座から業界を超えてビジネスを見たり、考えたりしている人を探すことは非常に困難だった。しかし、議論を重ね、構想を練っていくという動きを何年もやっていると、そのような方々とも数多く出会うことができるようになってくる。

◎外部との継続議論

さて、素敵な人が見つかると、お願いして月に一、二度、半年ぐらいの期間を目安に勉強会を行うのも有効だ。最初は妄想だったものが少しずつ具現化され、実現可能性が高まり、構想に近づいていく。

議論する相手は、必ずしもその構想に実際に加わる可能性のあるメンバーである必要はない。当事者になり得ないからこそ思い切った意見が言える場合もあるし、冷静に第三者として判断することができる場合もある。

環境エネルギー構想のときも、技術開発がＣＳＲにしかなっていないという問題意識をまず共有し、それは欧米に比べて技術開発を促進する規制や制度がないからだということに気づき、世界トップレベルの技術は日本企業にあることを把握し……といったように「なるほど、そうだったのか」とお互いに理解するプロセスが大事であった。

深い分析や詳細な知識を共有しながら、一緒に視座を高めつつ議論する。それが妄想を構想に変えるうえでは重要になる。


定期的な勉強会を行う場合に、企業の方々以上にお世話になったのが政府の方々、いわゆる官僚の方々である。環境エネルギーやリサイクルであれば経済産業省や環境省、少子高齢化やまちづくりであれば国土交通省、医療であれば厚生労働省と経済産業省といったようなイメージだ。ときには財務省にまでお付き合いいただくこともある。

こうした方々は定義から言って視座が高く、一方でビジネスとの関係では中立的なので、構想段階では、とても議論がしやすい。しかもこちらがプレゼンテーションを行うという前提であれば、先方も協力しやすい。

言うまでもないが、ここでも官僚であれば誰でもいいというわけではない。自分の部署のレベルはもちろん、省益を超えて日本のことを考えている視座の高い人と議論することが前提である。逆にそういう人であれば、多少専門外であっても、何か有益なことを言っていただけることが多い。

もちろん「ほぉ」とか「うんうん」とか程度のこともあるが、それでも、定期的にプレゼンを行うことを続けると、妄想を構想に変えるスピードは格段に上昇する。

何しろ忙しい人たちなので、聞く価値がないと判断されれば次はない。毎回、価値あるプレゼンにするためには、妄想が進化していなければならない。そう思うと意識が高まり行動が早くなるし、プレゼン中に、自分で話していて「これは根拠が弱いな」とか、「こういうデータがあるといいな」と気づくこともしばしばある。そうした気づきを活かすことで妄想がブラッシュアップできていく。

何も言ってくれなかったとしても、相手がおもしろいと思ってくれているかどうかは、反応を見ていれば分かる。ときに「こう思うのですが、◯◯さんはどう思われますか？」と聞けば、「ああ、それはいいね」とか、「いや、それは違うんじゃない」といった判断も聞ける。最近では官僚の方々のほうから積極的に我々に相談にいらっしゃることも増えてきた。

なお、こうしたブラッシュアップのための定期的なプレゼンは、官僚の方々が相手である必要は必ずしもない。自分の尊敬する人物など、視座の高い人を見つけて定期的にプレゼンを聞いてもらえば、同じ効果が得られるはずだ。

◎核となるビジネスプロデューサーは一人

妄想を構想にしていくためには、視座の高い人たちの協力が欠かせない。一人では絶対に妄想を構想に変えることはできない。いや、一人では妄想すら難しい。そこで、構想を前に進める推進力・エンジンを持った視座の高い人たちを社外を含めて見つけ、そうしたビジネスプロデューサーも仲間にしていくことは大変重要である。

ただし、核となるビジネスプロデューサーは、一人でなくてはならない。「船頭多くして船山に上る」ではないが、リーダーが複数いる（そういう状態はリーダーとは言わないのだが）と意見が対立したときに決定が遅れ、事業の推進が遅くなる。事業創造においてはスピードが何よりも重要になる局面が非常に多い。

ビジネスプロデューサーの意思決定は、ときには間違えてもいい。事業創造だから分からないことのほうが多い。だから、間違うこともある。間違いに気づいたら、すぐに軌道修正して、次善策にすぐ切り替えるスピードのほうが、正しい答えを選ぼうと時間をかけて考えるよりも重要なことも多い。

事業創造を行うのは数名から十数名のチームであるし、社外の協力者も含まれる。ビジネスプロデューサーは、そうした人たちの力を借りながら、事業創造を力強く前に進めていく。事業全体を俯瞰すると同時に、深い分析や詳細な知識まで持つ。そんなビジネスプロデューサーが中核にしっかりといることが大切だ。

どんな人がビジネスプロデューサーに向いているのか、どうすればビジネスプロデューサーが育つのか、といったことについては、第5章で考えてみたい。

◎「フック」と「回収エンジン」を設計する

深い分析と詳細な知識を積み上げ、勉強会において議論を進めていけば、妄想は構想に変わっていく。その際に、必ず考えておかなければならないのが「フック」と「回収エンジン」だ。

フックはそのビジネスの「撒き餌」で、回収エンジンが「お金を得る仕組み」だ。

社会的課題を起点に高い視座で事業創造を考えると、「それ、どこで儲けるの？」ということになりやすい。社会的課題を解決するだけなら非営利団体やNPO法人に任せればいい。企業がやるからには、ビジネスとしてきちんと売上と利益をあげる必要がある。それがその事業の継続性、ひいては永続性につながる。

少し余談になるが、このフックと回収エンジンが離れているほど、事業規模は大きくなるという傾向がある。

例えば、グーグルのフックは無料の検索サービスやGメールであり、回収エンジンは広告である。世界中から優秀なITエンジニアを採用しているが、その優秀なエンジニアがつくっているものからあげている収益は微々たるものだ。日本企業なら、検索一回いくら、月にいくらというビジネスにしてしまったかもしれないが、それだとここまでの広がりはなかっただろう。

二〇一四年に大ヒットした『妖怪ウォッチ』は、TVアニメがフックであり、ゲームソフトやメダルをはじめとしたおもちゃが回収エンジンになっている。キャラクターの人気を高めて、そのキャラクターがプリントされた商品を様々なジャンルで売り出すキャラクタービジネスにはフックと回収エンジンがうまく設計されているし、業界を超えて企業が連携している点でもビジネスプロデュース的である。

新製品をつくって販売し、その代金を得るという単純なビジネスモデルとは違う点に注意してもらいたい。

当社の特別顧問である秋元康氏には、「これからは紙芝居屋を見習え」と言われた。紙芝居屋は紙芝居をタダで見せることで子どもたちを集めるのがフック、紙芝居が終わったあとにお菓子やアイスクリームを販売するのが回収エンジンということだ。

こうしたフックと回収エンジンを事業創造の構想の中に設計しておく。しかも、できるだけ回収エンジンが大きくなるように考える。そのためには、フックを回収エンジンからできるだ

図3-4 「フック」と「回収エンジン」

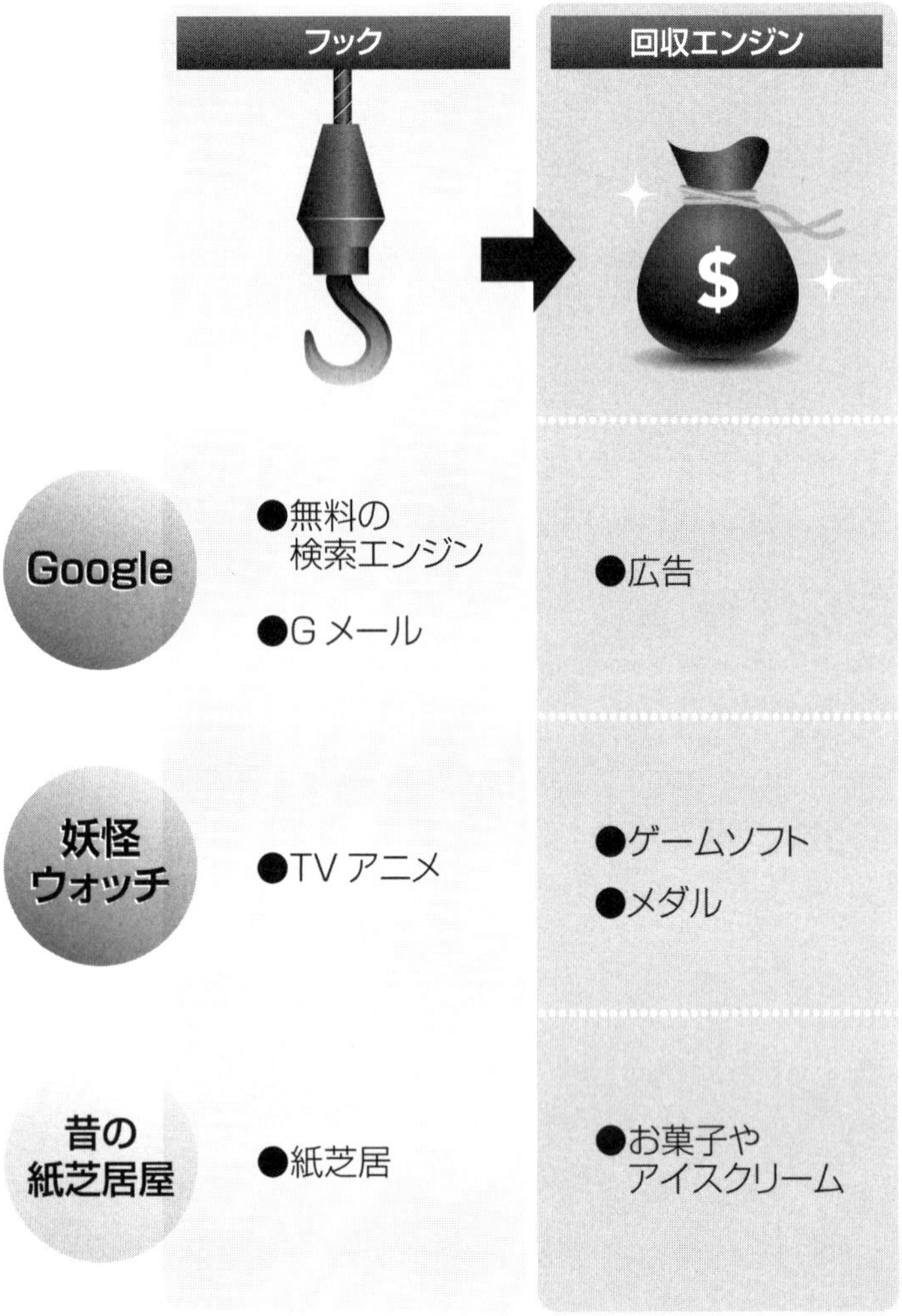

け遠くなるように設計することもポイントだ。

◎連携企業のメリットもリアルに考える

このフックと回収エンジンは自社のものだけを考えればいいわけではない。連携して一緒に事業を行う企業の回収エンジンも同時に設計しておく必要がある。

構想に参加する企業のそれぞれの回収エンジンが何で、それぞれがどのくらいの金額なのかについては、ビジネスプロデュースを主導するビジネスプロデューサーが、構想を描く段階で連携する企業の立場に立ちながら、その企業のメリットを具体的に考えて、構想の中に組み込まなければならない。

このとき、連携する企業のメリットはお金に限らない。技術を完成させたい、お客さまを集めたいということもあるし、ある人物やある企業から信頼されたいという理由で連携を承諾する企業もある。

例えば、病院に医療機器を納入している医療機器メーカーは、病院の患者数が増えることをメリットと考えていたりする。病院の患者数が増えることに貢献すれば、病院から感謝され、いざ医療機器を買うときに自社を選んでもらえるというわけだ。

このように、連携する企業の立場に立ってメリットを考えるといっても、自分だけの知識や常識だけで想像するだけでは限界がある。その企業のメリットは、その企業にしか分からない。そうであるならば、やはり当事者の考えに耳を傾けることが重要になる。

人が仕事をする場合においても、給料が一番高い企業を選ぶかというと、そんなことはないのと同じだ。グーグルに集まるＩＴエンジニアは、世界最高レベルの技術を試したい、優秀な人たちと一緒に仕事がしたい、新しいものを自分の手でつくり出したいと言ってグーグルにやってくる。

企業が連携するかどうかを判断する理由も、お金とは限らない。構想段階で、連携を打診するときには、あらかじめ「御社のメリットはこれです」というものを用意しておくことは大切だが、それにこだわる必要はない。相手の話を聞いて柔軟に回収エンジンの設計を変えることも想定しておくべきだ。

◎最初に連携する企業でその後が決まる

構想の段階で、必要不可欠なパートナーとなる企業には連携を打診することになる。構想は、そうした数社の企業と一緒につくり上げる必要があるからだ。

このとき、最初にどの企業に声をかけるかが非常に重要だ。構想を一緒に考えるというのは、言わば先行投資だ。実現できるかどうか分からない段階から、ヒト・モノ・カネといった経営資源を投入することにはリスクがある。そうしたリスクをとって参加した企業がイニシアチブをとるべきでもある。

まずは自社と最初の連携企業の二社が、事業の目的や意義をしっかりと共有して、連携することを目指す。

そして、次の連携先を決めてその企業に打診し、今度は三社で事業の目的や意義を共有し、構想をより良いものに進化させていく。事業創造の中心的プレイヤーとなる企業については、こうした一本釣りで連携していくことが重要だ。

やりがちなのが、有力企業を数社集めて、「こんなスマートシティ構想を考えています。一緒にやりましょう」と一斉に声をかけるやり方だ。一見すると、公平で効率的なやり方のようにも見えるが、これでは主導権争いが始まってしまうし、良いポジションをとれなかった企業は背を向けてしまうか、場合によっては足を引っ張る存在になる。こうなると、その構想は絶対にうまくいかない。

そして、もう一つやりがちなのが、同じく企業を集めた際に「御社は何がやりたいですか?」と何の戦略もなく聞いて回ることである。これも同じく前提や哲学が違うところからのバラバラな発想やわがままのオンパレードとなり、収拾がつかなくなる。

連携する企業には優先順位を必ずつけ、その順番どおりに口説いていく。そのときも、「こ

図3-5　連携でやりがちな失敗

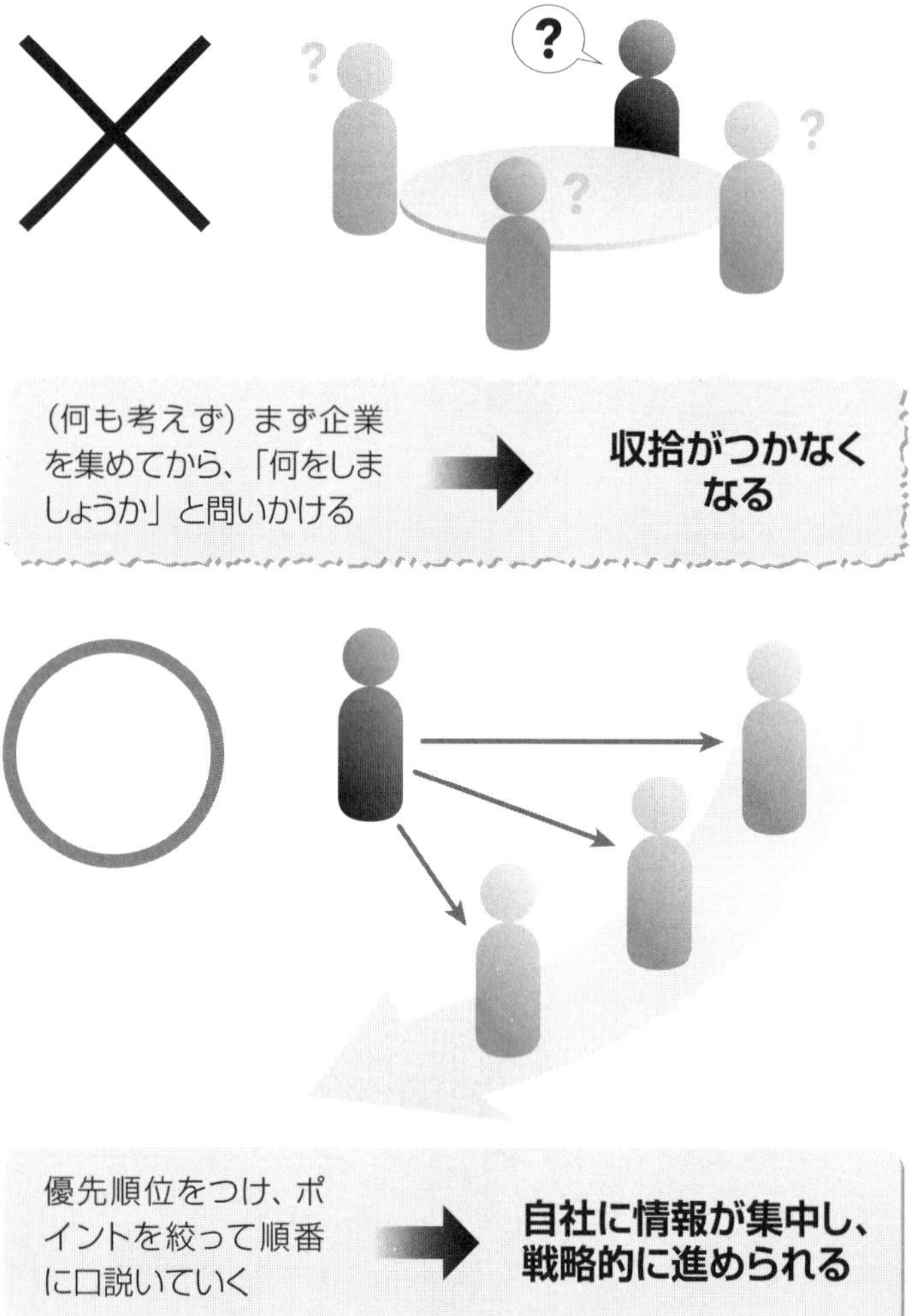
?
?
?
?
（何も考えず）まず企業を集めてから、「何をしましょうか」と問いかける
収拾がつかなくなる
優先順位をつけ、ポイントを絞って順番に口説いていく
自社に情報が集中し、戦略的に進められる

の構想のこの部分をぜひ担当してください」といった役割分担をお願いすることが重要だ。そうすれば、相手はイエスかノーで答えてくれる。条件付きのイエスであれば、その条件が呑めるかどうかを考えればいい。そのプロセスの中で相手企業の意向をある程度聞いていきながら戦略的に調整していくのは大変よいことである。

公平だったり、理にかなうことであっても、少し間違うと「やりがちな失敗」に陥るので注意が必要である。

さて、最初のパートナー企業が決まれば、その企業の人脈を使ってより有力な企業を仲間にすることができることもあるし、二社の連携が決まったことで、三社目以降の企業は参加しやすくなるというメリットもある。

最初のパートナー企業の視座が低かったり、利害関係にうるさかったりすると、その後の展開が小さくなり、他の連携がうまくいかなくなることも多いので、最初に連携する企業選びは特に慎重に行いたい。

また、当然、連携を打診して断られることもある。断られたら、次に有力な企業に切り替えるか、場合によっては構想自体を考え直す。最初に考えた構想がそのまま実行できる可能性はほとんどない。事業創造においては予想どおりにいかないのが当たり前で、いかに当初の目的は変えずに、手段を柔軟に変えることでその目的を達成するかが重要だ。

気をつけたいのは、実現可能性を高めようとして構想を小さくしてしまうきらいが日本企業にはあるということだ。構想を変えるときには、できれば構想がより大きくなるように、そしてさらに進化するように変えることを意識する必要がある。

◎KPIを設定してトップと握っておく

ステップ1の「構想する」とステップ2の「戦略を立てる」は一連の動きであるため、明確には分けられないが、あえて言うなら、構想は全体の関係性を明確に描くことで、戦略は個別の関係を明確にして実行できるレベルにまで落とし込む作業という差がある。

ビジネス全体の仕組み、ビジネスの生態系、ビジネスのエコシステムをつくるのが「構想する」ということで、それを実行できるように具体化して優先順位を決めていくのが「戦略を立てる」ということである。

構想と戦略は行ったり来たりする関係で、実際に動き出してからも、何度も構想を練り直す必要が出てくるし、それに伴って戦略を変更することもある。

戦略を立てること自体は、多くの企業で行われているので、ここでは説明しないが、この戦略を立てた段階で必ずやっておくべきことがある。それはKPI（Key Performance Indicators：

重要業績評価指標）を設定して、それを経営トップやときには連携企業としっかり握っておくことだ。

事業創造においては、不確定要素が多いため臨機応変さや柔軟性が大切になるが、何でもかんでも変えていいとなると、大事なことが先延ばしされてスピードが失われたり、売上や集客数などの目標値が次第に下がってしまう。

こうした危険性を排除するために、重要な数値やタイムスケジュールについてはあらかじめＫＰＩとして設定しておく。ＫＰＩは定量的なものが望ましいが、すべてが数字にできるとは限らない。大事な事項については、多少定性的であってもよいから、後で評価可能になるように、うまく設定することのほうが大事だったりする。

このＫＰＩが真価を発揮するのは、ビジネスが行われ始めてからだ。実際に事業が始動してから一年経過すると、結果が出始めるが、当然その成果はまだ小さいもので、それが社内で批判されることが多々あるのだ。

こうしたときにＫＰＩがあらかじめ設定されていれば、予定どおりに進んでいることを証明でき、思わぬ批判にもきちんと反論することができる。

また、経営トップといえども、新規事業についてはその方針がグラつくことがある。三年間は赤字が許されていたはずが、突然、黒字化を求められたりすることがあるのだ。

こうした状況に冷静な再考をうながす際にもＫＰＩは有効だ。

もちろん、構想や戦略が変更されれば、ＫＰＩを変更する必要性も出てくるが、こうしたＫＰＩの重要性を考慮すれば安易な変更はできない。だからこそ、戦略立案時にきちんとＫＰＩを設定し、それを経営トップや他部署、連携企業と握っておくことが重要になる。

3……いかにして「連携」するか

◎それは真の「連携」ではない

ビジネスプロデュースにおけるステップ３は「連携する」だ。

「他企業と連携していますか？」と聞けば、多くの企業は「連携しています」と答えるだろう。しかし、その連携の実態は、グループ企業との連携であったり、系列の子会社との連携であったりすることがほとんどだ。あるいは、同じ業界内やいつも付き合っている企業やすでに取引関係の深い企業だけのものであったりする。

ビジネスプロデュースでは、業界やグループの壁を超えてビジネスを行うことが求められる。だから、こうした関係企業との連携は、本書における連携とは呼ばない。

日本企業が行っている連携のほとんどは、上下関係――親会社と子会社の関係になってい

図3-6　それは真の「連携」か？

でない	である
●グループ企業／系列子会社と（のみ）の連携	◆構想の中での重要企業との連携
●同じ業界内での連携	◆業界をリードし、変革していく気概のある企業との連携
●いつも付き合っている取引相手との連携	◆力のある×信頼できる「人」から紹介された企業との連携
⋮	⋮

る。一方、ビジネスプロデュースで求められる連携は、横の関係――対等の関係だ。

この横の関係づくりが「連携する」ということなのだが、日本企業はこれが苦手だ。

なぜかと言えば、構想がないからだ。ビジネス全体を俯瞰できる構想がないと、横の関係で連携しようとしても、お互い「相手のほうが得をするんじゃないか」と無用な疑心暗鬼になって連携ができない。

連携するかどうかを決めるときに、ビジネス全体が俯瞰でき、連携する企業それぞれの役割分担が明示され、それぞれの回収エンジンが設計されていれば、疑心暗鬼になることはない。そのビジネスに参加するか、辞退するか、イエス・ノーで判断できる。

連携する企業がすべて同規模の利益をあげ

られるわけではもちろんない。大きな利益をあげられる企業もあれば、それほどでもない企業もある。ただ、それがあらかじめ双方で理解されているなら、それほど大きな問題にはならない。

すでに述べたように、利益は小さくても、何か他のメリットがあるために連携してビジネスに参加するケースも多い。企業にとってのメリットはお金とは限らない。

裏を返せば、連携するどの企業にとっても何らかのメリットがある構想をつくることができればうまくいく。だから、自社一社だけで考えていても、同じような発想をしてしまう同業界内だけでビジネスを考えていてもダメで、他業界との共創が不可欠なのだ。

◎業界やグループのしがらみを断ち切れ

グループ企業や系列の子会社との連携で事業が大きく育たないのには理由がある。ひと言で言うとその企業に力がないことが多いからだ。

例えば、ビジネスを構想していて、物流を担当する企業と連携したいとする。日本の大企業であれば、グループ企業に物流子会社があるだろう。

しかし、そのグループ物流子会社と連携したのでは、上下関係になってしまい、こちらの言うことをそのままやるだけになってしまう。当然ながら、その物流子会社からは何の提案も出てこない。物流子会社からすると親会社から降ってくる「自分たちがいつもやっている仕事」が増えるのを待つだけである。逆に言うと、それが子会社の本務であり、この機会に乗じて新しい工夫をしたり、業界の常識とは異なるような動き方を考えるほうがおかしい。つまり、子会社を連携先に選択した瞬間に、当該構想における物流分野のイノベーションはあきらめたも同然なのである。これではビジネスは大きくならない。

確かに業界内やグループ内でやるほうがやりやすいし効率的ではある。しかし、それで本当にお客さまにとって魅力的な製品やサービスをつくれるだろうか。数千億円規模の事業が構想できるだろうか。

お客さまにとってのメリットよりも、自分たちのグループにとってのメリットを優先させているとすれば問題外だし、本末転倒だ。にもかかわらず、企業グループによっては、自分たちのグループ内に同種の企業があれば、その企業と連携することが絶対視されている場合が意外に多い。グループ外の企業と連携しようものなら、「なんでうちのグループ会社と組まないんだ」と横槍が入る。そして、「うちのグループ会社は魅力的じゃないからです」という当たり前の返答が、意外に言えない。

グループをつくって一体感を持って助け合うということには良い面もあるだろうが、本当に社会のため、顧客のためになっているのか、一度立ち止まって考えてみる必要がある。

非常に甘くて美味《おい》しいイチゴの開発に成功して、この絶品イチゴでショートケーキをつくったら爆発的に売れるに違いないと考えたときに、グループ内のそこそこの腕のパティシエを連れてきて、これまたグループ内から普通の生クリームやバターを調達したところで本当に美味しいショートケーキができるだろうか。

おそらく、普通より少し美味しいだけの中途半端なショートケーキができるだけだ。

お客さまのために最高のショートケーキをつくろうと考えれば、絶品イチゴを最大限活かしてくれる腕を持ったパティシエと組むだろうし、材料も世界中から最高のものを揃えるべきだ。

ビジネスプロデュースも同じである。日本企業は新しい市場が立ち上がりそうだという感度は高く、その流れに乗るのも得意だ。ただ、スピード感を持って効率的にやろうとしてグループ企業とばかり手を組んでいると、顧客から見ると、どこのグループの製品やサービスも同じに見えるような中途半端なものばかり生み出されてしまうことになる。

業界やグループの外にその分野で最高の技術を持った企業があることを知っても、その企業と連携しようとはしない。中途半端さを解消して最高のものにしようとしないと、顧客から見捨てられ、その製品やサービスはいつしか消えていく。

業界やグループといったしがらみを断ち切り、連携する相手を選ぶ際には、その分野で最高のプレイヤーを選ぶという意識を持つことが、まず大切になる。

◎「リーダー企業」と連携する

欧米のグローバル企業が連携先として選択する企業は、その分野のリーダー的企業であることが多い。アップルが新潟県燕三条の鏡面研磨の技術を採用したのは有名な話だが、それは世界最高の技術だと判断されたからだ。

世界最高の技術を結集してつくられた製品とそうでない製品が店頭に並んだとき、お客さまがどちらを選ぶかは言うまでもない。

グローバル企業は、日本企業と違って系列やグループ企業がないことも多い。だから各分野のリーダー企業と連携しやすいという面はあるかもしれない。だからこそ、日本企業はそれ以上にリーダー企業と連携するという意識を強く持つ必要がある。

いわゆる業界のトップである必要は必ずしもないが、その必要となる機能を持つ企業の中で最も強い企業から検討していくことが望まれる。

統計データがあるわけではなく、これは我々の感覚的な数値ではあるが、日本企業に勤める人たちの八割は業界やグループの中でうまくやれればいいと思っており、業界外、グループ外の企業と一緒にビジネスを行う意識は低い。

逆に言うと、世界初や世界一の製品やサービス、ビジネスモデル、ビジネスエコシステムをつくりたいという人たちが二割はいるということでもあり、本書は、その二割の人たちのためにあると思っている。

ただ、その二割の人たちも縁もゆかりもない業界外、グループ外の企業とどのように連携すればいいのかは分かっていない。そうした人たちに本書が少しでも参考になればいいと考えている。二割の人たちが本気で連携を始めたら日本は間違いなく変わる。そして、そういう人たちは、どういうわけかリーダー企業に多い。リーダー企業という自負が新しいチャレンジへの責任感につながっているのかもしれない。

◎連携できるかどうかは構想で決まる

連携したい企業と連携できるかどうかの鍵を握るのは、何と言っても構想の良し悪しである。もっと言うと、まずは構想の目的や意義に共感してもらうことが第一だ。そのうえで、その企業が「自分たちが参加するメリットがある」と判断できる要素を工夫して構想に入れ込んでおくことが肝要である。それが連携相手にとっての回収エンジンとなる。

構想する側は、連携してくれる企業が赤字になるような構想にしてはいけない。そうでないと、連携できない可能性のほうが高くなってしまうからだ。例外があるとしたら、その赤字をはるかに超えるメリットが相手にある場合だが、それを構想する側が事前にすべて想定するのは難しい。

連携したい企業に最初に構想を持ちかけたとき、こちらが予想して構想に入れ込んだ回収エンジンとは違ったところに価値を見出して連携できることは意外に多い。これも我々の感覚値で申し訳ないが、想定していなかった価値で連携できる確率は八割ぐらいではないかと思う。しかも、これまた意外なことに、それはお金以外の付加価値であることも多い。

連携する方向で話が進む中で、構想が大きく変わることは稀《まれ》だ。相手の要望で何かを付け加えるようなことはあるが、構想自体が大きく変わることはあまりない。構想を大きく変えなくてはならなくなるのは、どうしても連携したいと思っていた企業との連携ができないときだ。構想に立ち返って考え直さざるを得ない場合には、フックと回収エンジンの設計も変えていくことになる。

しかし一方で、こうした連携する企業の「つなぎ替え」こそが、ビジネスプロデュースの肝であり、ビジネスプロデュースそのものだとも言える。

連携する企業、つなげる企業次第でビジネスの大きさや収益、収益率は変わる。だから、キープレイヤーが離脱してしまうと、他の連携企業も「話が違う」と言い出す。こうなると構想自体が破綻してしまう。

そうならないためにも連携する企業に優先順位をつけ、重要なプレイヤーから一社ずつ連携していくのが基本だ。連携したい企業を一社ずつ着実に仲間にしていく。そして、構想したビジネスの目的や意義を、仲間となった企業としっかりと共有しておくことが重要になる。

◎担当者はその企業の顔

業界やグループを超えて連携を打診する際には、できるだけその企業の経営トップに近い人に話を持っていくようにすることも重要だ。

経営トップや幹部クラスであれば、その企業のどこでも動かすことができる。しかも、実際に連携を担当する責任者よりも上位層が構想を理解していれば、担当責任者に問題があったときには交代をお願いできるし、その企業と他の連携企業で問題が発生したときにも、構想を理解しているお互いの経営幹部同士が話し合えれば解決が早い。

また、連携を担当する人のポジションも大切だ。ポジションによって、その企業の動かせるところが決まるからだ。どういう事業部の長なのか、構想を一緒に実行する際、その企業のどのポジションの人が最適なのか。そうしたことも考慮しておく必要がある。

図3-7 「ダメだこりゃ……」と思ってしまう担当者

連携した企業や部署はよいのだが、担当者がよくないということもある。

一番典型的なケースは、「私たちは何をすればいいでしょうか」と受け身の担当者が出てくる企業だ。業界やグループの上下関係の下に位置することに慣れてしまっている企業は、命令されたことを忠実にやるのは得意だが、自ら新しいことを提案したり、自ら問題を解決したりという姿勢がないことが多い。こうした企業とは構想についての議論ができない。対等なパートナー感覚ではなく、取引先や下請け感覚と同じである。

逆に構想ができるのを待ってから、ゆっくりと自分のスタンスを考えようとする担当者の場合もよくある。「よく分かりました。では、もう少しプランが具体的になれば教えてくださいね」という言葉が出てくる場合である。こちらとしては「聞いてもらいたい」とか「乗ってもらいたい」のではなく、この構想を聞いて、御社なら（あるいはあなたなら）何ができるのか？ということを質問しているのである。したがって、この言葉が出ると、これはダメだなと感じてしまう。

また、連携してはみたものの当初の約束が守れない企業もある。集客できますと言っていたのに集客できないとか、技術がありますと言っていたのになかったということもあった。協調性がなくて和を乱すので、お引き取り願った企業もあった。

もう一つ、大きな落とし穴は、連携を決めたときの担当者はやる気もあって優秀だったのに、途中で部署異動となってしまい、別の担当者に交代。後任の担当者が力不足というケースだ。せっかくうまくいっていたのにいきなり崩壊の危機を招くこともある。

企業はよい（はずな）のに担当者がどうしようもないと思われる場合、その企業に担当者の交代をお願いするが、それでもダメな場合は、連携する企業自体を変えなくてはならなくなる。先ほども述べたとおり、八割の人は、業界を超えて連携しようなどと思っていない。だから、残り二割の人が担当者になってくれないと連携はうまくいかない。

連携を模索する際には、適任者はその組織の中に二割しかいないということを頭の片隅に置いておくと、不適任者が出てきてもそんなものだと思えるし、逆に、適任者に出会えるとモチベーションがグンと上がる。

適任者と一緒に仕事ができると、何よりもスピードが上がる。意思決定一つとっても、適任者でないと「上に聞いてみませんと……」と持ち帰り案件が多くなって時間がかかるが、適任者だと即決で物事が次々と決まっていく。構想したビジネスが停滞するのは、だいたい非適任者が担当しているところだ。

連携する企業の担当者は、その企業の代表だ。その代表が非適任な人材だと、その企業自体の評価が下がる。最初は「あの人、使えないね」だったのが、いつしか「あの会社、使えないね」となる。業界を超えて集まった一流の企業にこう思われてしまうのは、かなりのレピュテーションリスクだ。

我々もそうだし、力のあるビジネスプロデューサーは、そのあたりはシビアに見るので、一度「ひどいな」とか「受け身が過ぎるな」という評価を下した企業には、二度と声をかけなくなる。他の連携する企業に迷惑をかけられないからだ。

このようなことを踏まえると、他社と連携する場合、誰を担当者（特に最初の）にするかは、よくよく考えたほうがいいということが分かってもらえると思う。

適任者ばかり、視座の高い人ばかりが集まったビジネスプロデュースは、気持ちがいいほど快適に進む。

「うちがほしいのは、これだけだから、以上」

俯瞰して全体のことを考えながら、主張すべきはきちんと主張する。それもみんなの前で明確に。しかもこれがまた合理的で、傲慢でもなく納得感も得られる主張であることが多い。だから、停滞しないし、意外にもめたりすることがない。

◎視座の高い人たちとの人脈の築き方

このようにビジネスプロデュースの連携においては、「どの企業と連携するか」も大事だし、「どの人と連携するか」も極めて大事になる。ときには「企業名」よりも「個人名」を優先することも多い。

では、どうすれば、質の高い人脈を築くことができるのか。

業界を超えた人脈づくりのパーティやレセプションも開催されているが、そこで名刺交換をできたとしてもそれっきりになることが多い。我々の経験から言えば、ほとんど役に立たないと言っても過言ではない。

山が連なっているのが山脈であるように、人脈も連なっている。低い山脈には低い山々が、高い山脈には高い山々が連なっている。人脈も同じで、視座の高い人たちが連なっている人脈にアプローチできれば、次々と視座の高い人たちとの人脈を築ける。

素晴らしいと思える人に出会ったら、まずはその人との良好な人間関係をつくることだ。我々は、「これは！」という人に出会ったときには「勉強会を一緒にやりましょう」とお誘いしたりすることがある。最初は相手の興味・関心がどこにあるか分からないので、我々が今、興味・関心を抱いているいくつかのテーマの最新情報を提供する。

このとき、情報を出し惜しみせず、その時点で最高のコンテンツを出すことが大切だ。こちらが出し惜しみすると、相手も出し惜しみする。これでは信頼関係、良好な人間関係は築けない。

また、こちらが出すコンテンツの質が低ければ、相手の我々への興味・関心も低くなる。だから、その時点での最高のコンテンツで勝負する。おもしろいと思ってもらえたら、次につながる。こちらが最高のコンテンツを出せば、相手も最高のものを出してくれる。こうして何度か勉強会を一緒に行うことで人間関係ができてくる。

視座の高い人と人間関係が築けたら、その人にいい人を紹介してもらう。

「今、◯◯業界と◯◯業界をまたいだビジネスを考えていて、◯◯について調査分析している

図 3-8　本物の人脈は大抵が「紹介」。だが……

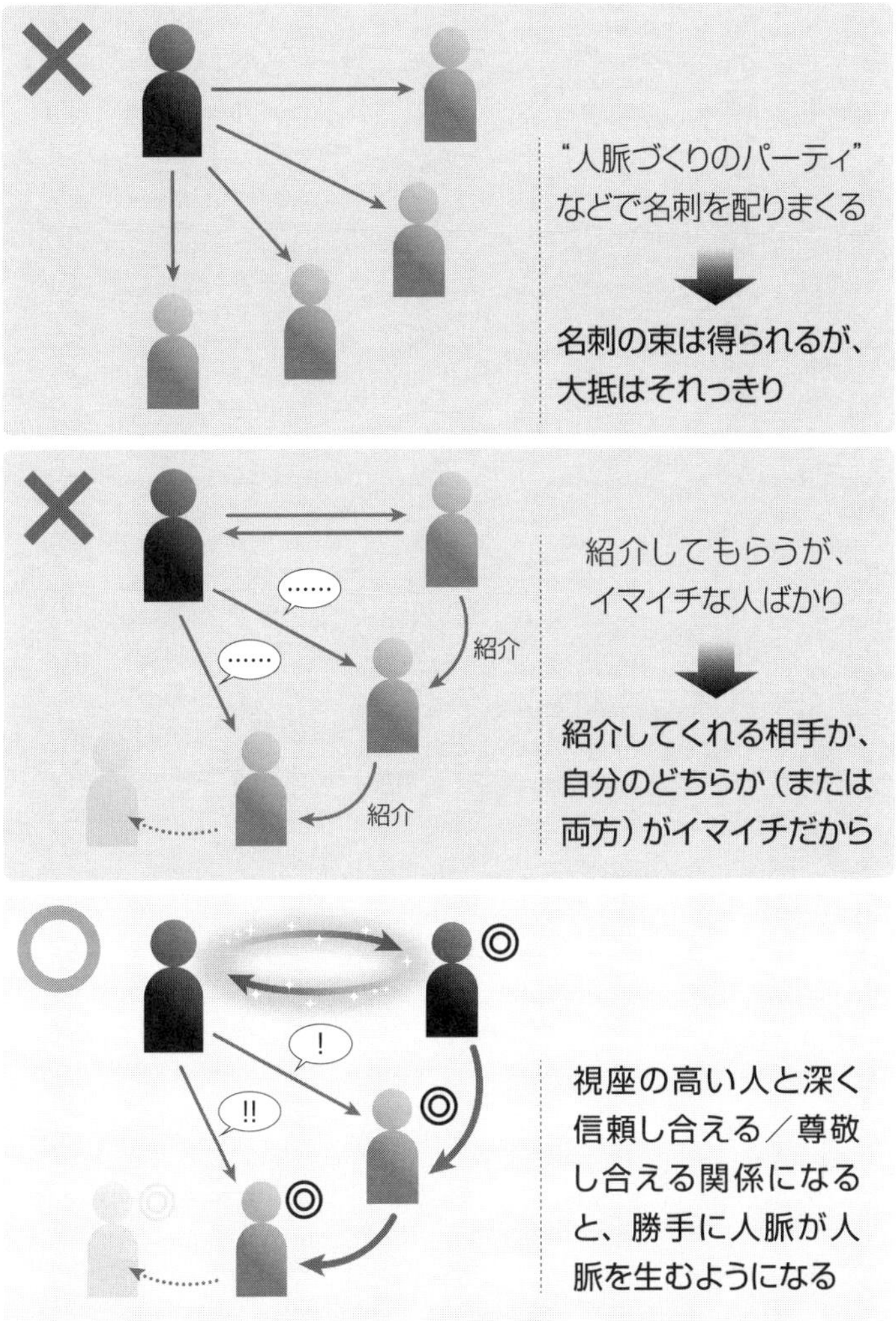
×
“人脈づくりのパーティ”
などで名刺を配りまくる
名刺の束は得られるが、
大抵はそれっきり
×
……
……
紹介
紹介
紹介してもらうが、
イマイチな人ばかり
紹介してくれる相手か、
自分のどちらか（または
両方）がイマイチだから
○
◎
!
!!
◎
◎
◎
視座の高い人と深く
信頼し合える／尊敬
し合える関係になる
と、勝手に人脈が人
脈を生むようになる

のですが、誰か詳しい人をご存じありませんか」

こんな感じで紹介を依頼する。視座の高い人が紹介してくれる人は、間違いなく視座が高い。逆に、こちらに人の紹介を依頼してくるケースもある。そのときはもちろん、要望に最もふさわしい、とっておきの人を紹介する。

裏を返せば、どんな人が紹介されたかで、相手が自分をどう見ているかが分かる。素晴らしい人を紹介してくれるのは、相手が自分のことを素晴らしいと認めてくれているからであり、逆に、紹介してくれなかったり、紹介してくれた人がイマイチだったりしたときは、相手が自分を素晴らしいとは認めていないことを意味する。

視座の高い人たちとの人脈を築くためには、損得抜きで付き合うことが大切で、駆け引きをするよりも、相手の懐《ふところ》に飛び込むのが一番なのではないかと思っている。

最高の企業同士が対等な関係をつくるのが理想のように、人間同士も最高の人たちが対等の関係を築くのが理想であろう。

◎企業の顔合わせは初回が大事

連携する企業を一社ずつ仲間にしていくと、どこかで連携する企業の顔合わせをする必要が出てくる。これが意外に厄介で、入念に事前準備をして、用意周到に行う必要がある。

初顔合わせのときは、どうしても腹の探り合いになりやすい。構想によってビジネスの目的や意義、全体像を理解しているにしても、それぞれに都合よく理解していることもある。お互いが話すと不一致点が明らかになって、どの企業も「あれ、話が違うのでは?」という印象になりやすい。

第一印象が悪いと、それはなかなか改善されず、もめやすくなる。第一印象がよければ、その後も、話がスムーズに進む。だから、初回の顔合わせが大事なのだ。

お互いの第一印象をよくするためには、顔合わせ前に各社に「構想の現状」を丁寧に説明しておくことだ。連携する企業同士が話した際に多少の齟齬《そご》が出るのは仕方ないにしても、その差ができるだけ小さくなるよう努力する。

初顔合わせの会合を乗り切っても安心はできない。何しろ、どの企業も連携することに慣れていない。だから、集まって議論する際にも、うまく噛み合わなかったり、違和感が解消されなかったりする。ときには議論が平行線をたどることもある。

構想を主導するビジネスプロデューサーには、臨機応変な対応が求められ、平行線の企業同士が、直接、とことん議論する場をつくることで信頼関係が築けることもあれば、逆に、徹底的に間に入って直接話をさせないほうがうまくいく場合もある。

ビジネスプロデュースでは、こうした議論や交渉を何十回と繰り返すことになる。ビジネスプロデューサーは構想の全体像を把握し、連携する各企業から説明を求められれば、いつでも説明できるようにしておく。

議論する場でも、話を整理するのはビジネスプロデューサーの役目だ。ときには二社同士が行う交渉をサポートして全体最適を目指すこともある。

構想の全体が一番分かっているのも、連携する企業のフックと回収エンジンなどの詳細を一番把握しているのもビジネスプロデューサーだ。すべてをオープンにすることはできないにしても、できる限り情報をオープンにして、連携する企業の各担当者にも高い視座から構想を見てもらうようにする努力が欠かせない。

◎「オープン・クローズ問題」は避けて通れない

企業の本音は、「自社の情報は隠したいが、他社の情報は知りたい」というものだ。だから、情報は当人同士に任せると必ず隠される。隠すつもりはなくても、わざわざ言う必要はないと考えるのが常だ。

情報をどこまでオープンにするか、できるかの見極めは、非常に悩ましい問題だ。連携する企業に対してでも、技術に関する情報は簡単にオープンにはできない。各社が持っている顧客情報も個人情報の問題があり、おいそれとは共有できない。調査結果や研究結果などのデータも出せないことが多い。

例えば、スマートハウス構想があったとする。家で使う電気をできるだけ効率的にするためには、一日に使う家電の消費電力の詳細なデータが必要になる。エアコン、テレビ、冷蔵庫など、各メーカーはそれを持っているが簡単には出せない。

しかし、スマートハウス構想を実現するためには、それは欠かせないデータだ。こうしたオープン・クローズ問題は絶対に避けては通れない問題である。もちろん、そもそもオープンにすべきなのかクローズにすべきなのかは、構想（及び主体企業の戦略）が軸にないと決められないし、やみくもにオープンにすると収益モデルが本当に成り立たなくなることもある。

本書では、オープン・クローズ戦略の詳細な設計方法は割愛するが、どうしてもオープンにしてもらう必要があるものについては、知的財産をどう扱うか、秘密保護をどうするか、個別契約をどうするか、そうしたことを話し合う会議体はどうつくり、どう運営するかなど、会社を一つ新たにつくるぐらいの量のルールづくりが必要になる。

◎ルールづくりの目的は前提を変えること

ビジネスプロデュースのステップ4「ルールづくり」には、大きく二つのルールづくりがある。

一つ目は、連携する企業内のルールづくりだ。先ほどのオープン・クローズ問題も、最初のルールづくりから参画していれば、そのルールに従って必要な情報をオープンにしてもらうことができる。

二つ目は、法律や条例、業界の商慣習などのルールを変更したり、新たなルールをつくったりすること。日本企業は、新たな事業であっても既存のルールを守ってビジネスを行おうとするが、欧米企業は新しいビジネスを行うためには新しいルールが必要だと考える。

こうしたルールづくりの目的は、それまでの前提を変えることにある。

連携する企業内のルールにしても、連携前であればできないことをできるようにする、オープンにできなかったことをできるようにするルールでなければ意味がない。ただ、そうは言っても歯止めは必要だ。その歯止めが、新しいルールということになる。

これまで、たびたび、「業界を超えて」「グループを超えて」と述べてきたが、「既存のルールを超えて」ビジネスを構想することも、社会的課題を解決するためには必要なことが多い。

法律を変える、条例を変える、業界の商慣習を変えることができれば、ビジネスの前提が変えられる。ビジネスの幅がものすごく広がる瞬間である。

◎法律であっても具体的に提案すれば変更できる

「法律を変更するなんてできない」

そう考えている人は多いと思うが、実はそんなことはない。法律は、必要性が認められれば変更できるし、新しい法律が必要と判断されれば新しくつくられるものだ。企業が正しい目的で法律を変えてほしい、新しい法律をつくってほしいと要望すれば、それを実現するのが政府の役目だ。

欧米企業は、新しいビジネスを行うためには新しいルールが必要だと考えると述べたが、むしろルールづくりの場が主導権争いの場になっていたりする。

必要があれば、組織や団体をつくって政府や自治体にロビイングを行うといったことは、日本では何か特別なことのように思われるかもしれないが、世界的に見れば普通のビジネスのやり方だ。


社会的課題を解決するビジネスプロデュースを行う場合には、政府や自治体との「連携」が欠かせない場合も多い。一企業の我田引水ではとりあってもらえないが、地域のため、日本のため、世界のためといった大義名分のもとに提案されれば、政府や自治体は動かざるを得ない。民の側からの積極的な働きかけは何ら悪いことではないのだ。

政府や自治体が、そうした民間からの働きかけを待っているという側面すらある。法律や条例をとりまく社会環境やビジネス環境が変わる中、時代遅れの内容になっている法律や条例はいくつもある。それらを政府や自治体が変えたいと思っていても、具体的なニーズが分からなくてそのままになっていることが多いのだ。

政府や自治体にルール変更を求めるときには、「この法律（条例）や政令の第何条第何項をこう変えてほしい」というように具体的に要望することが大事だ。正当な理由があれば、意外に早期に変更してもらえる。

医療業界のある企業が、「規制があってそれはできない」と言うので、「いったい何の規制ですか」と聞くと、誰も具体的に答えられなかったことがあった。よくよく調べると、法律によって規制されているわけではなく、業界の自己規制であることが分かった。業界の自己規制であれば、業界団体に働きかけるなどしてルール変更を求めていけばいい。

また、ルールがあると思い込んでいるだけの場合もある。

昔、金融機関の業務改革を行ったとき、人事部が非常に複雑な税務手続きを行っていることが分かった。

「なんでこんなに面倒くさいことをやっているんですか？」

「いや、これは法律で決まっているんですよ」

「えっ？　それは何の法律ですか？」

「いや、政令だったかもしれません」

「政令？　何政令ですか？」

「ウーン、ちょっと待ってください。あっ、通達です」

「通達ですか。では、通達文書がありますか？」

「ないです。口頭です。かつて、ウチの担当者が税務署に言われたと聞きました」

そこで財務省本省の国税担当者に電話して聞いてみたら、次のように言われた。

「それは、かなり以前に決められたことで、現在はもう関係ないので無視していただいて結構です」

笑い話のように聞こえるが、こういう企業の担当者は意外に多い。例えば、「法令」と「法律」の言葉の違いを理解している読者は全体の何％だろうか。法令とは、法律、政令、省令、告示といったものの総称だが、これらの違いを言える読者はいるだろうか。ちなみに通達は法令ではない。

なお、ルール変更の際に反対勢力になるのが既得権益者だ。既得権益を奪われるようなルール変更やルールづくりには当然反対する。

図3-9 法律だって変えられる。でも「真の理解」が前提

	法令等への理解レベル	人口分布（イメージ）	制度変更につなげられるか
レベル1	規制等が法律によるものだと漠然と思っている	95%	×
レベル2	どの法律なのかを知っている、さらには、どのレベル（法律、政令、省令等）かを知っている	＜ 5%	×
レベル3	条文上、何条のどの条文をどう変えるべきとまで言える	＜ 1%	△
レベル4	条文変更により、どんな派生があるか／どう対応すべきかまでの合理的な案が描ける	＜ 0.1%	○

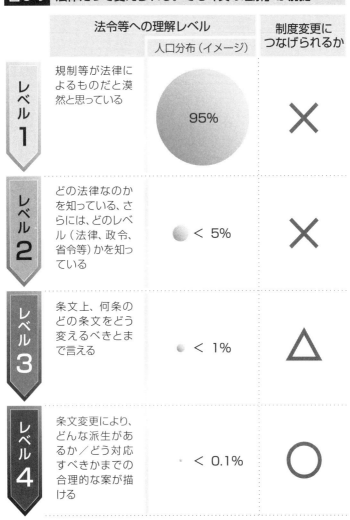

こうした既得権益者に対しても大事になるのは、やはり構想だ。構想したビジネスの目的や意義を理解してもらい、既得権益とは違う利益を回収エンジンとして設計できていれば、既得権益者にも納得してもらいやすい。

既得権益者にしても、今のままでいいと本気で信じていることは実は稀だったりする。ただ、既得権益によって長らく利益を得てきたため、それがなくなるのは困るというだけだ。代わりの利益が得られるのであれば、意外にすんなりルール変更に同意してくれることも多い。

ルールづくりにおいても、連携のイロハが、そのまま基本であり肝になる。

4……「実行」における落とし穴

◎事業創造における「実行」は、通常の業務オペレーションとは違う

ビジネスプロデュースのステップ5「実行する」は、構想した事業を実際に実行に移していく段階だ。ビジネスを構想し、実現できるように戦略を立て、業界やグループを超えて連携し、公平・公正なルールづくりを行っていくという段階である。

さて、この段階でやりがちな過ちがある。しかもその過ちを犯すと、ほぼ一〇〇%崩壊するという過ちである。それは「事業創造における実行は、通常のオペレーションとはまったく違う（難しい）」ということを分かっていないことに起因する過ちだ。

事業創造の実行は普通の業務のような簡単なものではない。つくった戦略に沿って、実行に着手してみると想像していなかったような事態が次々と発生する。ときには戦略を大幅に変更することも余儀なくされるし、構想そのものの見直しすら出てくる。

つまり、実行をする人間が、その基となる戦略や構想を修正し、しかもより良い形に進化させていけなければ、その事業創造の取り組みはあっという間に頓挫するということだ。

繰り返すが、「事業創造の実行」は大変難しい。具体的には、すでに確立されている業務の実行とは違う点が三つある。

一つは、そもそも実行する内容が難しいということである。定義により誰もやったことのないアクションだったりする。しかも、ここまでお話ししてきたとおり、いろいろなプレイヤーの力を借りる必要がある。借りるというと簡単に聞こえるが、そのプレイヤーがきちんと動くように仕向けていかなければならないので、自らが動く以上の難しさがある。

二つ目は、大抵の場合、当初立てた戦略は、どんなに考えてつくったとしても、実行段階では案外使い物にならないことが多いということだ。これは戦略をつくる人が悪いのではなく、事前にすべてを推測し切って戦略をつくることが難しいということである。したがって、その戦略を見直すことになるわけだが、実行しているリーダーがその戦略（ときには構想さえも）を見直す能力を持っていることが必要だ。つまり、実行を主導する人はその戦略の背景や前提を理解するだけではなく、代替プランをつくる力が必要になる。

三つ目は、これもやってみるとすぐに実感するが、練り直した構想や戦略を関係者に落とし

図3-10 事業創造における難易度は、戦略 ≪ 実行

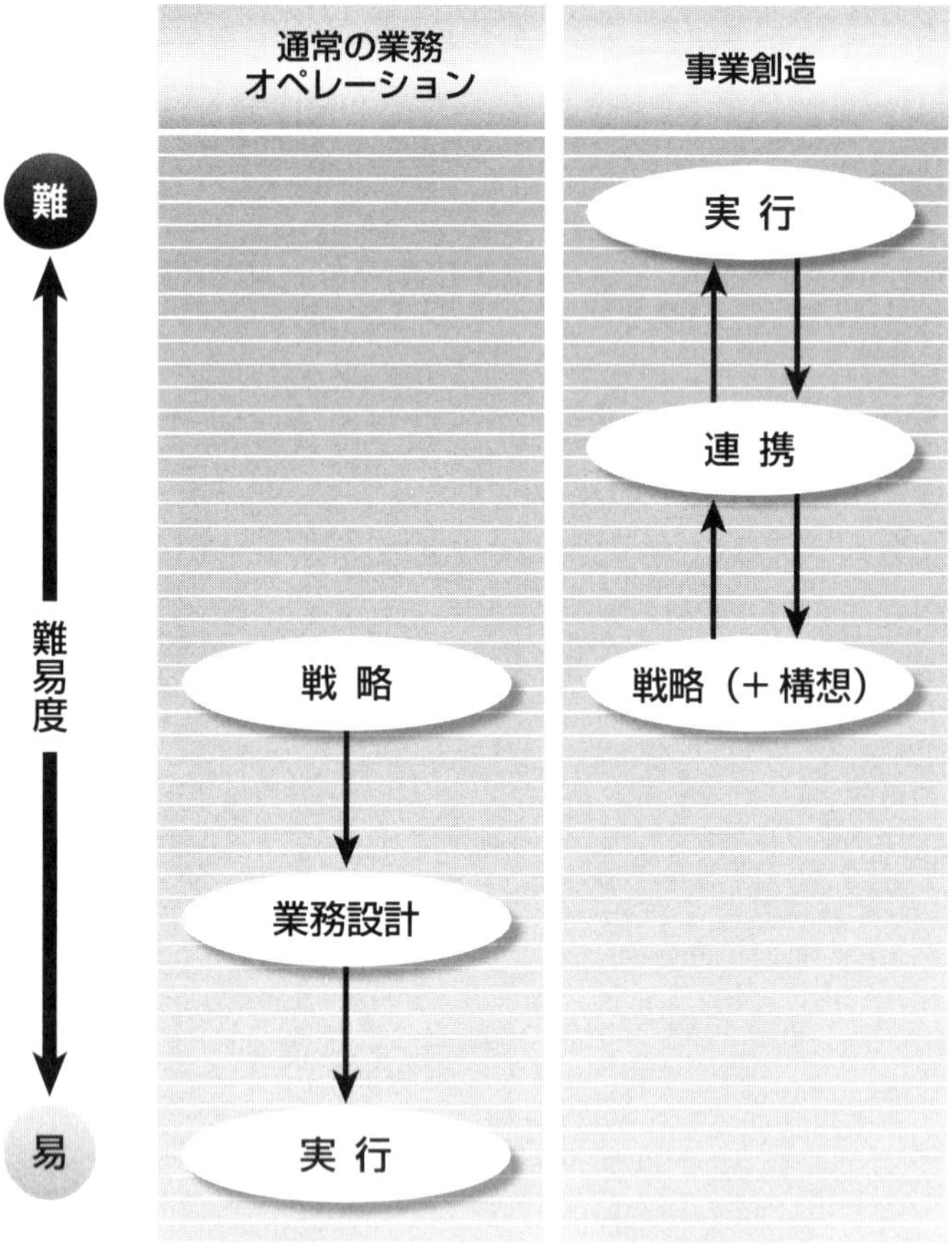

業務設計、実行、と進んだ時に戦略への手戻りは少ない

実行段階に進んでも、構想や戦略の見直しは日常茶飯事

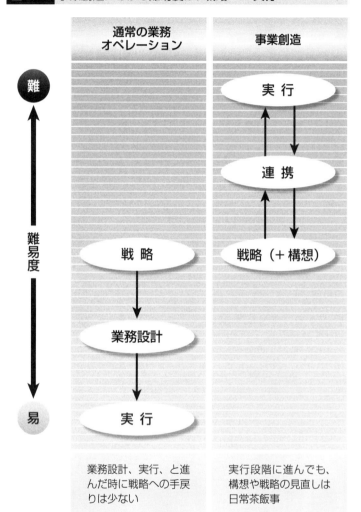

込むのは、当初創造したプランを落とし込む以上に難しいということだ。すでにその実行段階で参集している人は、その構想なり戦略なりを気に入っていたりする。そんな中で大きなプラン変更となると、当然「なぜ？」となる。話が違うと怒り出す人もいるかもしれない。そういう場合でも、変更のポイントを説明し、その理由と必要性に納得してもらい、不利益が出る場合にはその調整のための取り組みも提案しながら関係者を動かしていくのは非常にレベルの高い仕事である。

◎実行主体はビジネスプロデューサーでなければ務まらない

となると実行の主体、または実行をドライブするのは、構想したビジネスプロデューサー自身であることが最も望ましい。構想した人と実行する人が違うと何が起こるか。想像がつくと思うが、実行する人が壁にぶつかったとき、その人が構想した本人でないと、すぐに「構想が悪い」とうまくいかない理由を構想のせいにして、そこでストップしてしまう。

よって構想を起草し、仲間づくりに苦労した張本人が中心となって最後までやるのが理想だ。構想に最も愛着を感じ、社会的課題の解決に熱意が一番あるのも考えた本人であろう。どうしてもそれが適わない場合には、構想した人よりも力のあるビジネスプロデューサーでなければおそらくは務まらない。

ビジネスプロデュースとは、構想から実行まで、その構想をしたビジネスプロデューサーが中心となって、周囲の助けを借りながら進めていくものなのだ。

◎忍び寄る「赤字」のプレッシャーから守るのは経営トップの仕事

ビジネスプロデューサーの要件や育て方については第5章で詳しく述べるとして、ここでは、ビジネスプロデューサーが実行段階でやりがちな失敗や陥りやすい罠について考えていこう。

ビジネスプロデューサーとして新たな事業立案やその実行に指名される人は、多くの場合その企業で過去に成功を積み重ねてきた人である。一昔前であれば、新規事業というと日陰の部署だったり、イマイチな人が充てられたりすることが多かったように思うが、最近はさすがにその企業のエース級の人材に託されることが多くなった。いまだにそうでない企業は将来を案じたほうがよい。

しかし、数千億円規模のビジネスプロデュースとなると、これまでの既存ビジネスの延長とは違い、成功までの時間軸も非常に長くなる。ある程度の目に見える結果が出るまで、最低でも三年、場合によっては五年が必要だったりする。

しかし、五年間も成果が出ないというのは、ビジネスプロデューサーあるいはその素質が十二分にある人にとっても、想像をはるかに超えた苦行である。どんなに既存事業で華々しく成果をあげていた人であっても、あるいはそういう人であればあるほど、早く成果を出そうと焦ってしまうものだ。

戦略立案時に設定したＫＰＩが達成できていれば、予定どおりに進んでいることになる。それでも、ビジネスプロデューサーには焦りが生まれやすい。

実行段階では、いろいろな部分に投資をして、実行レベルを上げていかなければならない。だが、焦りから黒字化を急ぐと、投資を減らしてコスト削減で黒字化を実現しようとしてしまう。これでは本末転倒なのだが、プレッシャーがあまりに強すぎると、どんなに素晴らしいビジネスプロデューサーであってもそれをやってしまうことがある。

数年間、赤字を続けることは想像以上に大きなプレッシャーである。特に、多くの日本企業は「赤字は悪」という価値観の組織であり、この価値観が知らず知らずのうちに忍び寄ってくる。これを跳ね返して、「赤字でいい」と思えるか、「こんな赤字、数年後に倍返しだ」と考えられるか、ビジネスプロデューサーの真価が問われることになる。しかし、それは簡単なことではない。

例えば戦略立案の時点で、これから三年間は、数十億円の赤字が続くことは確実だが、四年目から赤字が減り始め、七年後に数千億円の売上になり、利益も数百億円単位で出る計画であったとする。そして、なぜそういう数字になるのかを、きちんと経営トップに理由を詳しく説明して了解を得て、新規事業がスタートしたとする。

ところが、半年後には、まるで当然かのように「三年間も数十億円の赤字を垂れ流すことはできない」と経営トップが言い出したりする。何度も「三年間は数十億円の赤字が出ます」と言って確認し、それを了解してもらったにもかかわらずだ。

ビジネスプロデューサーに限らず、経営トップも、やはり赤字のプレッシャーに晒され、そのプレッシャーに耐えられなくなって方針転換してしまうことがあるのだ。むしろ経営トップであるがゆえに、株主からの見えないプレッシャーに負けてしまいやすいとも言える。

方針転換までしなくとも、「いつになったら黒字になるのだ」と、途上で何度も何度も聞く経営トップもいる。この台詞《せりふ》は、ビジネスプロデューサーにボディブローのように効いてくる。あまりのつらさに精神的におかしくなってしまうビジネスプロデューサーもいる。ＫＰＩはしっかり達成しているにもかかわらず、そういうことが起こってしまうのは悲劇以外の何ものでもない。

アマゾンのジェフ・ベゾスは、「黒字にしようと思えば、いつでもできる。しかし、黒字にするつもりはない」とうそぶきながら巨額投資を続けている。経営トップは赤字を心配する暇があったら、なおさら「黒字などどうでもよいからとにかくＫＰＩを達成せよ。必要な投資は絶対惜しむな」と言い続けるべきなのである。

◎KPIの達成だけは死守せよ

ビジネスプロデューサーが赤字のプレッシャーに負けて、長期的な観点から本来やらなければならないインフラ投資や枠組み設計の仕事をせずに、目の前の仕事、例えば、部下に任せるべき営業を自分が一生懸命やるようになると、チーム全体が今月の売上や集客数といった短期的な成果ばかりを追うようになる。

上の人が下の人の仕事やると、下の人はさらに下の人の仕事をやるようになる。自分より上の人の仕事をやるという意識が大切なのにもかかわらず、それではまったく逆だ。

人は成果が出やすいことをやりたいものだ。成果が出るかどうか分からない難しい課題は後回しにしたい。そうした誘惑に負けずに、いかに視座を高く保ち続けて、自分がやるべき仕事をやり続けられるかもビジネスプロデューサーには問われる。

ビジネスプロデューサーには、大きな成功を勝ちとるために、小さな成功を積み上げていくことも求められるのだが、それと目先の利益に惑わされるのとは違う。大局的見地に立って、そうした判断ができるかどうか、ということだ。

視座を高く保ち続けて、自分がやるべき仕事をやり続けるために大切なのが、戦略立案時に設定したＫＰＩだ。ＫＰＩは、経営トップはもちろん、連携する企業とも事前に共有された重要な業績評価指標だ。

ＫＰＩは、研究開発の進行ステージや各企業との連携スケジュールなど、細かく設定する。定量的に数値化できるものはすべて数値化し、定性的にならざるを得ないものもできるだけ具体的に設定するのがポイントである。

逆に、とことんまで考え抜いていないと、丁寧なＫＰＩを設定できないというのも事実だ。そして、ビジネスプロデューサーにとっては、一つ一つのＫＰＩの達成こそが、真の小さな成功の積み重ねになるし、心の支えにもなる。

ビジネスプロデューサーは、誰に何を言われようとも、基本的にはこのＫＰＩの達成を盾にして構想したビジネスを守り抜き、経営トップはそれを支えることが理想である。

◎「論より証拠」で動かない人や組織を動かす

「論より証拠」で、証拠を見せないと動いてくれない人はどの組織にもいる。

ある企業の店舗展開のビジネスプロデュースをお手伝いしたとき、こうすればうまくいくというプランをつくって提案した。社長は大変感心してくださり、提案は採用されたが、現場ではいつまでたっても実行されなかった。

調べてみると、店舗展開を統括する部長が「本当にできるのか？　仮にできたとしても効果がないのではないか？」と、かなり疑っていたからであった。

そこで、我々のメンバーを店長にして、一カ月間、実践させたところ、プランどおりに売上が上がり、それを見た統括部長もようやく納得して一気に店舗展開が進んだということがあった。これなど、典型的な「論より証拠」で動かない人と組織を動かした例だ。

ビジネスプロデュースでは、多くの人と組織に主体的に動いてもらわなくてはならない。そのためには、ビジネスプロデューサーが率先して主体的に動くことが必要になることもある。

このように、とにかく「実行」はハードルが多く、難しい。しかも事業創造には、投資的な要素も加わる。人も動かし投資もしながら、目指す収益を達成する。数年間は収益も出ず、周りからのプレッシャーもかかり続ける。加えて、構想や戦略が「違っている」と思ったら、適切に修正・進化も必要となる。

これらをすべて乗り越えて進むのがビジネスプロデュースの「実行」である。大変ではあるが、本当に乗り越えられた時、その喜びは、何にも変え難いものとなることだろう。

さて、第1章から第3章までで、ひととおり概念やポイントを紹介させていただいた。次はこれらをよりリアルにイメージしてもらうために、実際にビジネスプロデューサーを疑似体験していただこう。

次章では、我々がこれまでに出会った何人かのビジネスプロデューサー像と、いくつかの案件を重ね合わせて、架空ストーリーを構成してみた。ぜひ、主人公の「中原雄平」になったつもりで、読んでみてほしい。

第4章

ビジネスプロデュース・ストーリー

～大手ハウスメーカー経営企画室長「中原雄平」の事業創造ドラマ

1……妄想から構想へ

◎突然の社長室呼び出し

島川ハウスコーポレーションは、東京丸の内にオフィスを構える、日本を代表する大手ハウスメーカーである。売上高は一兆円を優に超え、かつては積極的な経営と革新的な技術で業界をリードしていたが、市場が成熟するにつれ、島川ハウスコーポレーション自体の成長にも陰りが見えていた。

今年四十五歳を迎える中原雄平は、入社以来、戸建て住宅やマンション、商業施設など様々な建物の企画、設計、施工、販売に携わってきた。とにかく現場が好きで、何かにつけて足を運んできたが、三年前から経営企画室長となり、今ではすっかり現場から足が遠のいていた。

経営企画室長と言えば、世間からは戦略立案や中期経営計画などの派手な仕事をしていると見られがちだが、実際は社内調整の仕事がほとんどだ。

先日も社長が社外インタビューで言及した内容について、マスコミから問い合わせが殺到し、その対応に追われた。調整ばかりの日々には正直「うんざり」もしていたが、「今まで育ててくれた」という会社に対する恩というか、愛みたいなものを感じていて、辞めずに今日まで勤めてきた。

調整仕事の多い経営企画室長というポジションだが、他のポジションとは違う利点もある。それは「会社全体の動きがよく見える」ということだ。ただ、全体が見えすぎるがゆえに、かえって心配になることも多い。先日の経営計画立案会議でも、事業部から様々な計画があがってくるものの、既存事業の延長線上の議論でしかなく、全社的な視点が欠けた事業部独自の施策ばかりで、「うちの会社はこのままで本当に大丈夫だろうか」と危機感を持って聞いていた。

そんな気持ちを抱えながら仕事をしていたある日、島川幸之助社長から社長室に来るように電話があった。中原は一八階にある社長室に向かい、秘書に社長との打合せの旨を伝えると部屋に通された。二十年以上勤務しているが、社長室に入るのはこれが何度目だろうか。

社長室は大企業ながら意外に質素で、広々とした部屋に社長席と来客用のソファーとテーブル、社長の趣味の絵画が数枚かかっているぐらいだ。島川社長は島川ハウスコーポレーションの創業者の息子にあたり、弱小施工業者に過ぎなかったこの会社を現在の企業規模にまで押し上げた百戦錬磨の経営者である。年齢は六十歳。物事を瞬時に見分ける鋭い眼光とどことなく人を惹きつけるオーラを持っていた。

「とりあえず、掛けなさい。中原君も知っているとおり、うちの業績は伸びているものの成長率が年々小さくなっている。今はまだよいが、長期的に見ると人口減などハウスメーカーにとって暗い話題しかない。企業体力がある今のうちに、次の時代のうちの柱となるような事業を新たに育てておく必要がある」

「社長のおっしゃるとおりです」

「ついては、中原君が中心となってこの話をぜひとも進めてもらいたい」

「えっ⁉ 私がですか？」

社長からのいきなりの「任命」に驚き、戸惑っていると、さらにこう言われた。

「そろそろ経営企画の仕事にも飽きてきたころじゃないか？ 他人の事業計画ばかりを見るのではなく、自分で事業を考え、実行する経験を積んでもいいころだろう。とりあえず、構想を三カ月以内にまとめてみてくれ」

中原は普段の気持ちを見透かされているようでドキリとした。

「力不足だとは思いますが、何とかご期待に添えるように努めます」

「頑張ってくれ。期待しているよ」

島川社長は軽く肩を叩いてそう言った。

中原は、これまでそれなりに実績をあげてきた。だから、既存事業に関するプロジェクトであれば、ある程度やれる自信はあった。だが、新たな事業の立ち上げとなるとまったく経験がない。正直どこから手をつければよいか分からない。中原は、島川社長から期待されているということやチャンスをもらえたということに対する嬉しさよりも、これからどうなるのだろうかという不安でいっぱいになった。

「新たな事業といっても何から始めればいいのだろうか？　確かに、我が社はこのままではダメなことはよく分かっているが、まさか自分がやることになるとは、参ったなあ……」

◎事業の種は近辺には落ちていない

社長から事業創造を任されたその日、重い足取りのまま帰宅した。

帰宅してすぐに新たな事業の立ち上げを島川社長から任されたことを妻の美樹に話した。

「よかったじゃない、チャンスをもらえて。いつももう一度燃えるような仕事がしたいって言ってたじゃない。事業創造って難しそうだけど、何かちょっとワクワクするわよね」

「気楽に言ってくれるよなあ。失敗したら会社にいられなくなるかもしれないんだぞ。しかも、事業創造なんてやったことないから、何から始めたらいいかも分からないし……」

「あら、いつもと違ってずいぶんと弱気ね。誰もやったことがないからおもしろいんじゃないいの。気持ちで負けたら、できるものもできないでしょ。あなた一人だけでやろうとせずに、いろんな人の力を借りてやれば何とかなるわよ。それに、もしあなたがクビになるようなことになっても、私が養ってあげるから大丈夫よ」

　妻には、いつも「ここぞ」というときに励まされる。しかも、重大なことをさらっと言われて。

「とにかく、やれるだけやってみるよ」

「うん。その意気よ」

　妻の笑顔を見ながら中原の気持ちは固まった。

「あとはやるだけ。当たって砕けろだ」


　翌朝、昨日と打って変わって気持ちは明るい。妻の言葉のおかげだろうか。何か吹っ切れた感じがする。中原は早めに出社して、インターネットで新たな事業のネタになりそうなものを調べ始めた。調べ始めると様々なことが急に自分と関係があるような気がしてきたから不思議だ。ただ、良い種になりそうなものは見つけられなかった。

「やっぱり事業のネタになりそうなものはネットに落ちてないか。分かっちゃいたけどな。次は、うちのメンバーでブレストしてみるか」

中原は、経営企画室メンバーに声をかけ、会議室に集まってもらった。

「実は昨日、島川社長から新たな事業の立ち上げを任された。そこで、みんなからアイデアを集めたいと思う。新規事業なので、今のところできる、できないは考えずに、意見を言ってほしい」

しばらくして、メンバーからアイデアが出始めたが、一時間ほどで出尽くした。そこで、ホワイトボードに書かれたアイデアを一つ一つ見ていくと、中古マンションのリノベーション、介護サービス付きマンションの企画などがある。

しかし、いずれも既存事業の延長線上にあるようなものばかりで、新しい事業といった感じがしない。それでも、なかには自分には思いつかなかったようなアイデアもあり、人と議論しながらアイデアをふくらませるのは良い方法だと感じた。

◎OBが繰り返し語った「社会的課題」

その日の夕方、大学時代のゼミ仲間を飲みに誘った。一人で悩むよりも人と話したほうが事業のネタになりそうな新しいアイデアも出るだろうと思ったからだ。学生時代の友人たちは、日本を代表するような大手企業に勤めており、業界も製造業や金融、商社など多岐にわたっている。

友人たちと乾杯したあと、すぐに近況報告が始まった。自分の番になり、新たな事業の立ち上げを任されたことや事業のネタ探しをしていることを話した。

「道理でね。急に連絡がきて、何かあるとは思ったんだよな」

久々に集まった友人たちから突っ込まれながらも、話は事業創造に移り、それぞれの会社で取り組んでいる事業について、こっそり教えてくれた。こぼれ話もあって、飲み会自体はとてもおもしろいものになったが、いずれの話も島川ハウスコーポレーションにとって新しい事業のネタになりそうにはなかった。

昼間のブレストやこの飲み会で事業のネタぐらいは見つかると思って期待していただけに、うまく見つからなかったことにがっくりと肩を落として帰宅した。

翌日から中原の苦悩の日々が始まった。事業立ち上げに関連する書籍や業界調査資料など、様々な文献に当たってみたが、まったく事業のネタは見つからない。経営企画室メンバーとも繰り返し議論はしてみたものの、一回目のブレストで出たアイデア以上のものは出てこなかった。

「本当にどうしようか。これは、まずいな……」

完全に行き詰まったある日の帰り道、島川ハウスコーポレーションOBの金子先輩にばったり駅で出会った。金子先輩は中原が新人だったときの現場教育係で、年齢も二十歳以上離れていたため、親子のような感覚で接してきた。今は島川ハウスコーポレーションを退社して、悠々自適の隠居生活を送っている。

「金子さん、お久しぶりですね。お元気でした？」

「俺は元気だけど、おまえさん、ずいぶんとやつれた顔しているなあ。そこらの居酒屋で一杯やっていくか？」

金子先輩にそう誘われ、駅近くの居酒屋チェーン店に入った。ここのところ事業創造のことで頭がいっぱいで酒も飲んでいなかった。久々の酒は酔いが回る。杯を重ねるうち、金子先輩にも新たな事業立ち上げの話をしてみた。

「そりゃあ、事業創造は大変だわな。産みの苦しみってやつだ。しかし、それにしてもおまえさんが考えている事業のアイデアはつまんないな。そんなのだったら別に島川ハウスコーポレーションじゃなくてもいいじゃないか」

「それは、そうかもしれないですけど、そんな都合のいい事業アイデアなんて出てこないですよ」

「手前主義のちっちゃな考えで事業をやるんじゃなく、もっと大きな視点で社会の課題を解決するようなことを考えてみろや。そんなところに事業のネタは結構あったりするもんだぜ。でもこれは島川社長の受け売りで、参考になるかどうかは分からないけどな」

そう言って笑いつつ、金子先輩は昔話を始めた。その昔話というのは、日本で住宅が満足に買えない時代に、島川ハウスコーポレーションはたくさんの人に安くて住みやすい家を提供するために様々な製品開発を行い、新市場を開拓していったというものだった。

金子先輩の言葉の中にたびたび出てくる社会的課題や意義という言葉を聞きながら、「今まで社会的課題や意義から考えるという視点はなかったな」と反省した。と同時に、島川ハウスコーポレーションが大きく成長できた理由も社会的課題を解決してきたからこそということも理解できた。

同じ事業を立ち上げるなら、社会的課題を解決できる事業や社会的に意義のある事業にしようと考えるようになった。そして、それをノートに書き留めた。

◎頼りになる先輩がくれた事業のヒント

翌日、中原が自席で仕事をしていると、背が高く、精悍な顔つきをした男がやってきた。鶴田大輔だった。鶴田は社内きっての切れ者と評判の人物で、中原の二つ上の先輩にあたる。中原が住宅事業部に所属していたころに、仕事のイロハを叩き込んでくれた人でもある。現在は、成長著しい中国現地法人の住宅事業部の事業部長を任されている。

図4-1　大きな事業創造の検討ステップ

中原雄平ノート①

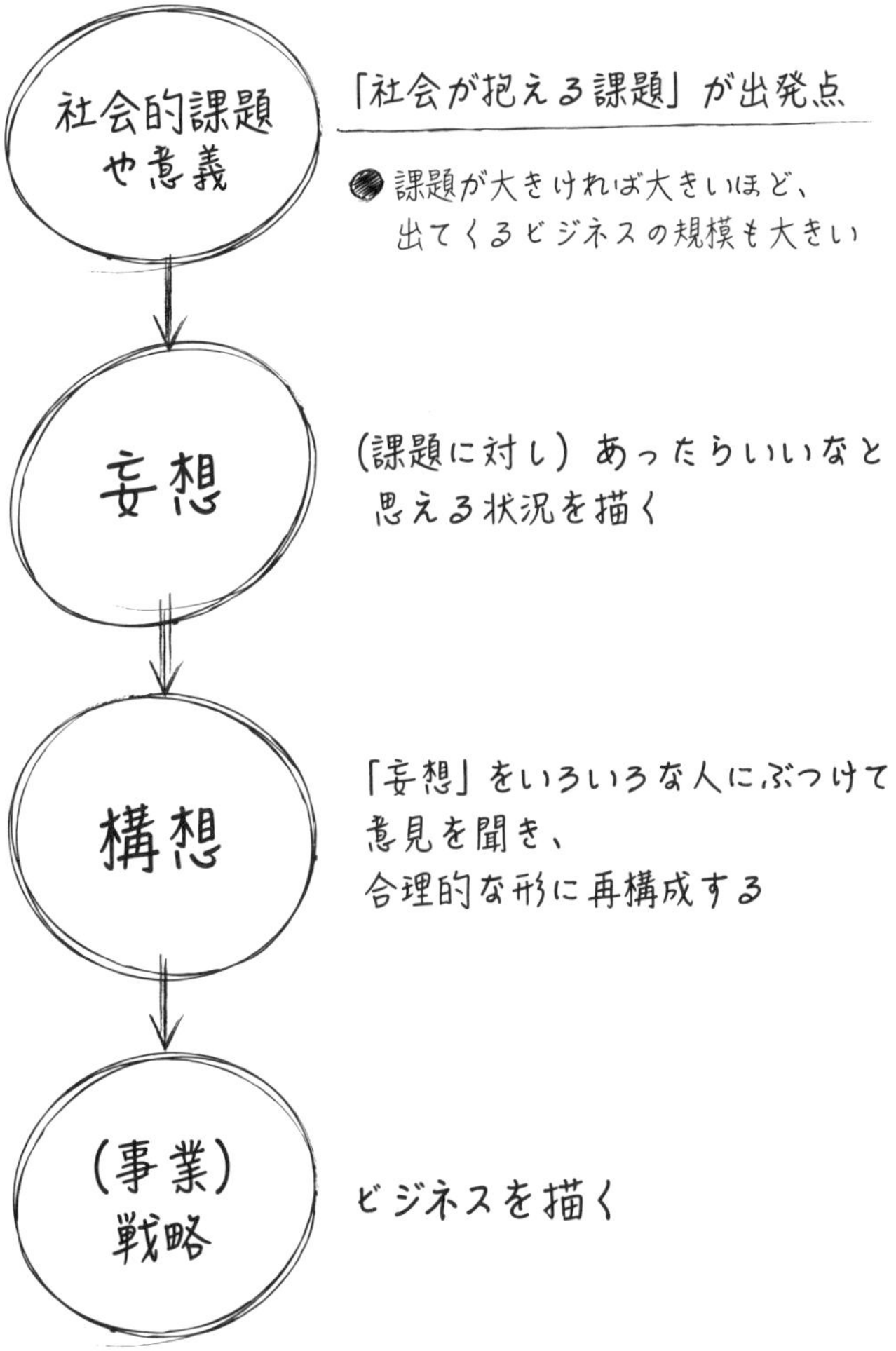
社会的課題や意義
「社会が抱える課題」が出発点
課題が大きければ大きいほど、出てくるビジネスの規模も大きい
妄想
（課題に対し）あったらいいなと思える状況を描く
構想
「妄想」をいろいろな人にぶつけて意見を聞き、合理的な形に再構成する
（事業）戦略
ビジネスを描く

今日は業績報告のために日本に戻ってきており、そのついでに中原の席まで寄ったというわけだ。

「新たな事業の立ち上げを任されたんだってな。さっき社長から聞いたよ。進捗はどんな感じだ？」

「結構、苦労しています。こんなにも事業創造が難しいとは思ってなかったですよ。正直、引き受けたことを後悔しているくらいです」

「ハハハ。そりゃそうだ。そんな簡単に事業創造ができるんだったら苦労はないね」

中原は、昨日の金子先輩の話も含めて、今までの経緯を話した。

「金子のおっさん、いいこと言うねぇ。じゃあ、俺もかわいい後輩のために一ついい話をしておくか」

鶴田はこう言って、笑いながら話を始めた。

「俺も事業部長就任当初は、結構苦労したんだ。というのも、現地の技術者のレベルがあまりにも低くて、質の悪いものしかできなかったわけよ。今じゃ技術レベルが上がって問題は解決されたが、当時は日本の技術者がいてくれたらなあと何度思ったことか。

そんで、この前、日本に帰ってきたときに親しくしているうちのベテラン技術者にこの話をしたら、『呼んでくれれば行ったのに』と笑いながら言っていた。しかも、『現地の若者に自分

図4-2　鶴田さんのお話

中原雄平ノート②

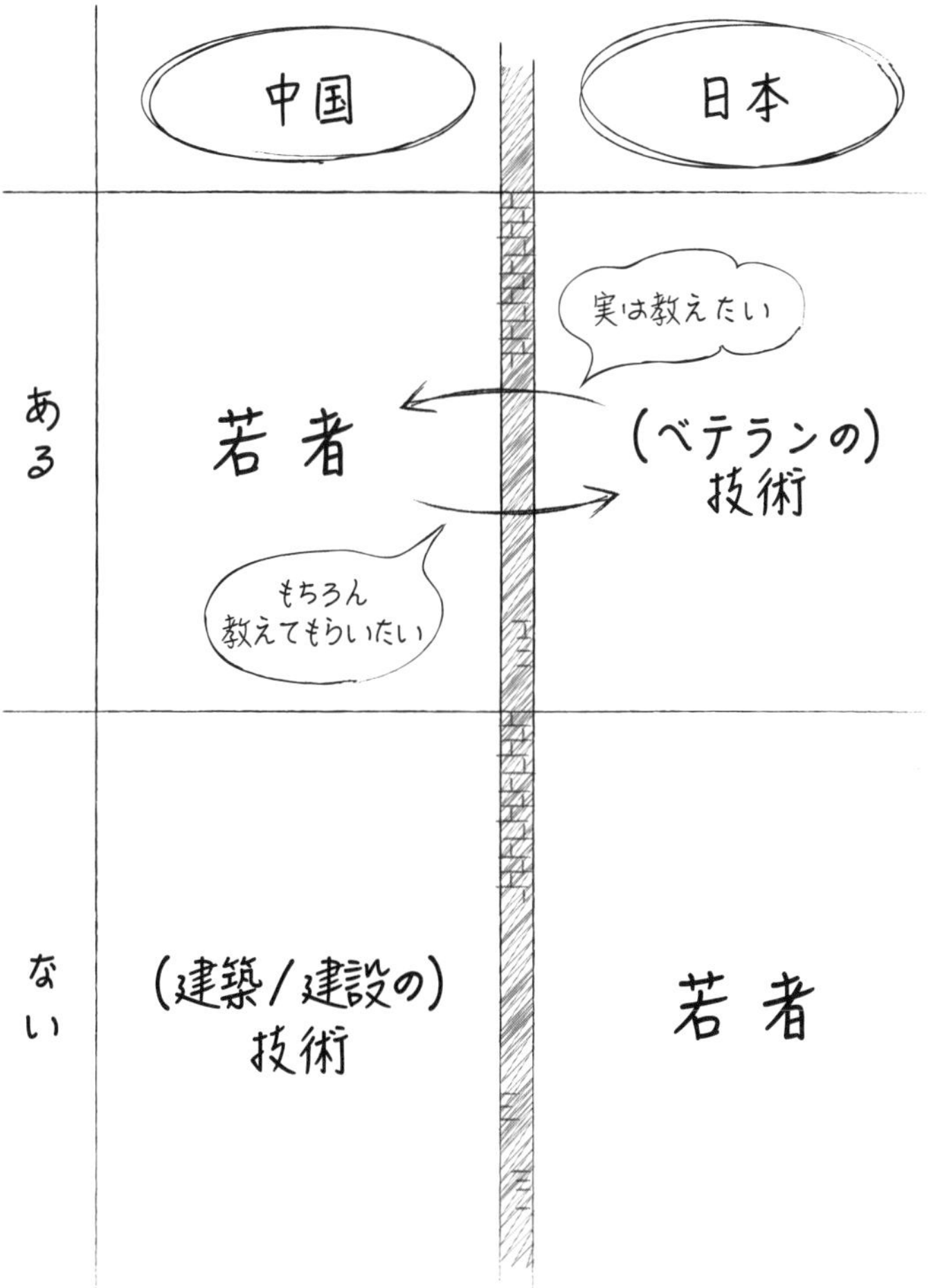

の技術を教えられたら、どんなにいいだろうなあ』とも言っていたな」

「なるほど。そのベテラン技術者はそんな思いを持っていたんですね」

「そう。もしかしたら、他のベテラン技術者も同じような思いを持っているかもしれんな。そうしたら、海外の若者を集めて、日本のベテラン技術者が教えるっていう人材育成の事業ができるかもな」

「すごくいいアイデアですね」

「まぁ、他の人にも聞いてみたほうがいいだろうけど、少しは参考になったか？」

「ありがとうございます。早速、話を聞いてみます」


中原は、二、三日かけてベテラン技術者に話を聞いて回った。すると彼らは、仕事に対して「やりがい」を求めており、できれば自分たちが長年苦労して蓄積してきた技術を誰かに伝えたいという思いを持っていることも分かった。

話を聞きながら、一つの〝妄想〟ができつつあった。

「アジアの若者を日本に集めて日本の技術を伝承する。そして技術を身につけた若者たちが帰国したときに、使い慣れた島川ハウスコーポレーションの製品を使ってビジネスを行う。そうすれば売上もついてくる。つまり、ベテラン技術者のやる気とスキルを海外展開の武器にす

図4-3　アジアの若者と日本のベテラン技術者は実は補完関係?

中原雄平ノート ③

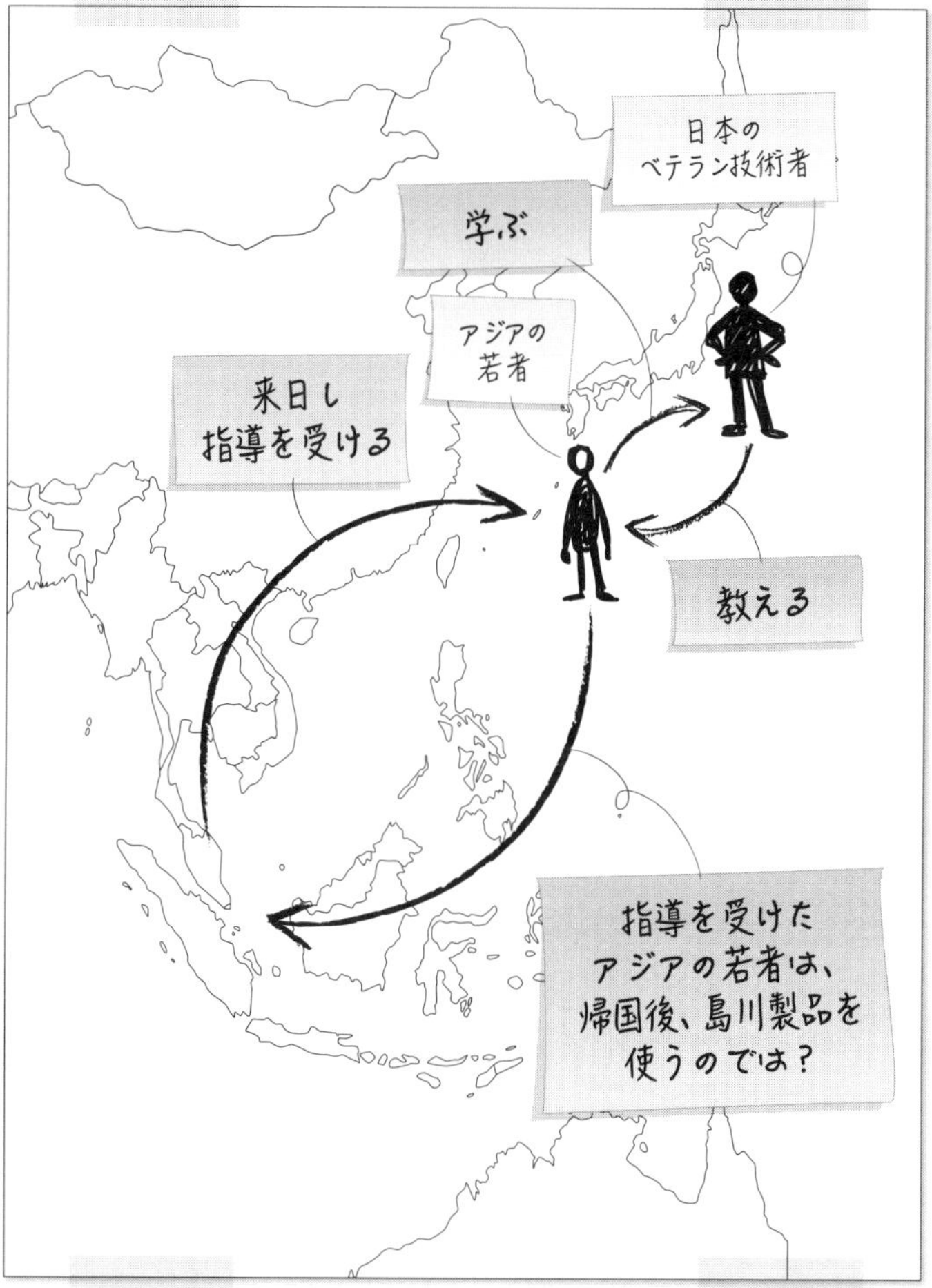

る」

早速、いつものノートに絵を描いてみた。意外にいいかも……少し元気が出てきた。

◎経済産業省に補助金の相談に行くも門前払い

ただ、この「妄想」は、島川ハウスコーポレーションにとっての直接的なビジネスというよりも、どちらかと言うと「日本の技術伝承」という社会的課題解決の色合いが強い。そこで、このビジネスを支援してもらうための補助金を経済産業省に出してもらうことができないかと考えた。

早速、アポイントをとり、経産省の担当者にこのビジネスの意義を語ったが、次のように言われてしまった。

「すでに海外人材を受け入れる制度はあります。それに各国の建築基準法はすでにアジア諸国では整備済みですし、日本のやり方を押しつけるなんて古いやり方ではないですか」

補助金の話を切り出すまでもなく、また、担当者の意見に対する反論やファクトを示すこともできないまま、ほとんど門前払いであった。

オフィスに戻ってすぐに鶴田に電話をして、経産省での顚末を話した。

「そんなの当たり前やないか。そんなんじゃ、お上は動いてくれんよ」

そう言って怒られた。さらに、「海外人材の育成」というのはいいが、現地の状況など何も知らないことを指摘された。「まずは自分の足も使ってきちんと情報を集めるように」と言われ、電話は切れた。

「わざわざ現地に足を運ばなくても、ネットに出ている簡単なレポートでも分かりそうだけどなあ……」

そう思いつつも、この先どのように進めてよいかも分からなかったため、以前プロジェクトで一緒に仕事をしたコンサルタントの三谷琢哉氏に電話で相談することにした。

三谷氏は、戦略コンサルタントとして数多くの新たな事業の立案や実行を支援してきた敏腕コンサルタントである。二年前の中期経営計画立案プロジェクトで三谷氏にお世話になり、それ以来、ことあるごとに相談している間柄である。

三谷氏に、社長から新たな事業の立案を任されたことや事業として海外の人材育成を考えていることを話した。

「海外人材の育成というのはいいですね。特に、東南アジアでは大きな事業になるかもしれません」

三谷氏は現在、別のプロジェクトで海外におり、すぐには力になれないと言いつつも、さらに二つのことを教えてくれた。

「まずは今考えている妄想をきちんと構想化することです。そして、構想を大きくすればするほど、逆に肝となる部分の詳細化が、より一層必要不可欠になるものです」

鶴田と三谷氏のアドバイスに従い、まずは丁寧に海外の情報、特に東南アジアの情報を集めることにした。

東南アジアのどの国で現地調査を行うべきか、ある程度絞る必要があったので、各国の一人当たりのＧＤＰや住宅着工件数などを調べた。そうすると、インドネシア、ベトナム、タイなどが有望なのではないかと思えた。

時間的な制約もあることから、今回の海外出張では、インドネシアとベトナムの二カ国に行くことにした。両国の様々な施工業者を回って、消費者のニーズや事業者の技術レベル、法規制などの情報を集めるつもりである。全行程十日というかなりの強行スケジュールではあったが、一カ月後の社長報告までには、何としても形にしなければならなかった。

◎ネットでは得られないファクトを求めて

一カ国目のインドネシアの施工業者をいくつも回るうちに様々なことが見えてきた。

「確かに建築基準は日本と違う。だが、それ以上に重要なことは、いわゆる建築基準法という法律レベルでの基準は存在するが、詳細なレベルでの基準は各州に委ねられていることだ。そ

図 4-4　インドネシアの建築事情とその理解レベル

中原雄平ノート ④

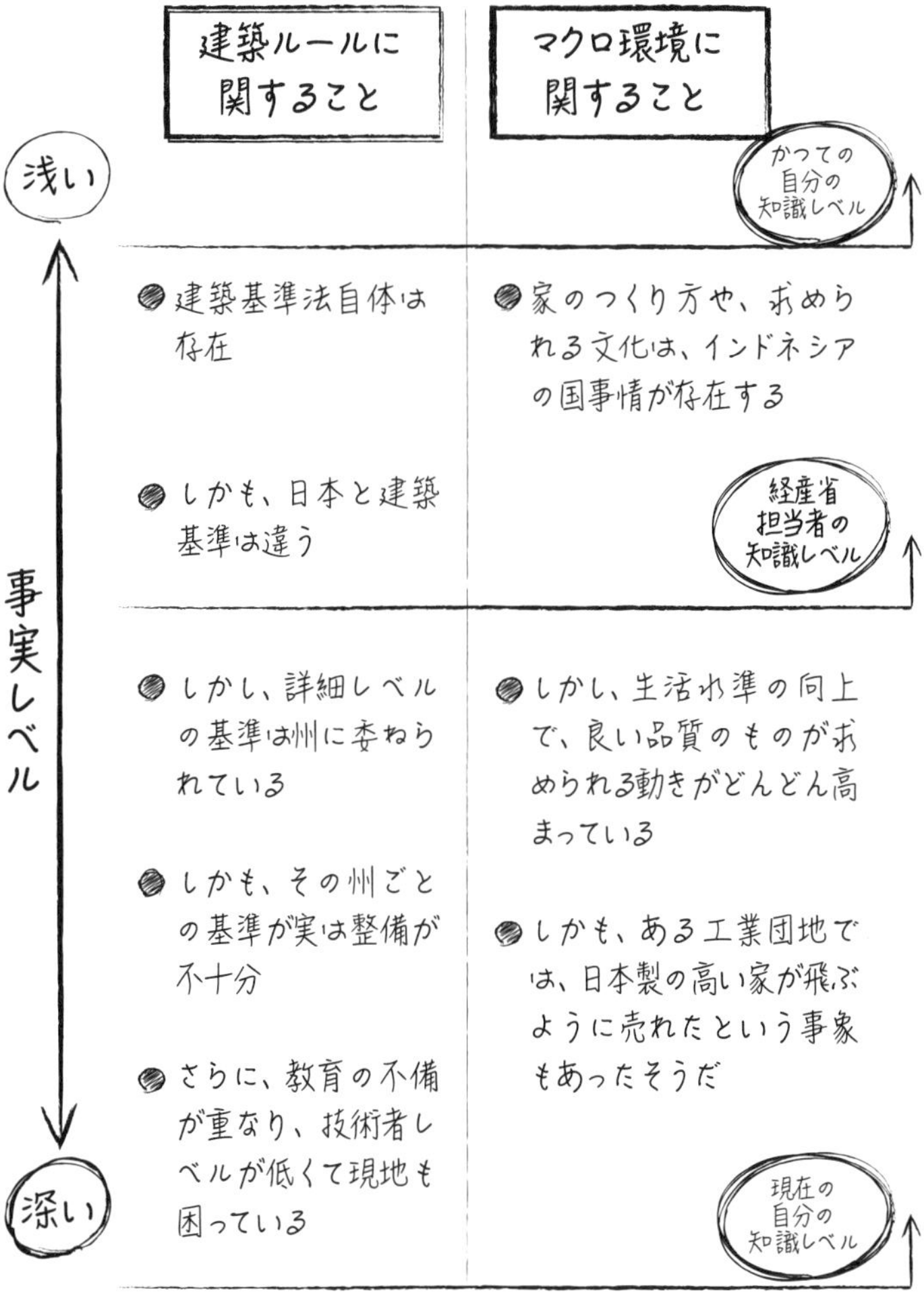
建築ルールに関すること
マクロ環境に関すること
浅い
深い
事実レベル
かつての自分の知識レベル
建築基準法自体は存在
しかも、日本と建築基準は違う
家のつくり方や、求められる文化は、インドネシアの国事情が存在する
経産省担当者の知識レベル
しかし、詳細レベルの基準は州に委ねられている
しかも、その州ごとの基準が実は整備が不十分
さらに、教育の不備が重なり、技術者レベルが低くて現地も困っている
しかし、生活水準の向上で、良い品質のものが求められる動きがどんどん高まっている
しかも、ある工業団地では、日本製の高い家が飛ぶように売れたという事象もあったそうだ
現在の自分の知識レベル

して、その州が決めるはずの建築基準がなかったり、実質的には不十分な場合も多い。実際、換気や振動、騒音などの基準はほとんどない。加えて、そもそも事業者の技術レベルが低くて、基準どおりに家をつくれるような環境になく、単純に日本から製品を輸出するだけではダメそうだ」

その一方で、次のようなことも分かった。

「自動車や家庭電化製品などの製造業を中心に、安い労働力に期待して海外進出した企業のおかげで、技術を学ぶ基盤ができつつある。同時に、自分たちの生活環境レベルを引き上げたいと考える若者が多く、意欲が高い」

ノートにまとめると次のようになった（前ページの「中原雄平ノート④」）。そして改めて、いかに自分が何も知らずに企画していたかを思い知らされて冷や汗も出た。

二カ国目のベトナムを訪問したときにも、同じようなことを感じた。なかでも現地の施工業者から次のようなおもしろい話が聞けたのが新たな収穫であった。

「一九九〇年代、ホンダがベトナムでバイクを売り始めた。品質が良かったので飛ぶように売れたが、二〇〇〇年前半に中国企業が低価格を武器に参入。一気に市場を席巻した。ホンダは事業中止寸前にまで追い込まれた。

図4-5 ホンダのバイク in ベトナム

中原雄平ノート ⑤

	起こったこと	ホンダのバイクシェア in ベトナム
1990年〜	ホンダが日本の部品メーカーも引き連れてベトナム進出 ●質の高いバイクを供給（イメージ20万円弱／台） ●ニーズに合致し爆発的人気に	全国で皆ホンダのバイク ●バイクのことを「ホンダ」と呼ぶ人も多い
2000年前半	中国企業が参入 ●10万円／台を切る価格	中国製バイクが全国を席巻 ●ホンダは事業中止寸前に
2000年後半	ホンダが徹底的に質とコストを見直し ●12万円／台ぐらいで質の高いバイクを供給するようになった	高所得の都市から順にホンダシェアが復活 ●中国企業の一部は撤退へ

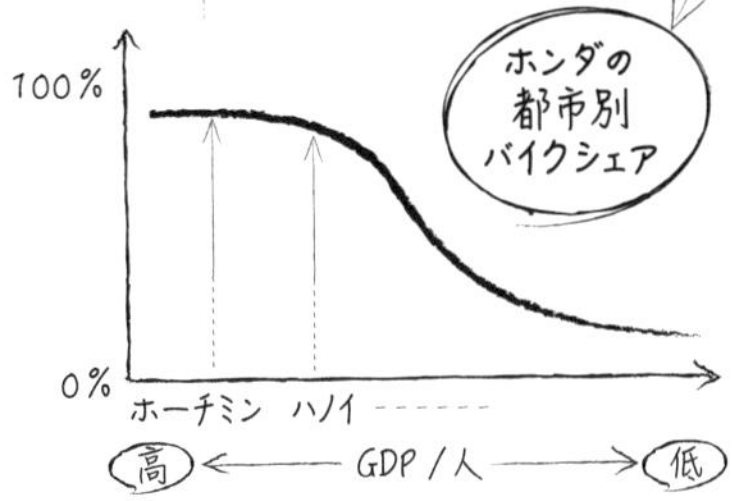

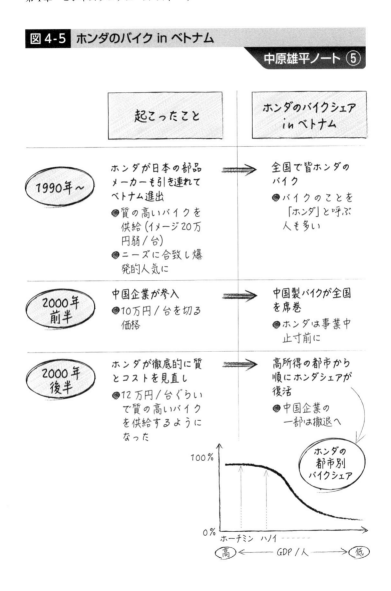

しかし、ホンダはそこで撤退せずに、巻き返しを図った。現地で『適地・適価・適品』に努め、低コストと高品質を同時に達成することで、主要都心部を中心にシェアを五〇％以上に回復したのだ」

これを聞いて中原は強く思った。

「やはり、どの国でも生活レベルが上がってくると『良いもの』が求められるようになる。住宅にしてもきっと同じだ。あとは、アジアの若者の意欲と日本のベテラン技術者の意欲とスキルをうまく海外展開に結びつけたビジネスモデルを構築できるかどうかだ。

従来のハードの輸出ではなく、ノウハウを武器にした戦い方だ。そのためには、優秀な人材を育成することが鍵になる。教える技術者のレベルや視座の高さが何よりも重要だ」

◎社会的意義だけでは黒字にならない

海外出張から帰ってきた翌日、一週間後の社長報告に向けて報告資料の準備を始めた。

報告内容を前半、後半に分け、前半はアジアの住宅状況や顧客ニーズ、競合の取り組み、法規制など、海外視察で得た情報をもとにした現状整理パートとした。後半は、日本のベテラン技術者のスキルをうまく海外展開に結びつけるという海外人材育成の構想でまとめることにした。

まとめ始めると、三谷氏の言う「肝となる部分の詳細化が必要」という意味がよく分かった。構想というと、どうしても大きなマンガチックな絵を描いてイメージで終わってしまうが、詳細な情報があると同じ絵でも具体的で実現しそうな構想を描ける。説得力もまるで違う。

中原は、この一週間で高い視座からの検討と詳細な分析を繰り返しながら、今までにない充実感を味わいつつ夢中で構想をまとめた。

そして一週間後、進捗報告という形で構想を説明。それを聞いた島川社長は次のように言った。

「東南アジアで現地展開する際のネックが、現地の技術レベルの低さであり、建築基準法などの法律そのものではなく詳細な施工に関する基準の整備ができていないことにあるということはよく分かった。我が社が海外に目を向けるべきだということも理解できたし、そのための海外人材育成という発想もおもしろい。ただ、海外人材の育成と海外の売上との関連が弱い。必ずしもうちの製品を買ってくれるわけではないだろう？　ちゃんと投資が回収できるのか？こうした点を踏まえて、もう一度よく練り直してくれ」

指摘された点は、まったく考えていなかったわけではない。むしろ、この一週間はそこを詰めるために費やしたと言ってもいい。ただ、今回の事業創造は社会的に大きな意義があり、長い目で見ればいずれは投資を回収できるだろうと考えていた。

また、島川ハウスコーポレーションの海外展開の大きな武器になりうるため、現時点では採算を度外視してでもやるべきだと思っていた。ただ、ここまではっきり言われてしまうと反論のしようがなかった。

がっくりと肩を落として、社長室を後にした。社長室から自席に戻る途中、執行役員で国内ビル事業部の恩田事業部長に会った。恩田事業部長は社内ではやり手と評判の男だが、強引なやり方と傲慢な態度が合わず、中原が苦手な一人である。

「最近、新しい事業の構想を考えているそうだな。社内じゃ、その話題でもちきりだぜ。まあ、せいぜい赤字にならないような事業をつくってくれよ。これ以上、うちの事業の足を引っ張ってもらっちゃ困るからな。ハハハ」

国内ビル事業部が、島川ハウスコーポレーションの稼ぎ頭であることをいいことに、ここでもいらぬ茶々を入れてくる態度がやはり鼻持ちならない。しかし、ついさっき島川社長から儲けにならないと言われたばかりで、さすがに反論する気にはなれなかった。

「ご心配ありがとうございます。まだまだ詰めるべき点が多いですが、いずれご説明させていただきますので、その際はよろしくお願いします」

当たり障りのない返事で、その場をやり過ごした中原だが、胸の内は「絶対に儲けが出る事業にして見返してやる」と燃えたぎっていた。社長室を出た直後はかなり気落ちしていたのだが、恩田事業部長とのやりとりですっかり闘志に火がついた。

◎フックは「撒き餌」、回収エンジンは「お金を得る仕組み」

ちょうど自席に戻ったときに電話が鳴った。相手はコンサルタントの三谷氏であった。先日、相談した際、今日が社長報告だと伝えていたので、心配して電話をくれたのである。三谷氏に社長報告の内容と指摘事項を伝えた。

「なるほど。社長のおっしゃっているのはフックと回収エンジンの設計ですね」

「フック？　回収エンジン？　何ですか、それは？」

中原は初めて聞く言葉で意味が分からなかった。

「フックと回収エンジンは、平たく言うと〝撒き餌〟と〝お金を得る仕組み〟のことです。そうですね、例えば、グーグルのビジネスモデルはご存じですか？」

「広告収入で儲けるっていうモデルですよね？」

「そうです。『ググる』という言葉があるほど、みんなグーグルを使って検索していますが、検索自体には一円もお金をとられていませんよね？　これは、一般消費者には無料で検索サービスを提供して人を集め、そこに広告を出す広告主から広告料をもらっているからです。広告主からすると、大勢人が集まってくる場所に広告を出したほうが広告効果が高いですから。

つまり、フックが消費者に無料提供する検索などのサービス部分で、回収エンジンが広告主に広告スペースを提供して広告料を徴収する部分に当たります。ちなみに、離してもきちんとつながっているなら、フックと回収エンジンは離れていればいるほど収益が大きくなると私は思っています」

「なるほど。そういうものなのですか」

中原には、正直なところよく分からなかった。

「それで、今回の事業でどこをフックと回収エンジンにするか、じっくり考えなければなりません。ここが構想の肝になりますから」

「そうですか。では、まずは自分で現在の構想のどこがフックと回収エンジンに相当するのかということから考えてみます」

「そう言えば、中原さんの話を聞いて、松下電工（現・パナソニック電工）の事例を思い出しました。参考になるかどうかは分かりませんが……」

そう言って、三谷氏は話をしてくれた。

「昔、松下電工は電設資材業界の人材育成を目的に、第二種電気工事士の資格取得試験研修を始めました。当時の丹羽正治会長の思いが発端だったそうです。

図4-6 「フック」と「回収エンジン」の教育型モデルへの応用

中原雄平ノート⑥

	フック		回収エンジン

Google	検索等	→	広告
松下電工（現パナソニック電工）	電気工事士の研修で、教科書や工具を配る	→	電気工事士が使い慣れた松下製の工具をもとめる
オリンパス	世界中で医学部生に内視鏡の使い方を教える	→	医師が使い慣れたオリンパス製の内視鏡をもとめる
アップル	アメリカの大学でアップル製のパソコンとネットワーク環境を配る	→	社会人になった元学生が、職場や自宅でアップル製のコンピュータをもとめる
資生堂	高校生向けメイク講習を実施	→	女性が使い慣れた資生堂の化粧品をもとめる

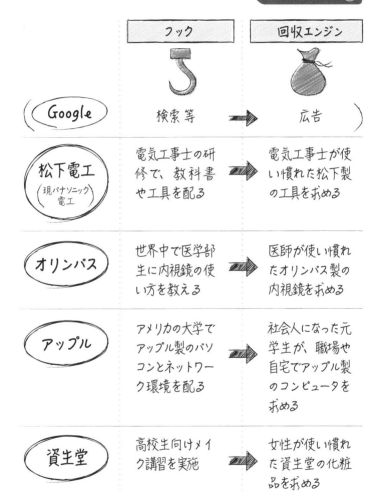

その研修内容が非常によくできており、教科書や工具などはすべて松下電工が用意したものが使われるそうです。そうすると、そこで研修を受けた生徒が一人前になって、工事をするときもやっぱり松下電工の製品を使いますよね。使い慣れているわけだから。実際、研修を受けた知り合いの生徒が、やっぱり作業するときは松下電工の製品を選ぶと言っていました。もちろん、松下電工は純粋に業界全体のことを考えて、人材育成をされていたのかもしれませんが、結果としては松下電工の製品での施工に長けた電気工事士が大勢育成されました。こうしたやり方は、実は多くの業界で見られることなんですよ。

例えば、オリンパスは内視鏡で圧倒的なシェアを持っている企業ですが、世界中で医学部生に内視鏡の使い方を教えています。そうすると、将来内視鏡を使う手術の場合はまずはオリンパス製を使いますよね。使い慣れていますから。

他にも、アップルがアメリカの大学にアップル製のパソコンとネットワーク環境を提供した話や、昔日本で資生堂による女子高生向けのメイク講座が開かれていたなど、枚挙にいとまがありません。

つまり、将来自分の顧客となり得る人材を育成することは、これらの事例からも分かるとおり、事業拡大に大きく貢献してきたという事実があるのです。今回の事業もその点を意識されれば、より良い構想になると思いますよ」

「ありがとうございます。すごく参考になりました。その点も考慮に入れながら、構想を固めていきます。また構想ができてきたら相談に乗ってもらえますか？」

「もちろんですよ。楽しみにしています」

「よろしくお願いします」と言って、中原は電話を切った。

三谷氏にもらったアドバイス「フックと回収エンジン」について、早速、考えることにした。「今回の事業で、どこがフックと回収エンジンになるかというと……」とブツブツ独り言を言いながらフックと回収エンジンを書き入れた（206〜207ページの「中原雄平ノート⑦」）。

こうして書いてみると、なんとなく問題が浮き上がってくるような気がした。それをきちんと認識すべく、さらに文字にも落としてみた（208ページの「中原雄平ノート⑧」）。そうすると、今までなんとなく感じていたモヤモヤが、対応すべき課題となって中原の心に染みてきた。

「確かに、回収エンジンが小さい。島川社長が言っていた、現地の海外人材ネットワークとうちの関係が弱いからだな。改めて図で描いてみるとよく分かる。もっと強化する方法はないものかな」

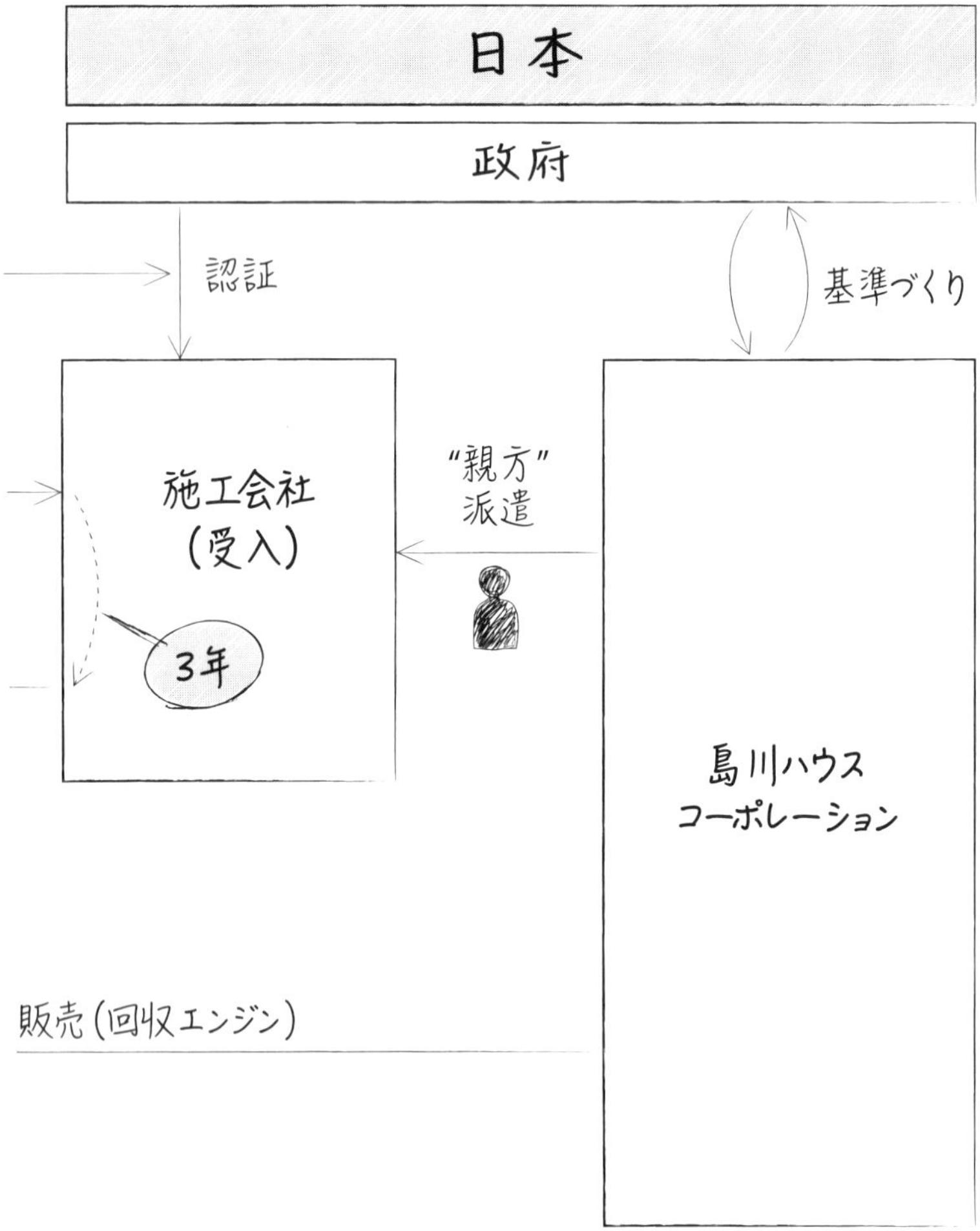
日本
政府
認証
基準づくり
施工会社
(受入)
3年
"親方"
派遣
島川ハウス
コーポレーション
販売(回収エンジン)

図 4-7　海外人材育成の構想におけるフックと回収エンジン

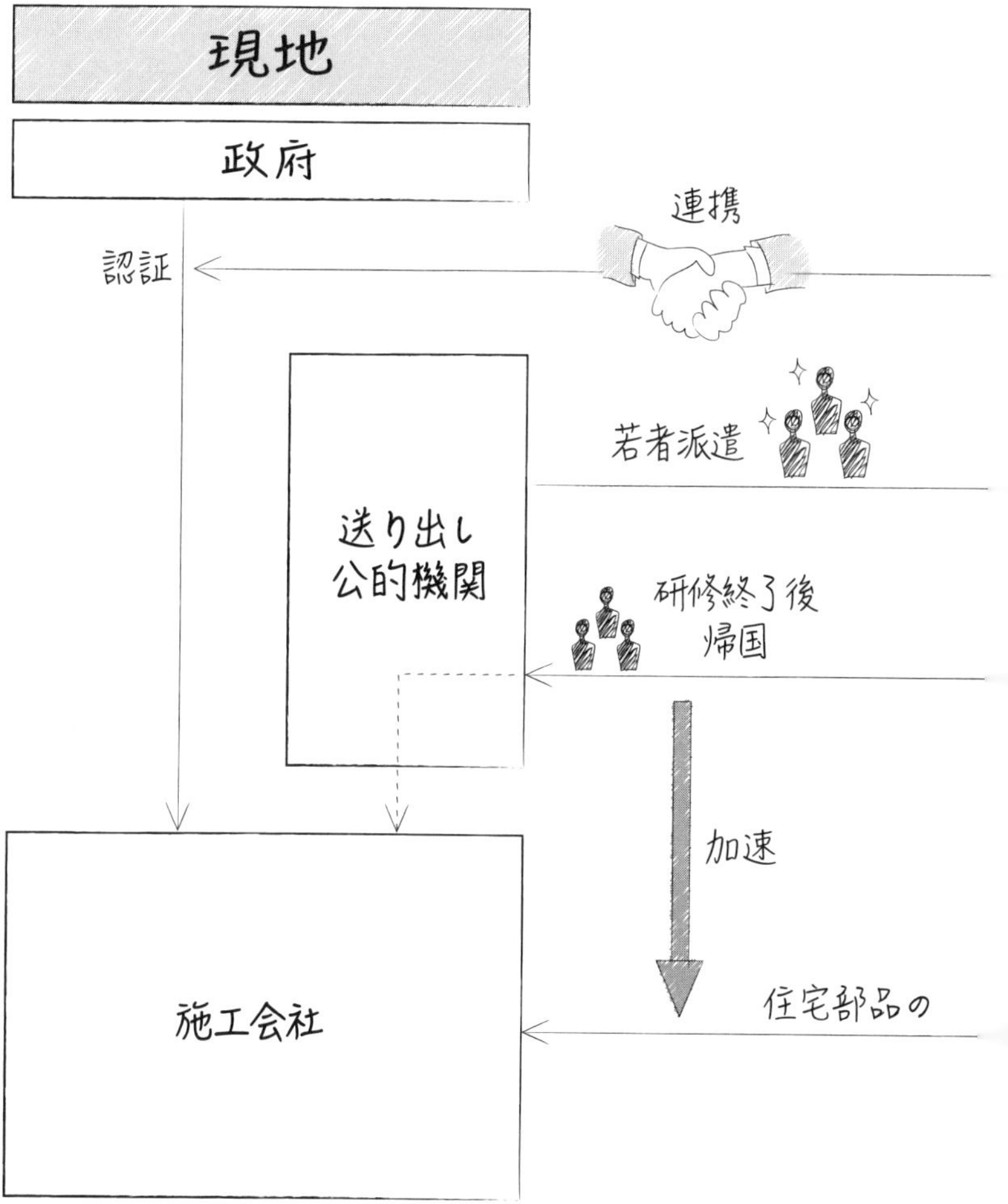

図 4-8 課題は回収エンジンの弱さ

中原雄平ノート ⑧

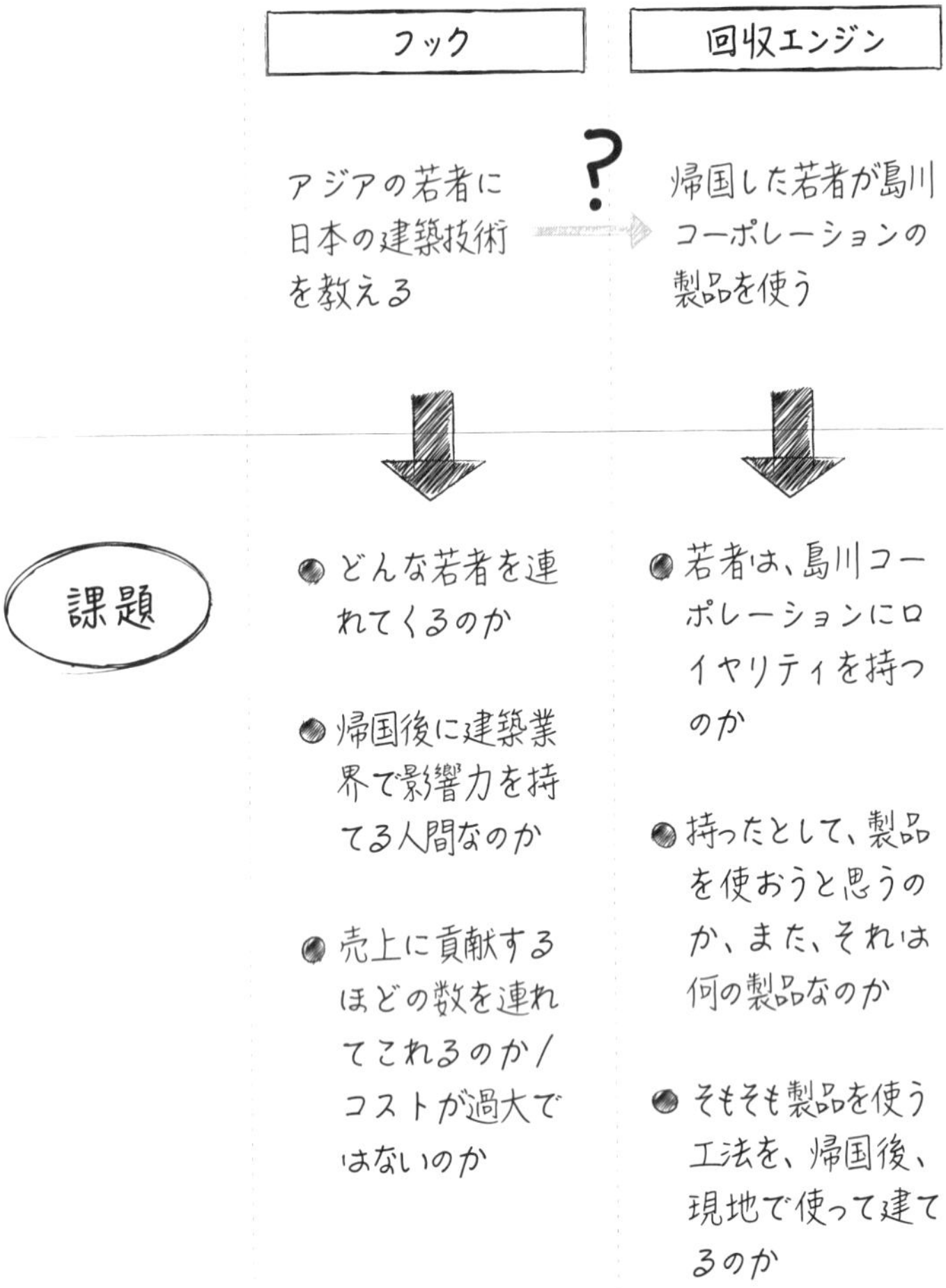

フック
回収エンジン
アジアの若者に日本の建築技術を教える
?
帰国した若者が島川コーポレーションの製品を使う
課題
どんな若者を連れてくるのか
帰国後に建築業界で影響力を持てる人間なのか
売上に貢献するほどの数を連れてこれるのか/コストが過大ではないのか
若者は、島川コーポレーションにロイヤリティを持つのか
持ったとして、製品を使おうと思うのか、また、それは何の製品なのか
そもそも製品を使う工法を、帰国後、現地で使って建てるのか

◎メーカー発想からの脱却

しばらく一人で考えたが、あまりいい考えは思い浮かばない。頭を抱えて「うんうん」と唸っていたら、携帯電話の着信音が鳴った。妻の美樹からだった。

「今日は早く帰ってくるんでしょ？　社長報告でひと区切りつくって言っていたから。晩御飯つくって待ってるわよ。私もうおなかペコペコで死にそうよ」

「悪い。もうちょっとかかりそうだ」

「どうせ、一人で悩んでるんでしょ？　聞いてあげるから、さっさと帰ってきたら？　それともこのまま私を餓死させる気？」

中原は四十五歳にもなるが、妻からすると高校生の息子と大して変わらないらしい。妻の言うとおりにするのも少し悔しいが、このまま一人で考えていても妙案は浮かびそうにないので、「今から帰る」と言って電話を切った。

晩御飯を食べたあと、美樹に考えている事業の内容を話した。

「へぇ～おもしろいわね。いい事業じゃない」

妻にほめられ少し得意になる。

「問題は、現地の卒業生ネットワークとあなたの会社の関係が弱いってところなのよね。そしたら、例えば、研修卒業生の独立を援助するというのはどう？　出資とか会社設立の資金提供とか。この前、あなたが海外調査に行ったときに、『生活環境レベルを引き上げたいと考える若者が多い』って言っていたでしょ。きっと独立したいと考えている現地の若者も多いわよ。それで、もし卒業生が独立して会社をつくってくれれば、あなたの会社の製品を使って家を建てたいと考えるんじゃゃない？」

「なるほど。すごくいいアイデアかもしれないな。確かに、出資するなら、うちと卒業生のネットワークはかなり強化されるね。しかも、卒業生がつくった会社が消費者との窓口になってくれるわけだ。そうすると、現地の消費者ニーズをうまく反映する仕組みもあったほうがいいな。日本で製品開発と必要な部品をつくり、現地で組み立てるのがいいかもしれない……」

途中からは独り言のようにつぶやきながら、昼間書いた図に書き足していった。その様子を美樹は笑顔で黙って見ていた。

「ところでさあ、現地の住宅設備ってどんなものなの？　日本と同じなの？」

「まったく違うみたい」

「日本と同じぐらいの住環境にするんだったら、合わせないとダメじゃない？」

「一緒に住宅設備メーカーも今回の構想に巻き込んでしまうってこと？」

図 4-9　修了生による独立と住宅設備メーカーを取り込んだら……

中原雄平ノート ⑨

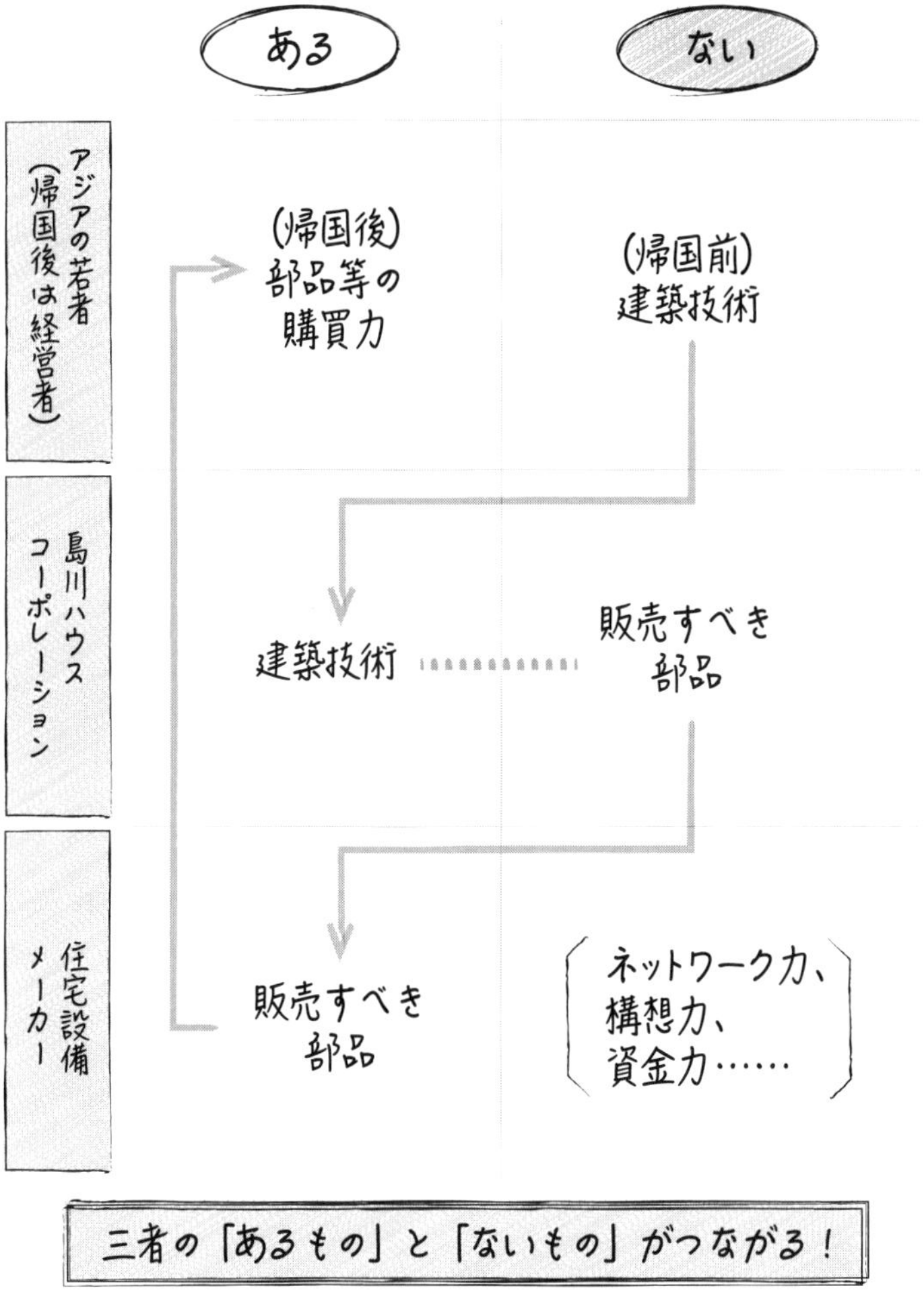

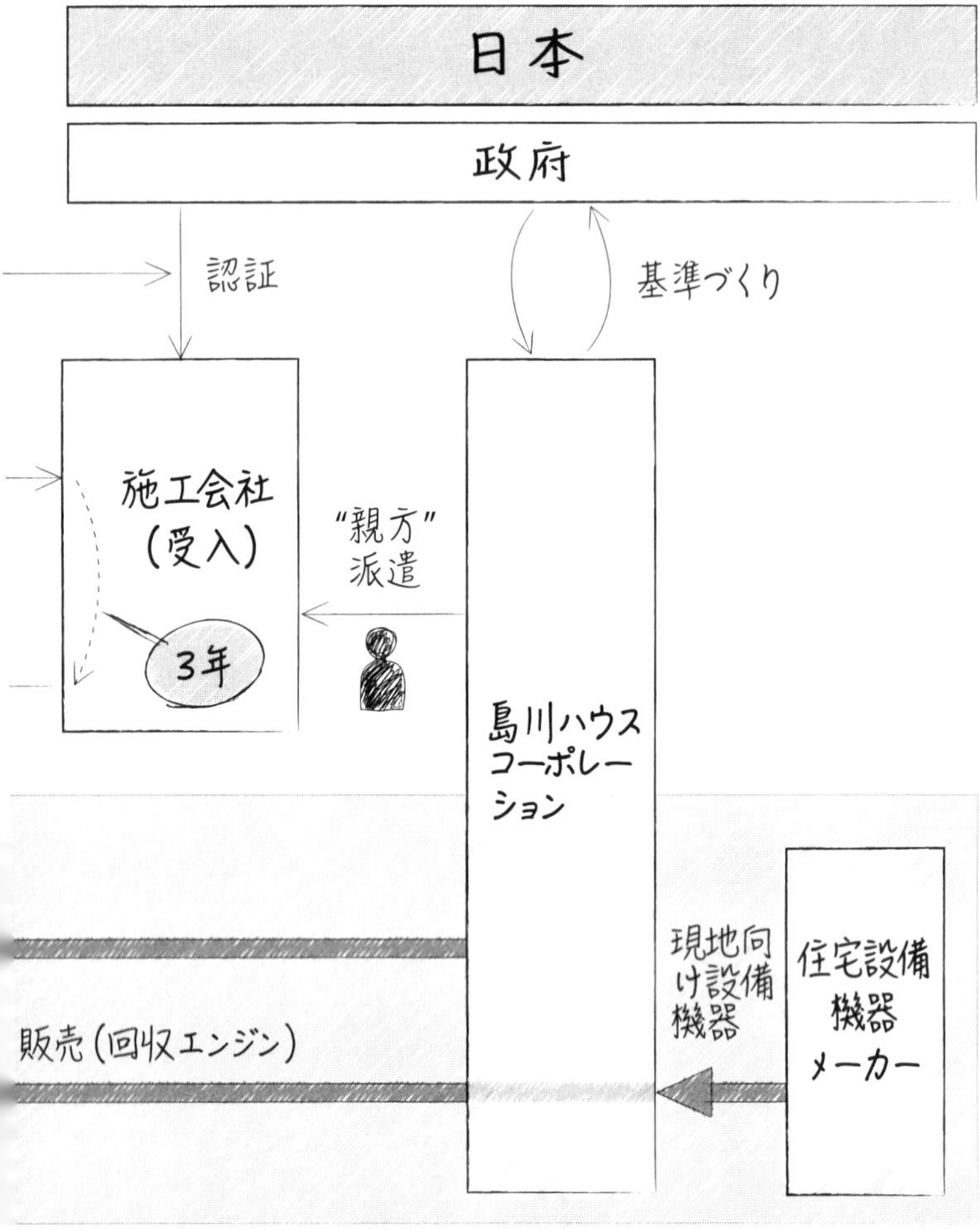
日本
政府
認証
基準づくり
施工会社
(受入)
3年
"親方"
派遣
島川ハウス
コーポレーション
現地向け設備機器
住宅設備機器メーカー
販売(回収エンジン)

図4-10 構想全体像（改訂版）

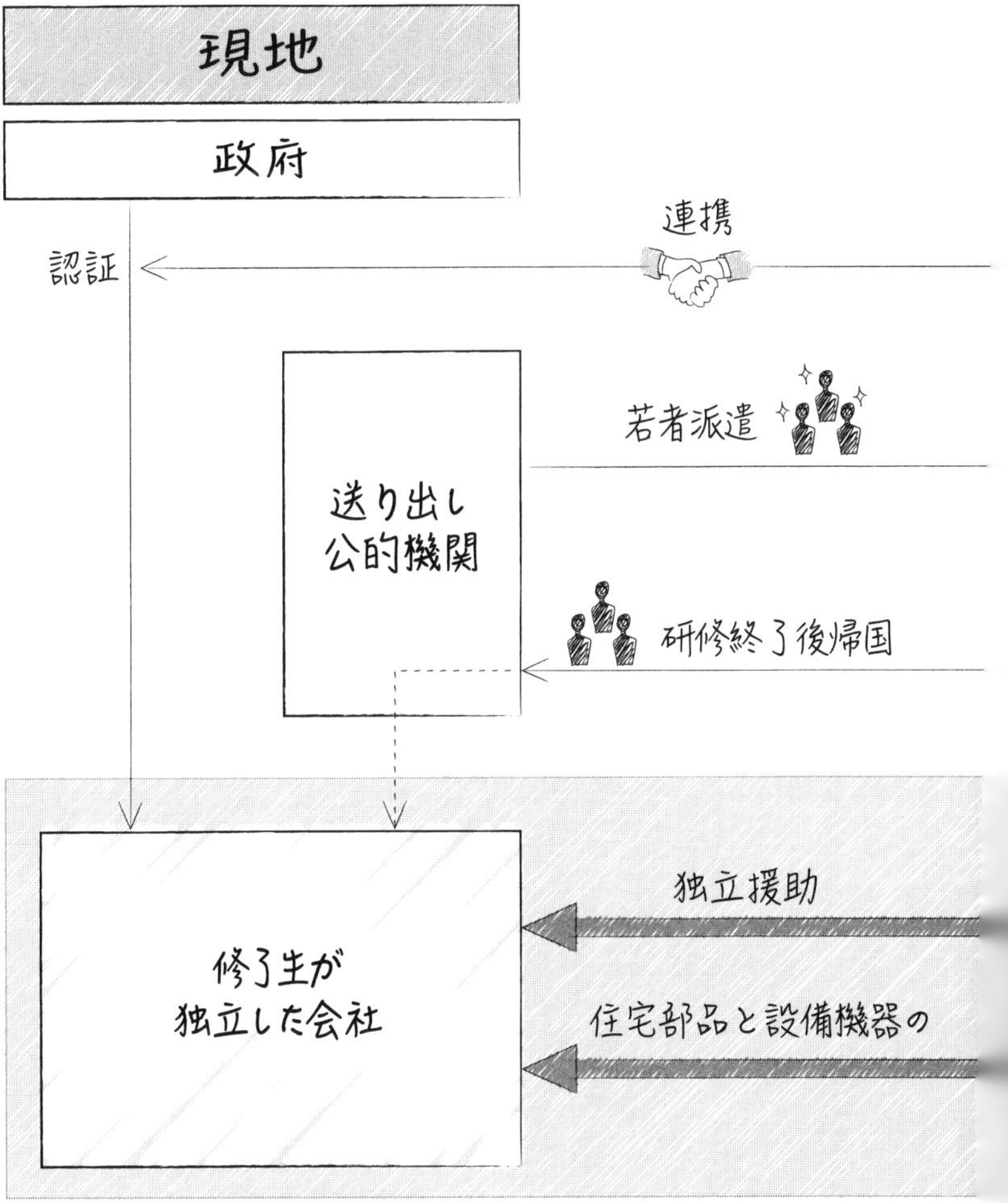

「必要なら、そうしたらいいんじゃないの？」

中原にはあまり他社を巻き込むという考えはなかったが、美樹は広告代理店勤務が長かったので、必要であれば外部であっても協力を求めるという発想があるらしい。

「確かに、必要なら仲間になってもらえばいいね。うちの製品開発室から住宅設備メーカーに消費者ニーズを伝えて、うちのプライベートブランドのような形で家とセットで販売するというのはいいかもしれない。ありがとう。おかげでいい構想になりそうだ」

「たまには奥さんに話してみるのもいいでしょ」

笑いながら美樹は言った。

2……戦略から連携へ

◎「連携」が回収エンジンを大きくする

翌朝、三谷氏に電話をし、フックと回収エンジンがある程度できたので相談したいと伝えた。

「なるたけ早いほうがいいですよね？　もし、オフィスに来てもらえるのであれば、今日の十四時から一時間ほど空いています。十五時半には出ないといけないのですが、それでもよければ」

「すみません。いつも、ありがとうございます。それでは、十四時に伺います」

そう言って電話を置いた。

十四時きっかりに三谷氏のオフィスに着いた。オフィスは虎ノ門の超高層ビルの三〇階にあり、ここに来たのはプロジェクトで一緒に仕事をしたとき以来である。受付に三谷氏との打合せである旨を伝えると、会議室に通された。会議室からの眺めはよく、東京タワーが近くに見える。

しばらくして、三谷氏が会議室に入ってきた。

「すみません。お忙しいところ、無理を言ってしまって」

「いいですよ。私もぜひ中原さんの構想が実現できればと思っていますから」

中原は早速、昨夜考えたフックと回収エンジンについて話をした。

「おもしろいですね。ドイツの自動車産業のモデルに似ている気がします」

「それは、どのあたりですか?」

「私もはっきりとは分かっていないのですが、どうもドイツの自動車産業は国内で部品をつくって海外で組み立てをしているようなのです。きちんと調べたわけではないですが、いくつかの資料を見ているときに気づいたことは、日本の自動車部品やハイテク部品メーカーは完成品メーカーにくっついて海外へ行きますが、ドイツの自動車部品メーカーは自分たちが自ら海外市場へ進出し、海外の完成品プレイヤーと直接連携しているみたいなのです。

つまり、部品メーカー自身が、市場に対してどうあるべきか、自分たちの製品をどう進化させていくべきかを把握し、市場のニーズを機動的に自らの部品のスペックや付加価値に反映させられるポジションにあるということですね。その結果、ドイツの中小部品メーカーは、付加

図4-11 ドイツの自動車産業のモデル？

中原雄平ノート ⑪

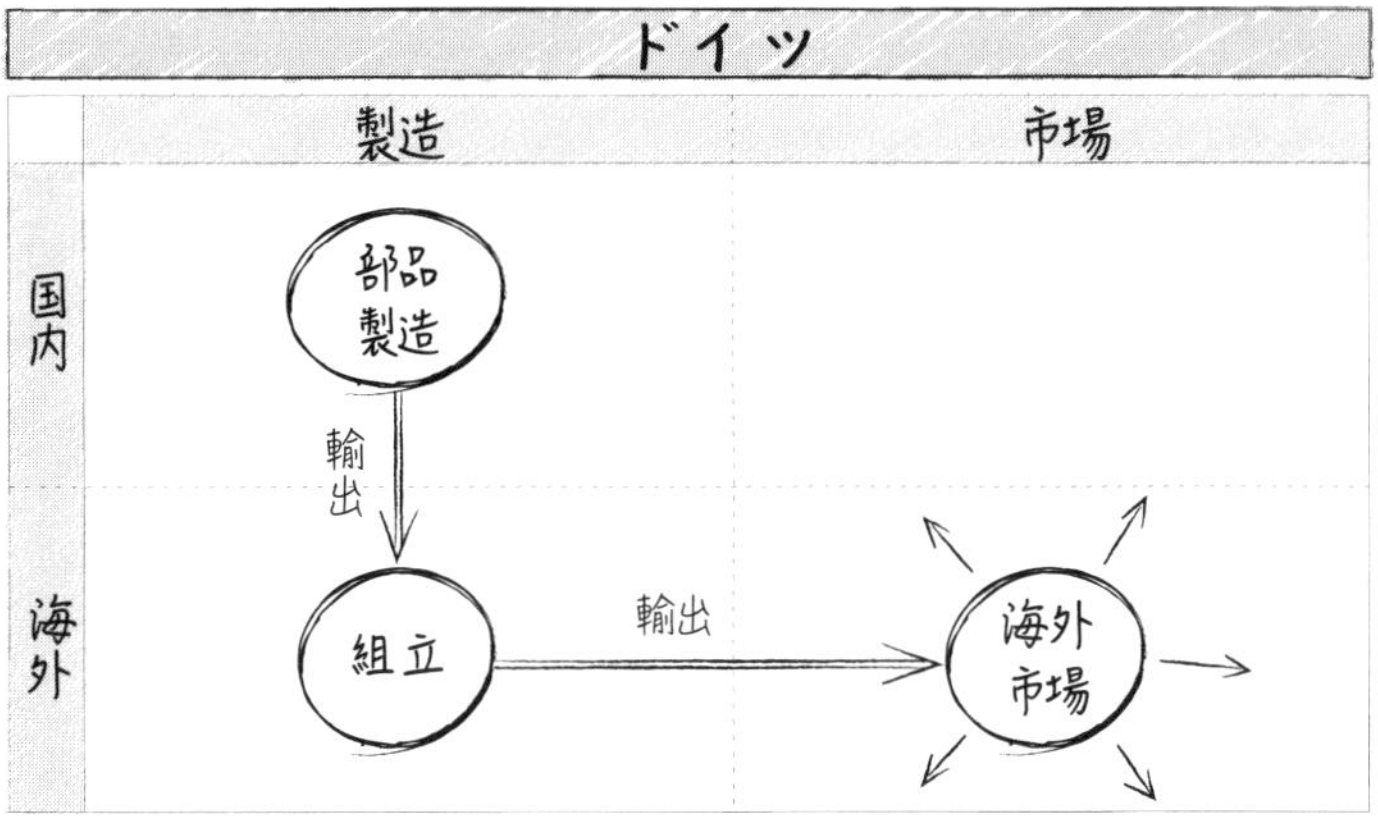

海外市場が伸びるに従って、ドイツの部品メーカーの輸出が伸びる

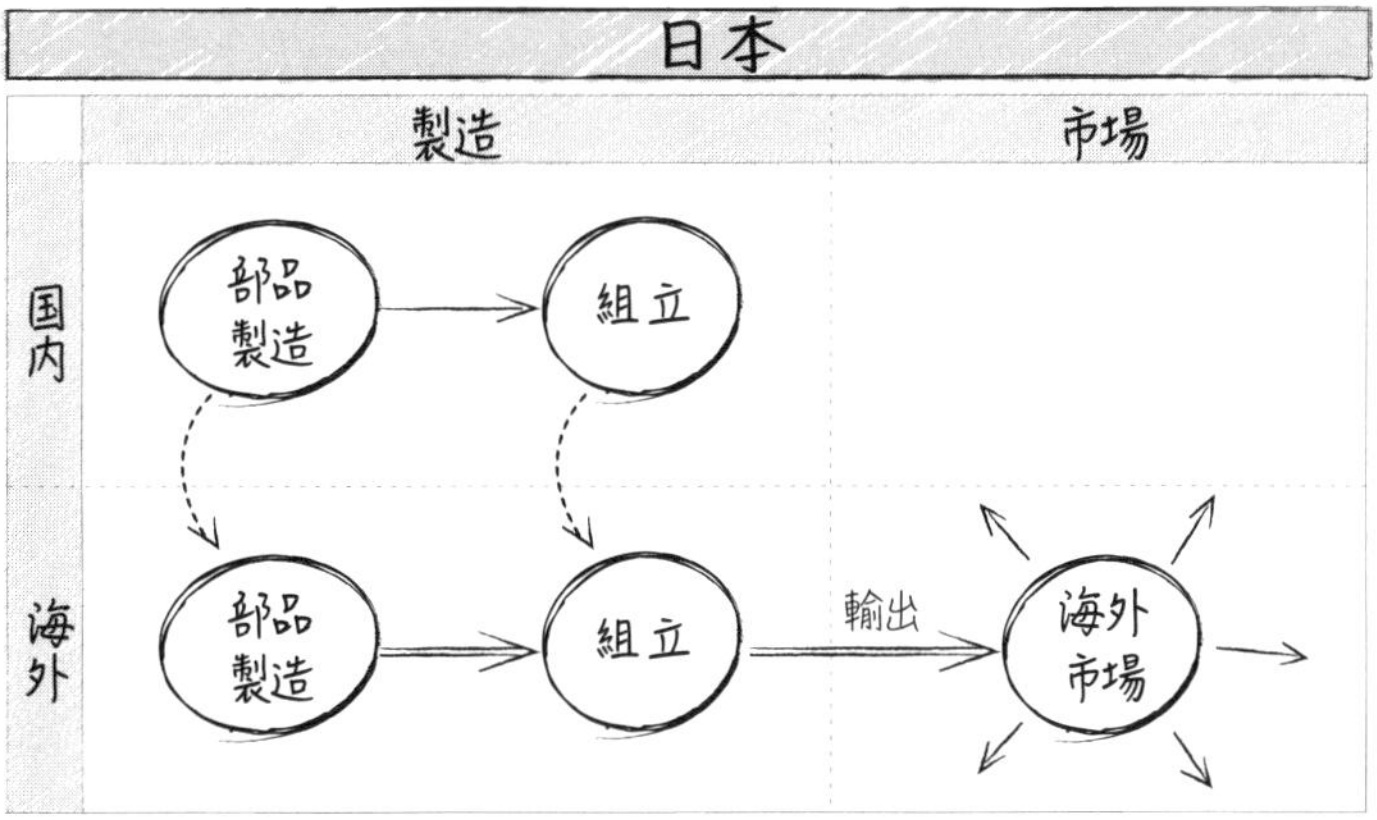

海外市場が伸びると、完成品メーカーと共に、部品メーカーも海外に出てしまう

価値創造で世界№1をキープしながら、巨大な海外輸出額をますます拡大させるということにつながっているのだなと。日本の部品メーカーとはまったく違う道をたどっていることになります。そう考えた場合、島川ハウスコーポレーションは住宅の完成品メーカーですが、断熱用パネル等の住宅部品を輸出するのであれば部品メーカーと同じ立場になるわけですね。今回の島川コーポレーションは、ドイツの部品メーカーのような目で海外市場、特にアジア市場を捉えようとしている点が似ていると思ったわけです」

「ありがとうございます。そう言ってもらえると嬉しいです。でも、このアイデアが出たのも妻のおかげなんですよ」

中原は、昨夜の美樹とのやりとりを三谷氏に話した。

「ハハハ。おもしろい奥さまですね。でも、人の力を借りる、必要であれば外部に協力を求めるという発想はとても大事ですよ。実は中原さんに今日アドバイスをしようと思っていたのも『連携』についてなんです」

「そうなんですか？　たまには妻に話してみるものですね」

中原も笑った。

「それでは、連携を意識しながら、ここはさらに『図に乗って』、もっと大きな回収エンジンにできないか考えてみましょうか。例えば、ベトナムに今回のスキームを導入するとして、もっとベトナムの住宅市場を大きくする仕掛けはないですか？」

「そうですね……。この前、現地視察したときに、あるベトナム施工業者の方から聞いた話ですが、一般消費者の給料に比べて住宅の購入費用が高すぎて、なかなか買えないそうです。それに、購入後の支払いが心配で手が出しにくいとも言っていました。もし、一般消費者にも手が出しやすい仕組みができれば、もっと市場は大きくなるかもしれません」

「なるほど。さっき、現地工場で適品・適価の実現を考えたから、販売価格以外の仕掛けが必要になるわけですね。例えば、住宅ローンや団体信用生命保険（住宅ローン返済途中に万一死亡した場合にそれ以降支払わなくて済むというもの）をセットにするというのはどうですか？　この仕組みは金融機関と手を組まないとできませんし、ある程度リスクをとらないとできません。ただ、ベトナムの経済成長率は年五〜六％とかなり高く、今後も所得水準の上昇が期待できることを考えると、今のうちにやる価値はあるかもしれませんよ」

「なるほど。金融機関を巻き込むというのは考えてもみませんでした」

「金融だけでも結構大きくなりましたが、他にはないですか？　例えば、日本レベルの住環境をほしがるのは一般消費者だけですか？　企業はないですか？」

「そう言えば、商社に勤めている友人がいて、今、中国で工業団地をつくっていると言っていました。中小企業も海外進出をしたいと考えており、そうした企業から強い要望があるようで

図4-12　その他の産業や金融まで取り込んだら……

中原雄平ノート⑫

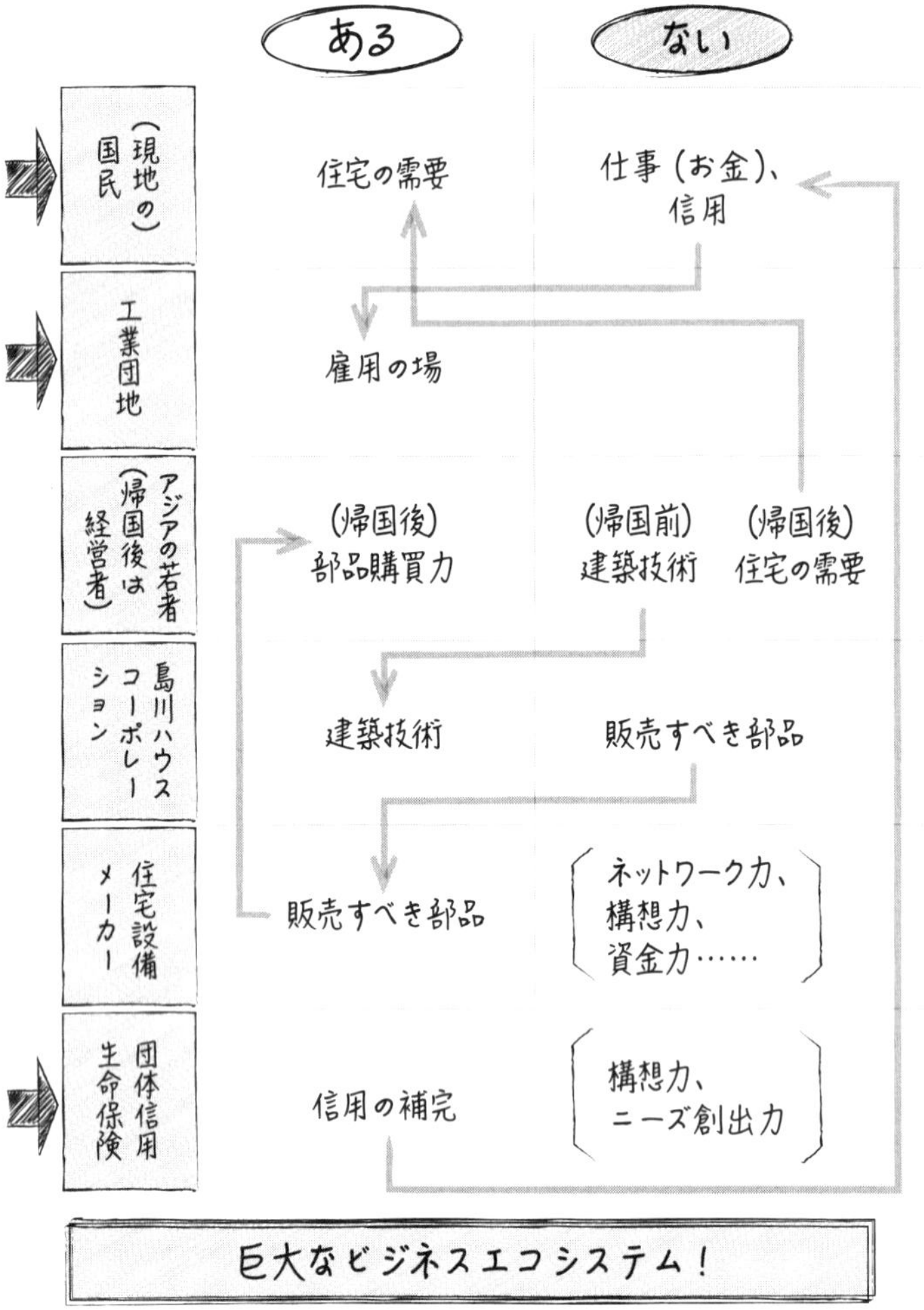

す」

「いいですね。商社の工業団地建設事業を巻き込めると、さらに回収エンジンは大きくなりそうですね。ここまでくれば、いっそのこと都市をつくるという考え方もありますよ」

「えっ！　都市をつくる？」

「もちろん、今回の構想にどこまで入れるかというのはありますが、これぐらい枠を外して大きく考えてみると、回収エンジンもかなり大きくできることはご理解いただけると思います。先ほど、ご友人に商社勤めの方がいるとおっしゃっていましたが、一度じっくり話をしてみてはどうですか？　いい話が聞けるかもしれませんよ」

「そうですね。前に話したときはピンとこなかったですが、今であればうまく今回の構想と結びつけられそうな気がします」

「ええ。あと、メーカーや施工業者を回ってみるのもいいですね。もともとの構想にありましたから」

三谷氏とのディスカッションはあっという間に一時間が過ぎた。

「また、いつでも遠慮なく来てください」

そう言い残して、三谷氏は忙しそうに会議室を後にした。

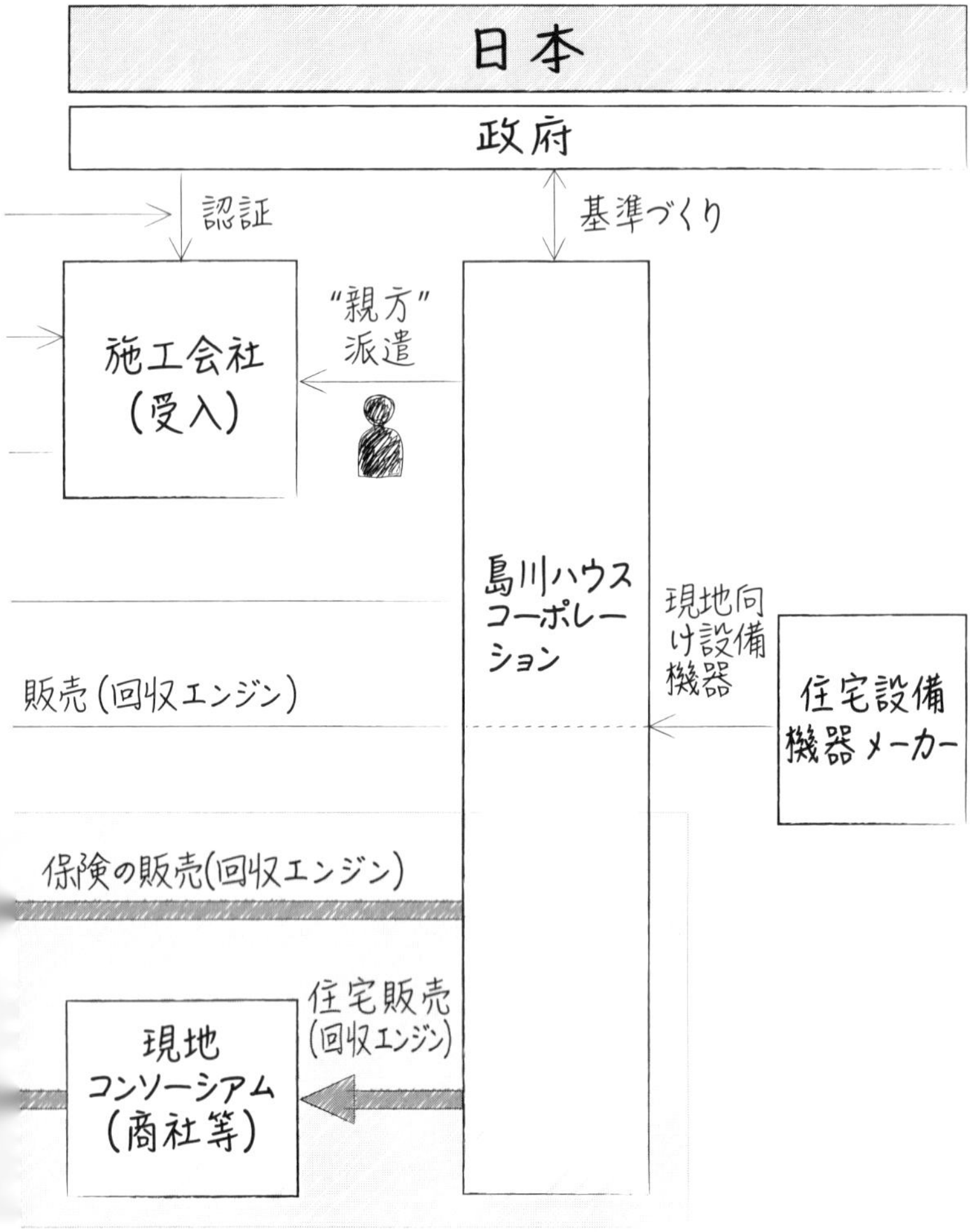
日本
政府
認証
基準づくり
"親方"
派遣
施工会社
(受入)
島川ハウス
コーポレーション
現地向け設備機器
住宅設備
機器メーカー
販売(回収エンジン)
保険の販売(回収エンジン)
住宅販売
(回収エンジン)
現地
コンソーシアム
(商社等)

図4-13 金融商品とまちづくり（工業団地建設）を加えた構想

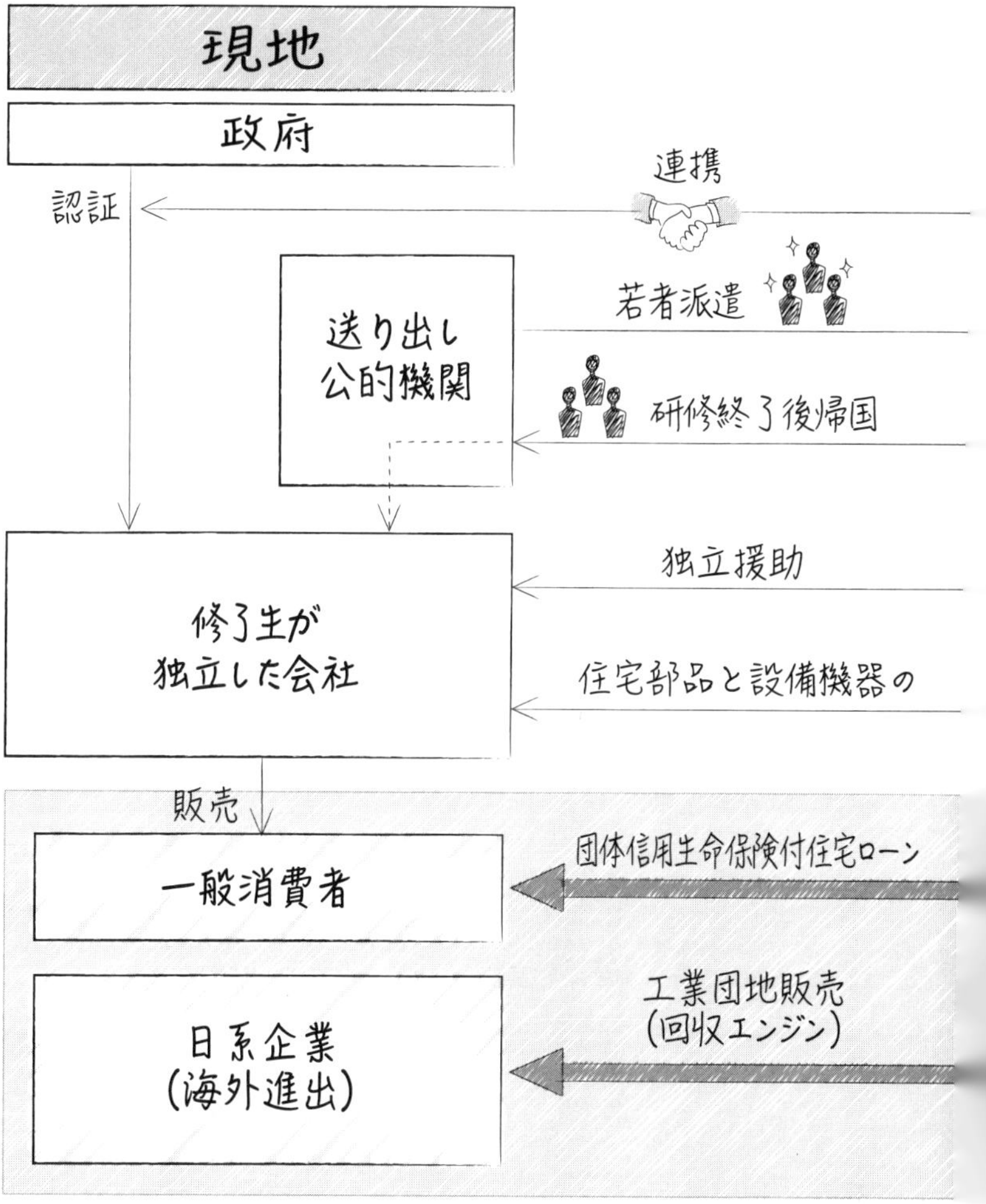

中原は、三谷氏とのディスカッションのあと、真っ直ぐオフィスに戻らず、近くの喫茶店で頭を整理することにした。アイスコーヒーを飲みながら、先ほど三谷氏に見せた図に書き足してみた（222〜223ページの「中原雄平ノート⑬」）。

するとと、構想が大きくなるにしたがって、フックと回収エンジンが離れ、さらに回収エンジンが大きくなっていくのが実感として理解できた。

「ああ、これが三谷さんが言っていたことなんだ」

◎「つながり」を波及させる

中原は、まず友人の伝手《つて》を頼って、大手商社の丸大物産に行くことにした。丸大物産は多様な事業を抱える日本有数の総合商社である。

友人の篠崎太郎は、丸大物産の海外インフラ事業部に所属しており、先日の飲み会で工業団地建設の話をしてくれた人物である。篠崎には事前に構想を話してあり、今回は海外インフラ事業部長の林裕太氏への説明と丸大物産の協力をとりつけることが目的だった。

林事業部長との挨拶もそこそこに、中原は先日三谷氏と話をしてまとめた一枚の図を取り出して、構想を説明し始めた。初めこそ林事業部長は黙ったままだったが、フックと回収エンジン、工業団地の建設などひととおり説明したあと、こう言ってくれた。

「こんなおもしろい話を聞いたのは久しぶりだ。うちも東南アジアに工業団地をつくりたいと思っていたところなんだ。ぜひ、この話に乗らせてもらいたい」

その後は、この工業団地をより魅力的なものにするために、他にもプレイヤーを巻き込めないかという話になった。候補として、電力会社、スーパー、鉄道会社など、様々なプレイヤーの名前が挙がった。

もともと商社は、他社と組んで動くことに慣れているからか、こういう話には柔軟なのかもしれない。丸大物産のほうでこれらのプレイヤーに当たってみるということになり、その日の会議は終了した。

数日後、丸大物産の林事業部長から電話があり、「帝都電力が電力供給の点からこの事業に乗りたいという返事をもらった」と報告があった。

その後も、林事業部長とたびたび打合せを行い、一緒に帝都電力にも行き、構想をさらに固めていった。あるとき、林事業部長とのディスカッションの中で、実際どの程度の売上規模になるか試算してみようということになった。

いくつか仮定を置いたうえで計算してみたところ、ベトナムだけでも数兆円のビジネスになることが分かった。さらに、インドネシアやタイなどにまで展開すると数十兆円ビジネスにまでふくれ上がることは間違いない。

二人の目の色が変わり、何とかしてこのビジネスをものにしようと決意を新たにした。

丸大物産の林事業部長と打合せを行うかたわら、施工業者や住宅設備機器メーカーも精力的に回った。施工業者は東北地方の企業を中心にした。というのも、今回の構想で、東北地方の震災復興に役立ちたいと考えたからだ。施工業者を訪ね歩く中で、様々な意見をもらった。

「海外の人材は質が低いのではないか」

「三年では育成期間として足りない」

これらは、現地の送り出し機関をどのようなものとするか、日本での研修内容と育成方法をどうするか、などを検討する際に非常に重要な意見であった。

ただ、明らかな反対意見や批判はほとんどなく、むしろ日本の技術を海外の若者に伝承すること自体には非常に前向きで、先の課題が解決されれば海外人材を受け入れてもよいということであった。

「島川ハウスコーポレーションさんのベテラン技術者だけでなく、俺らにも教えさせてもらえないか。定年して楽をしようと思ったけど、実はやることがないのが一番つらい。今まで身につけたものをすべて叩き込んで、弟子たちが新しいまちを創っていくのをこの目で見てみたい」

施工業者のベテラン技術者からは、こんな熱い言葉までもらった。中原は今回の構想が大きなうねりとなって人々を巻き込んでいくのを実感していた。

また、住宅設備機器メーカーも同時期に回った。メーカーの反応は概ね二とおりで、今回の構想に前向きなメーカーと後ろ向きなメーカーに分かれた。

前向きなメーカーは、ちょうど海外展開を社内で検討していたところで、構想の住宅設備機器の供給と現地の工業団地建設に合わせた海外進出はまさに「渡りに船」だと言ってくれた。一方で、後ろ向きなメーカーは、最初から構想自体に否定的だった。なかには、話をした担当者がまったく冴えず、ほとんど理解もしてもらえなかったことすらあった。

ひととおり施工業者や住宅設備機器メーカーを回ったところで、久々に三谷氏に電話をして、近況を報告した。

「かなり大きなビジネスになりましたね。巻き込むプレイヤーも増えてきた。ただ、丸大物産や帝都電力、施工業者、住宅設備機器メーカーなど、様々な担当者に会う中で、一概に誰でも彼でも構想に巻き込めばよいというわけではないということが明確に分かってきたのではありませんか?」

「はい。特に住宅設備機器メーカーの反応は顕著だったように思います」

「そうですね。様々なプレイヤーと組む必要が出てきたときに、『誰を仲間にすべきか』は慎重に考える必要があります。相手が悪いと、最悪、計画そのものが頓挫することもありますから」

「分かりました」

「あとは法整備ですが、これは国に動いてもらうしかないですね。私の後輩で国交省の役人をしている伊澤という男がいるので紹介しますよ。たぶん、力になってくれるんじゃないかな。あとでメールしておきます」

「何から何までしていただいて、本当にありがとうございます。三谷さんのアドバイスがなかったら、とてもここまでたどり着いていないです」

「いえいえ。私はこの構想が実現するのを楽しみにしているんですよ」

三谷氏は明るい声で言った。中原はそれを聞いて、頭が下がる思いであった。

◎重要性が認識されれば政府も動く

三谷氏のアレンジにより、中原は三谷氏の後輩で国土交通省住宅局の伊澤企画官に国交省の会議室で会うことになった。三谷氏も同席する予定だったが、他のプロジェクトの都合で、急《きゅう》遽《きょ》、参加できなくなってしまった。

中原がしばらく会議室で待っていると、伊澤企画官が入ってきた。

「お待たせしてすみません。ちょっと会議が長引いてしまったもので。伊澤と申します」

伊澤企画官は、役人らしい控えめな服装と黒縁メガネという出で立ちながら、丁寧で柔らかな物言いから理知的な様子もうかがわせた。お互いに簡単な自己紹介を済ませたあと、早速、考えている構想について話を始めた。

「なるほど、人材育成と卒業生ネットワーク、それを基盤にした住宅販売、さらに住宅金融をセットにしたビジネスモデルとはおもしろいですね。ですが、先ほど現地の技術が低いとおっしゃいましたが、東南アジアの国々にも建築基準法ぐらいはあって、それに準拠した形で住宅がつくられているのではないですか？」

中原は、海外視察したときに得た法規制や技術レベル、消費者ニーズなどの情報をかいつまんで話した。

「まさか、そこまでとは知りませんでした」

伊澤企画官はかなり驚いていた。特に、建築基準で無整備な部分があることは知らなかったようだ。

「確かに、現在は無整備の状態でも、いずれ所得水準の向上に合わせて基準がつくられるでしょうし、今から日本流の建築基準をアジアへ展開することはかなり意味のあることですね。ちなみに、日本の建築ノウハウとしてはどんなものが出せますかね？」

「島川ハウスコーポレーションのものになりますが……」と言って、中原は施工技術や建材加工技術などについて説明した。

「だいたい分かりましたが、今の話はもう少し詳細な情報をいただかないと基準作成に使えないかもしれません。それから、日本の基準を現地政府と地方政府に採用してもらうことのインセンティブも考える必要がありますね。そうでなければ、基準を満たした公式認定事業者が増えないでしょう。そのあたりはどうお考えですか?」

「すみません、そこまでは考えが至りませんでした」

「ま、そうですよね。いずれにせよ、基準や認定プロセスの原案を考えるとなれば、上にも話を通さないといけませんし、一度まとめてもらってもいいですか?」

「分かりました。再度整理したうえでお持ちいたします。ですが、少し見通しが立った気がします。どうやって基準作成につなげてよいものか分かりませんでしたので」

「もちろん、実際に基準などをつくることになって、現地政府と交渉することになれば、こちらが主導で進めますよ。ただ、上に話を通してもらったほうが私も動きやすいので、うちの局長に話を通してもらえると助かります。確か御社の社長とうちの局長はもともと大学のゼミの先輩後輩の関係だし、同じ地元で県人会なんかでは親しいと聞いたことがありますよ」

伊澤企画官は軽く頭を下げた。

「分かりました。社長に話をしてみます」

「ところで、海外の若者を受け入れるためのスキームは何を適用されるおつもりですか？」

「実は、そのあたりがまったく分かっていなくて……。もしよろしければ、少し教えてもらえると助かります」

「中原さんも外国人技術実習生の受け入れという話はご存じかと思いますが、そのための制度として厚生労働省等所管の『ＪＩＴＣＯ（公益財団法人国際研修協力機構）』と、経済産業省所管の『ＨＩＤＡ（一般財団法人海外産業人材育成協会）』があります。

ＪＩＴＣＯは、新興国の方が技能習得のために最長三年間日本に滞在できるものです。

ＨＩＤＡには、日本の技術者を新興国に派遣する制度と、新興国の技術者や管理者が日本で技能研修を受ける制度があります。

今回のスキームであれば、ＪＩＴＣＯかＨＩＤＡが該当すると思いますよ。それぞれ各団体で詳細な説明資料が公表されていると思いますので、一度調べてみてください」

「ありがとうございます。とても助かります」

「これからも結構大変だとは思いますが、日本の建設業や製造業のためにもなるおもしろいモデルだと思うので、ぜひ一緒にやっていきましょう」

伊澤企画官に指摘されたスキームを調べたあと、再度、伊澤企画官との打合せを通して、外

図4-14 海外人材受入制度（JITCOとHIDA）

中原雄平ノート ⑭

		概要	Pros/Cons	本取組みでの利用可能性
JITCO（厚労省等所管）		新興国の人材が日本企業で技能習得しながら働くためのスキーム ● 長期滞在（3年）が可能 ● 現在、約4万人が滞在	就労ビザが得られ、給与も払える ● ただし、失踪者が多い（毎年1,000人以上）	アジアから施工修業の若者をよぶために利用可能 ● 最もフィットする
HIDA（経産省所管）	派遣事業	日本人技術者を、新興国に派遣して、研修を行うためのスキーム ● 短期（1ヶ月～6ヶ月）	技術者の派遣経費を補助 ● 経費の3/4を国費補助	（将来的に）日本人の親方を、現地に派遣する際に利用可能
HIDA（経産省所管）	研修事業	新興国の技術者等が、日本で、日本語・技能研修を受けるスキーム ● 滞在は1年以内 ● 大企業を中心に毎年約1,000人が利用	研修経費（1/3～3/4）補助と、日本語研修の肩代わりが得られる ● ただし、"給与"は払えない	アジアから"高度"技術者／現法幹部を研修するために利用 ● ただし、「高度」との認定と、カリキュラムの1/3に座学が必要

国人技術実習生の受け入れに関する具体的な法改正案を詰めることができた。

◎予想外の社内からの猛反対

社外の関係者と様々な打合せをする中で、中原は社内を動かすことも忘れていなかった。むしろ、もともと経営企画室長であるため、顔は広いほうで、調整ごとには自信がある。構想を実現するに当たり、社内では製品開発が肝になるため、社長報告まであと一週間足らずではあるが、何とか製品開発部の協力をとりつけておきたいと考えた。

そこで、同期で製品開発部の後藤課長に今回の構想の感触を聞いてみた。もちろん、最終的には、製品開発部長の市川氏の協力をとりつけなければならない。後藤課長に話すと、「おもしろい」と言い、援護射撃を兼ねて一緒に市川部長に提案に行くことになった。

市川部長は、初めは興味深そうに聞いてくれていたが、話が現地ニーズに合わせた製品開発になると猛反対してきた。

「現地からあがってくる情報を鵜呑みにしてつくって、売れなかった場合には誰が責任をとるのか？　どうせ、ほとんど市場調査もしないで顧客に言われたからという理由でこっちに投げてくるつもりだろう！」

それは、同席していた後藤課長にまで矛先が向かうほどの激しさであった。その後も繰り返し丁寧に説明してみたが、議論は平行線のまま終わった。

今までは、社外をドライブするために様々な苦労を味わってきたが、まさか身内からこれほど反対されるとは思っていなかった。製品開発部の協力がなければ、今回の事業の構想は実現しない。そのため、何としても仲間になってもらう必要がある。

「ひょっとしたら、社外よりも社内を動かすほうが骨が折れるのではないか」

中原はそう思わざるを得なかった。市川部長への説明後、後藤課長と社内のコーヒールームで市川部長が反対する理由について話して分かったことがあった。

製品開発部の仕事は市場調査から製品企画、生産部との調整、販売施策の立案など多岐にわたり、深夜まで働いている人が多いこと。特に今は新製品の上市と重なり、多忙を極めていること。さらに、市川部長は部下からの信頼が厚く、反対した理由も部下を守るためであろうということ。

市川部長の反対理由が、ここまで明確になってくると打てる手もある。

早速、ベトナムとインドネシア、タイの現地法人社長に電話をして、構想について説明した。各現地法人の社長からは全面的に賛成してもらえた。特に、ベトナム現地法人の社長からは熱烈なエールももらった。

「そうした動きがあると本当に助かる。ぜひとも実現してくれ。協力は惜しまない」

正直なところ、海外の現地法人の社長から今回の構想がどのように見えるのか、不安があった。これほどまでに熱いエールをもらえたことに目頭が熱くなった。


各現地法人社長の確約を得た翌日、再び製品開発部の市川部長のもとに向かった。

市川部長は中原を見るなり嫌そうな顔をした。

「製品開発部に負担をかけない案を持ってきました」

中原がそう言うと、何とか話は聞いてくれた。

「市川部長、製品開発部の現状をよく知りもせず、不躾《ぶしつけ》なお願いをしてすみませんでした」

開口一番、まず謝った。それから、現地法人の社長に電話をして、現地の市場調査から製品コンセプトづくりまでを現地法人営業部がしっかりと行ったうえで、本社の製品開発部と打合せをしながら企画を詳細化すること、製品の販売に関してもきちんと現地法人が責任を持つこと、それらを現地法人社長が確約してくれたことを話した。

さらに、今回の事業の構想の実現のためには、製品開発部の協力が不可欠であり、そのため製品開発部の増員も社長報告に入れることを話した。

「そこまでしてもらうのであれば、協力しないわけにはいきませんね」

市川部長はそう言って、手を差し出してきた。

中原は市川部長と固い握手を交わしながら、「また一人、心強い仲間ができた」と思うとともに、市川部長の協力を得られたのは島川社長に報告する二日前であったため、どうにか間に合ったとほっとする気持ちでもあった。

◎トップの支援なくして事業創造の成功なし

島川社長に報告する日が訪れた。前日は繰り返し構想を見直し、準備に抜かりがないことを確認した。今日の報告で社長に事業内容を理解いただくと同時に、国交省に対して動いてもらわねばならない。

中原は緊張した面持《おもも》ちで社長室のドアをノックした。

「どうぞ」

島川社長の声が返ってくる。気合を入れ直して、ドアを開けた。

「新たな事業の構想はまとまったか」

「はい。早速ご説明させていただきたいと思いますが、よろしいでしょうか」

「よろしく頼む」

それから三十分にわたり、海外人材の育成というソフトと、起業支援という出資を武器にした海外展開、自社の部品を現地で組み立て、金融とセットで販売するモデル、さらには商社や電力会社を巻き込んだまちづくりを説明した。そして最後に誰からどうお金を取るかも含めた現時点でのビジネスモデル案、さらにはその市場規模のポテンシャルなどの定量的な説明で締めくくった。

説明が終わったあと、しばらく島川社長は腕組みをして黙っていた。「またダメか」と二カ月ほど前のことが一瞬頭をよぎった。ただ、二カ月前に社長に提案した内容とは格段に違うし、これでダメなら仕方がないとあきらめもつく。

十分間以上、沈黙が続いたのではないかと思うほど、そのときは長く感じられた。

「いい事業構想じゃないか」

と、ひと言島川社長は言い、満面の笑みを見せた。

「ありがとうございます！」

「一点確認だが、あとは国に動いてもらうところを何とかする必要があるんだね？　そのために、私に国交省の幹部とのパイプ役になってほしいってことだな？」

さすがに鋭い。あっさりと今回の構想の急所を見抜かれた。実は最も切り出しにくい部分であり、逆に見抜かれたことで言いやすくなった。

「はい。ご指摘のとおり、この構想を実現するに当たり、現行制度の変更、現地の建築基準の原案づくりと現地政府との交渉が必要です。そこで、国に動いていただきたいと考えています」

さらに、優秀な若者を集めるための公式認定事業者が必要であり、現地政府と交渉して、その認証制度をつくる必要がある、といったことなどを説明した。

「うむ、分かった。私の知り合いに国交省の幹部がいるから、その人に話してみるか。たぶん、何とかしてくれるだろう。あと、来月の役員会でこの事業構想を説明してほしい。いいかな？」

「分かりました。よろしくお願いします」

中原は社長室を後にした。

◎国交省局長へのプレゼン

島川社長への報告から数日後、社長秘書から連絡があった。

「三日後の夕方に、国交省の中澤住宅局長に時間をもらいました。中原さんが直接プレゼンを行ってください。社長も同席します。直前になったら、またご連絡します」

プレゼン当日は、島川社長と一緒に霞が関に向かった。今回のプレゼンの相手である中澤住宅局長は、国交省の中でも他の省庁との太いパイプを多数持つキーマンだそうだ。向かう車の中で、緊張のあまりプレゼンの練習を繰り返していると、島川社長にたしなめられた。

「そう心配するな。中澤局長とは、ゼミの先輩後輩の関係でね。ゼミでは少し年も離れていたのであまり話したことはないが、その後、県人会なんかではちょくちょく話すうちに仲良くなったんだ。見た目はちょっと厳《いか》つい感じのするヤツだが、真っ直ぐで熱い、いい男だ。熱意を持って話をすれば、分かってくれるはずだ」

国交省の建物に入ると、奥の会議室に通された。そこには二人の男が待っていた。一人は先日、構想を聞いてもらった伊澤企画官で、もう一人が中澤局長である。

伊澤企画官とはその後も制度面などの相談で、ちょくちょく連絡をとり合う間柄となっていた。横にいる中澤局長は、中学・高校時代にサッカーで鍛えたというだけあって、今でも色黒で体格がよく、見るからにスポーツマンというタイプだった。

「中澤さん、今回は時間をつくってくれてありがとう。うちからおもしろい提案があってね。ぜひ、最後まで聞いてもらえると嬉しい」

「こちらこそ、島川さんからとっておきの話があると聞いて大変楽しみにしていました」

島川社長と中澤局長の会話で空気がなごみ、緊張が少し解けてきたところで、中原はプレゼンを始めた。

「本日は、お忙しい中お時間をいただき、ありがとうございます。早速ですが、本事業の内容と意義からご説明いたします」

入念なストーリーの準備とプレゼンの練習の甲斐あって、まずまずの滑り出しだ。その後も順調に説明が進んだ。

「本プレゼンテーションは以上になります。本事業の実現に向けて、現地政府との交渉、並びに現行制度の変更の件、何卒お願い申し上げます」

「さすが、島川さんが持ってこられる提案ですね。非常におもしろい。実は伊澤からも話は聞いていましてね。興味はあったんですよ。ですが、まさかここまでしっかり検討されたものだとは思いませんでした」

中澤局長は感心しながら言った。

「そう言われると嬉しいね。うちの若いもんもちゃんと育ってるだろ。ハハハ」

島川社長も満足気だ。

「今回のご提案は、これまで難しいとされてきた『建築分野のインフラ輸出』に当たるのですが、非常によくできたスキームであり、おもしろいと思います。これまで様々な取り組みをしてきたつもりですが、なかなかうまくいかなかったものですから」

「中澤さんのほうが詳しいと思うが、中国の自動車市場では、欧州の環境規制が導入されているようだね。私もちょっと勉強したのだが、環境規制Ｅｕｒｏ１は一九九二年に欧州で導入され、中国ではその八年後の二〇〇〇年に導入された。最近のＥｕｒｏ５に至っては、欧州導入

図4-15　自動車における欧米と中国の「市場文化」レベルの取り組み

中原雄平ノート⑮

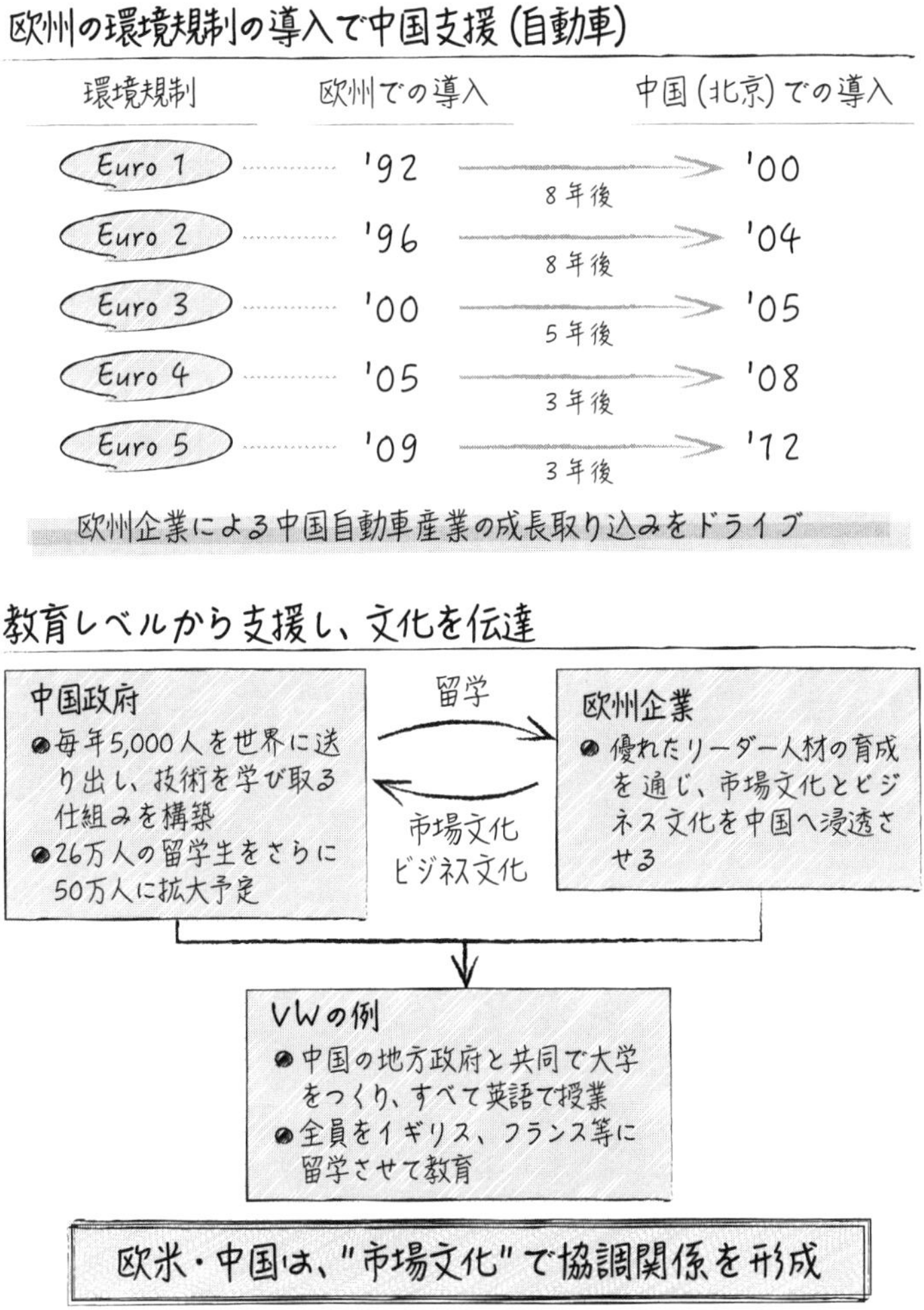
欧州の環境規制の導入で中国支援（自動車）
環境規制
欧州での導入
中国（北京）での導入
Euro 1
'92
8年後
'00
Euro 2
'96
8年後
'04
Euro 3
'00
5年後
'05
Euro 4
'05
3年後
'08
Euro 5
'09
3年後
'12
欧州企業による中国自動車産業の成長取り込みをドライブ
教育レベルから支援し、文化を伝達
中国政府
毎年5,000人を世界に送り出し、技術を学び取る仕組みを構築
26万人の留学生をさらに50万人に拡大予定
留学
市場文化
ビジネス文化
欧州企業
優れたリーダー人材の育成を通じ、市場文化とビジネス文化を中国へ浸透させる
VWの例
中国の地方政府と共同で大学をつくり、すべて英語で授業
全員をイギリス、フランス等に留学させて教育
欧米・中国は、"市場文化"で協調関係を形成

が二〇〇九年、中国導入は三年後の二〇一二年だ。順を追って見ていくと導入までの期間がどんどん短くなってきている。欧米は新興国にこうした自国の規制を取り込んでもらい、有利にビジネスを進めておるわけだね。日本でもこうした考え方がより重要になると思う次第だ」

「おっしゃるとおりです。他にも中国政府との関係では、欧州の自動車会社が積極的に中国の留学生を優遇して欧州に呼ぶというのも聞いています」


続けて中澤局長から大変ありがたいお言葉をいただいた。

「今回のお話は、日本型の家づくりを、ノウハウを含めて東南アジアに浸透させようという大きな構想で、非常に意義のある話だと思います。日本の発展に大きく寄与する内容となっており、ぜひ一緒に進めていきたいと考えています。現地政府との交渉と日本の現行制度の変更に関しては、こちらに任せてください。早速、経済産業省などの関係省庁と連携して、構想実現に向けて動き出します」

「ありがとうございます！　今後ともよろしくお願いします」

中原は笑顔で中澤局長と固く握手を交わした。

◎役員会での不毛な議論

国交省でのプレゼンから二週間後、今度は役員会でプレゼンをすることになった。今回の役員会の主要議題はもちろん新たな事業構想である。役員会の冒頭、島川社長が口火を切った。

「みんなもよく知っていると思うが、うちの業績もここのところずっと横ばいだ。今こそ他社に先駆けて積極的に攻める姿勢が必要であると、私は強く思う。そこで、中原君に事業の構想をまとめてもらった。今日はそのための会議でもある。みんなの忌憚のない意見を言ってほしい」

中原のプレゼンは約三十分間続いた。プレゼンが終わり、質疑応答になるのを待ってましたとばかりに、執行役員で国内ビル事業部の恩田事業部長が発言した。

「中原さんの事業試算では、将来的に数十兆円規模になるとありますが、事業開始早々ではあまり儲からないのに本当にそうなると言えますか？　ちょっと楽観的すぎではないですか？」

いきなり否定的な意見だ。

「もちろん、試算に当たってはいくつかの仮定を置いています。また、先ほどご説明申し上げたとおり、工業団地や金融とセットでの住宅販売によって事業は大きく拡大します」

「私はまさにその点を危惧しているわけですよ。工業団地をはじめとしたまちづくりなんて、本当にできるんですか？　商社や他の関連プレイヤーとの話はついているんですか？　現地政府の確約も得ていますか？」

「丸大物産や帝都電力と話を進めています。現地政府との交渉は国交省に動いてもらうことになっています」

「そうですか。でも、それも確実というわけではないのですよね？　とすると、事業計画そのものが大きく食い違ってきますよね」

さらに食い下がってくる。

「それはそうですが……」

恩田事業部長は、したり顔だ。そのとき、別のところから声があがった。

「えーっと、いいですか？」

おもむろに発言を始めたのは執行役員で建材事業部を束ねる坂田事業部長だ。

「日本で部品をつくって海外で組み立てるとありますが、日本にきちんと利益を持って帰ってこれますか？　結局、部品の製造自体も海外でやることになって、国内はちっとも潤わない可能性があるんじゃありませんか？　今回の新規事業をやるよりも、まだ成長の余地が残されている国内のいくつかの事業を進めたほうがいいと思います。うちは国内依存度の高い企業ですから、国内がぐらつくと元も子もなくなりますからね」

すかさず、恩田事業部長が便乗してきた。

「先日、うちの事業部は丸大物産さんと一緒に関西の駅前再開発案件を受注しました。今後も案件は増える見込みです」

その後、現地法人社長や製品開発部の市川部長の援護射撃があったが、国内優先の意見が根強く、結局、「もう少し詳細を検討してから持ってくるように」ということで役員会は終了した。

中原はがっくりくると同時に、議論の内容にうんざりした。結局は誰もリスクをとろうとはせず、先延ばしの体質が染みついている。しかも、いつも国内優先で海外の大きなチャンスを見逃してきた。かつては、ベンチャースピリッツのあった島川ハウスコーポレーションもいつの間にか、他の大企業の御多分にもれず、大企業病になっていた。

◎援護射撃は意外なところから飛んでくる

役員会終了から二カ月後、突然、国交省の伊澤企画官から電話があった。現行制度の変更機運が高まってきたことを連絡してきたのだ。さらに、こう告げられた。

「近日中に業界団体に掛け合い、業界全体として動いてもらうように仕掛けていくことになるだろう」

中原とは一緒にやってきた仲なので、いち早く連絡したということだった。中原は、急ぎ社長室に向かい、島川社長に伊澤企画官の電話内容を伝えようとすると、島川社長が言った。

「たった今、国交省の中澤局長から同じことを聞いた」

そして、こう続けた。

「私たち島川ハウスコーポレーションにぜひとも主導権をとって業界をまとめてほしいとまで言っていた」

もし、このチャンスを逃せば、島川ハウスコーポレーションが業界を主導して、海外人材育成事業をやる可能性は永遠になくなる。中原は、今からでもやるべきだと主張した。島川社長も同意見であり、来週、緊急役員会を招集することになった。

緊急役員会で島川社長が国交省から内々に主導してほしいとの依頼があったことを告げ、中原が手短に構想を再度説明した。

前回の役員会で反対していた恩田事業部長や坂田事業部長からは特に反対意見もなく、すんなりと役員会で承認された。

後日分かったことだが、恩田事業部長と坂田事業部長は丸大物産との再開発案件の打合せで、丸大物産の再開発事業部の井川事業部長から、こう言われていた。

「どうして御社は東南アジアでのまちづくりという魅力的な事業創造をやめてしまったんですか？　しかも、恩田さんと坂田さんが反対されたというじゃないですか。もったいない。

いえね、私と海外インフラ事業部長の林は同期入社でして、林から御社と進めている構想についてたびたび聞かされていました。それで、私も実現を楽しみにしていたんですけどね。重ね重ね残念です。もう一度、考え直したほうがいいんじゃないですかねぇ。いや、本当に」

中原が知らぬところで、丸大物産の林事業部長から思いもよらない援護射撃が行われていたのだった。

3……そして実行へ

◎実行に向けての要諦

役員会で承認が下りたその日、報告を兼ねて三谷氏を飲みに誘った。飲み会の場所は、虎ノ門からほど近い三谷氏行きつけの居酒屋である。中原が居酒屋に着いたときには、すでに部屋で三谷氏が待っていた。

「どうもすみません。お待たせしました」

「大丈夫ですよ。私もついさっき来たばっかりですから」

三谷氏と挨拶を交わしたあと、ほどなくビールが運ばれて乾杯となった。久々の酒であり、何よりこの数カ月間を駆け抜けたという達成感もあって、とても美味《うま》く感じる。

「今日、やっと役員会の承認がもらえました。これで、ようやく実行に進めます。それにしても、ここまで来るのに八カ月もかかってしまいました。社内の反対がなければ、もっと早かったんですけどね」

その言葉には、少しの悔しさと、どこかほっとした気持ちが混ざり合っていた。

「よくあることです。ですが、ここからはもっと大変ですよ」

「はい。その点は覚悟しています」

「ところで、これからどう動きますか？」

「それなんですが……」

中原は鞄《かばん》から一枚のスケジュール表を取り出した（次ページの「中原雄平ノート⑯」）。役員会で説明した資料の一部である。

「今後は、ほぼ同時並行でこの四方向に動く必要があります。①は独立して動けますが、②と④は販売のタイミングをうまく合わせる必要がありますね。さらに、③はおそらく最も時間がかかると思います」

「そうですね。それにしても、これらの事業すべてがかなり大掛かりなもので、全部一人でやることはできないと思いますが、どうしますか？」

「ええ。誰かに任せながら進めることになると思います」

「もちろん、そうですね。ですが、『誰に何を任せるか』という見極めがとても大事です。そして、できれば任せたいと思う人が『自らその役割を担いたい』と言い出すように持っていけ

図4-16 構想の全体スケジュール（案）

中原雄平ノート⑯

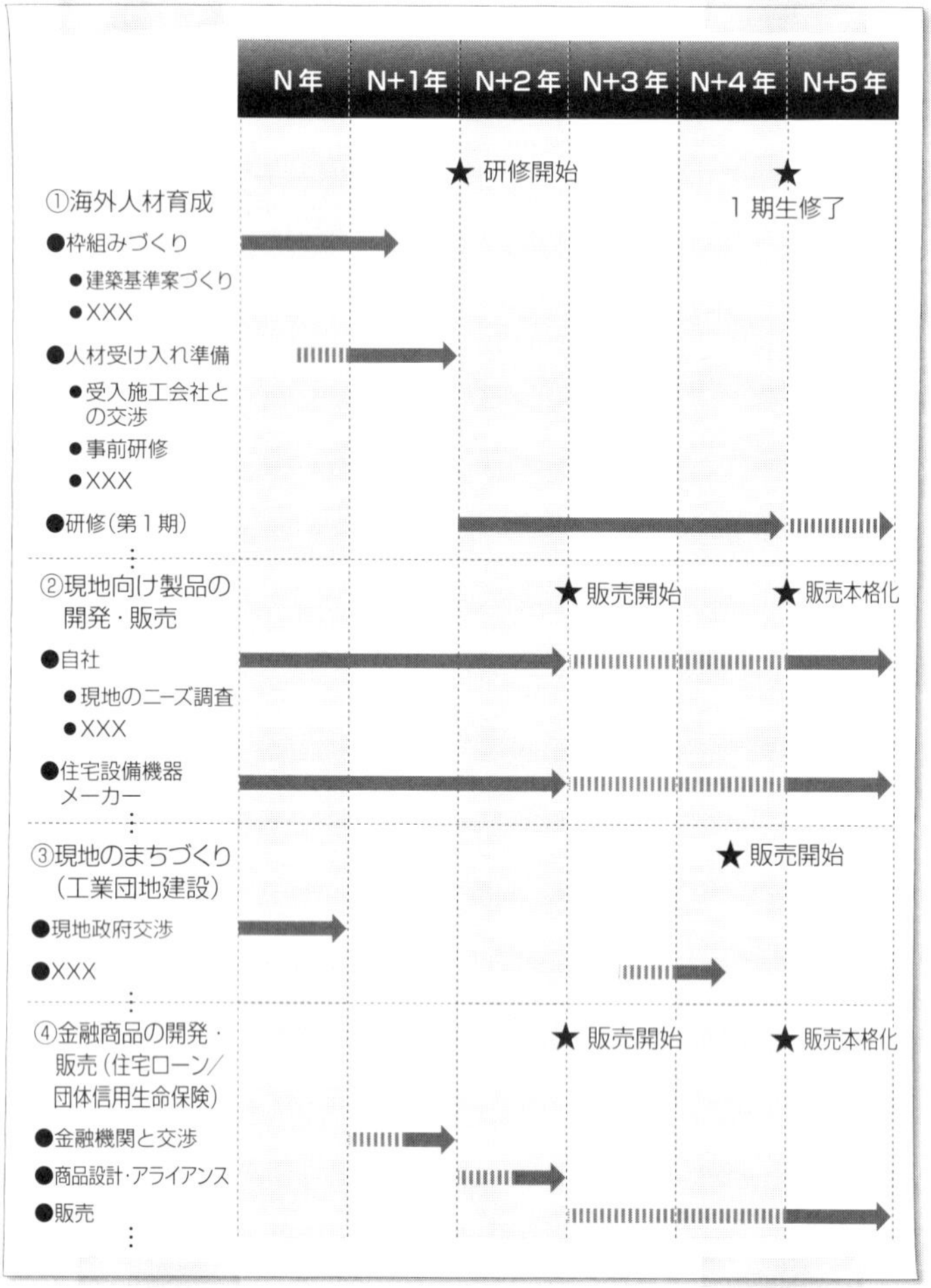

ればベストです」

「それは、かなり難しいですね。自ら言い出すように持っていくなんて……」

「確かにそうですね。ただ、何かテクニックのようなものがあるわけではなく、〝思い〟をきちんと共有して、信頼関係を築くということが大事なのではないでしょうか」

そう言われると、社内外の「仲間」の顔が浮かんできた。目の前にいる三谷氏はもちろんだが、島川社長、製品開発部の市川部長、国交省の中澤局長、伊澤企画官、丸大物産の林事業部長など、自分にはたくさんの味方や仲間がいることをはっきりと自覚した。これだけの人たちの協力を得ながら、失敗するはずがない。失敗させてはいけないと強く思った。

そんな中原の決意にあふれた顔を見ながら、三谷氏は話を続けた。

「人の見極めの他に、事業開始前までに、必ずKPIとタイムラインを設計しておくことも重要なポイントですよ」

「KPIって業績評価指標と言われるものですよね。そんなに大事なんですか？」

「とても重要です。そして、それらを社長はじめトップマネジメントとしっかり握ってください。必ずあとで効いてきますから」

「そうなんですか？　ちょっとピンとこないですけど」

「私事ですが、以前、新たな事業を立ち上げ、実現に向けて奔走していました。そのとき、トップマネジメントとＫＰＩを握りましたが、それが甘くて、あとでかなり痛い目に遭いました。事業自体はうまくいっていたのに、突然トップの態度が変わり、ハシゴを外される形になりました。こうなると、周りからの援護もなくなり、私自身そもそも何のために事業をやっているのか、分からなくなりました。結局、その事業はダメになってしまい、今思い出しても残念です」

三谷氏は過去の苦い経験を思い出しながら、悔しさを滲ませていた。

「そうでしたか。肝に銘じておきます。ところで、ＫＰＩって、売上とかの数値目標のことですよね？」

「いえいえ、必ずしも定量的なものでなくてもよいのです。例えば、『大手顧客を三カ月以内に三社にする』や『A社と○○について合意する』といったものもＫＰＩになります」

「あっ、そうなんですね。てっきり数値目標だとばかり思っていました」

「そう思っている方が多いですね。ただ、定性的なＫＰＩもしっかりとメジャーできるような表現にしておくことが前提ですけどね。いずれにせよ、『トップマネジメントとの握りが大事』ということはよく覚えておいてください」

その後も、三谷氏のこれまでのビジネス経験を聞きつつ、久々に遅くまで飲んだ。

図4-17「定性」KPIというのもある

中原雄平ノート⑰

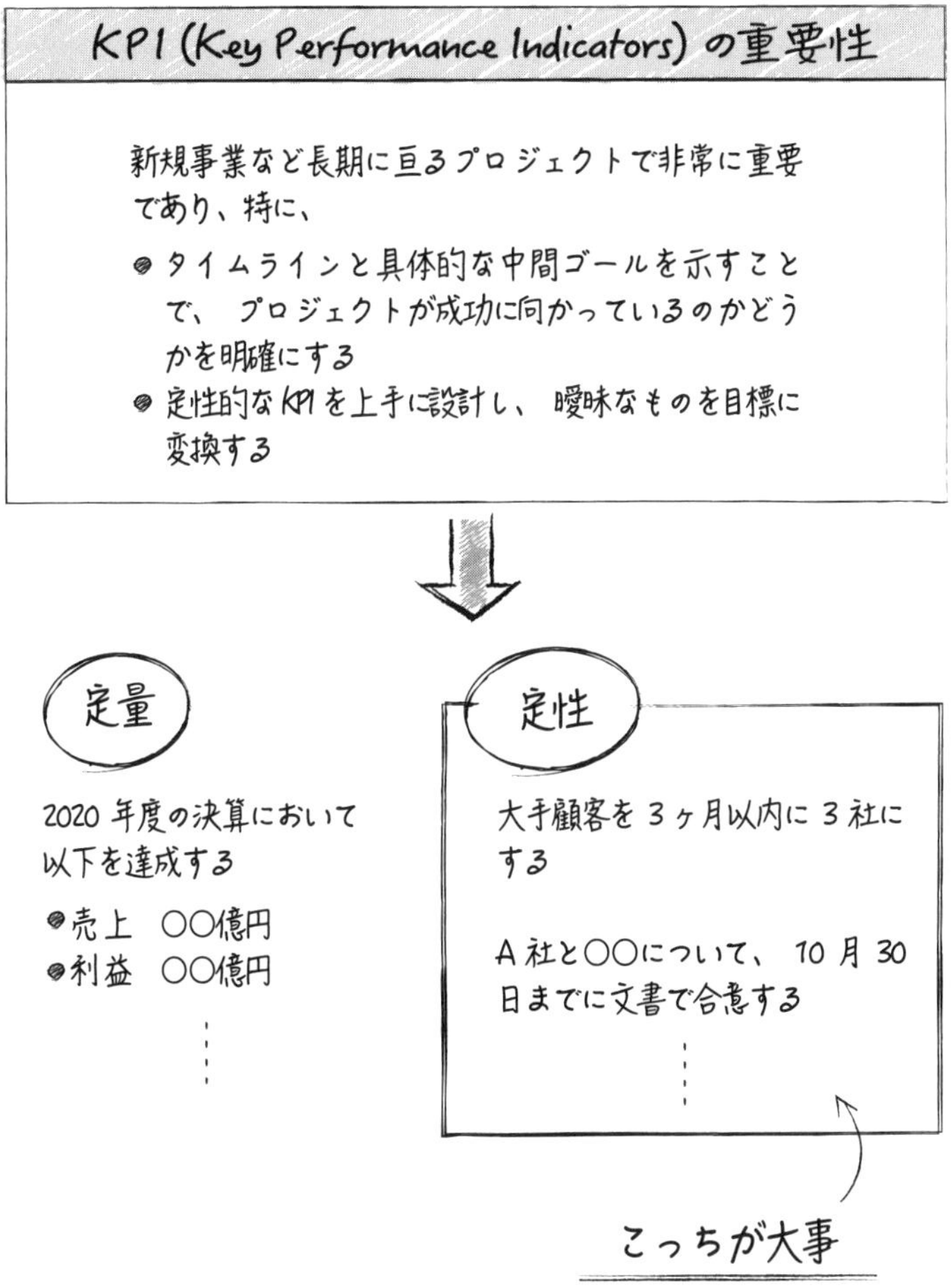
KPI (Key Performance Indicators) の重要性
新規事業など長期に亘るプロジェクトで非常に重要であり、特に、
タイムラインと具体的な中間ゴールを示すことで、プロジェクトが成功に向かっているのかどうかを明確にする
定性的なKPIを上手に設計し、曖昧なものを目標に変換する
定量
2020年度の決算において以下を達成する
売上　〇〇億円
利益　〇〇億円
定性
大手顧客を3ヶ月以内に3社にする
A社と〇〇について、10月30日までに文書で合意する
こっちが大事

◎「思いを共有した、適切な人に任せる」

翌日、国交省の伊澤企画官に電話をかけた。役員会の結果を伝えるためだ。

「それはよかったです。私もできれば、最後まで一緒にやりたいと思っていましたから」

その後は、近日中に打合せを行い、そこで基準づくりや教育プログラムづくりに向けて動き出すことを約束して受話器を置いた。

一週間後、中原は国交省の会議室で伊澤企画官を待っていた。ほんの三カ月前に中澤局長にプレゼンテーションをした会議室であったが、それがずいぶんと昔のような気がした。中原にとって、それほど濃密な日々であった。

しばらくして、ドアを軽くノックする音とともに伊澤企画官が会議室に入ってきた。

「お待たせしてすみません。前の会議がおしてしまいまして」

軽く挨拶を交わしてから、中原は準備してきた資料の説明を始めた。説明が終わって、伊澤企画官は言った。

「東南アジアの住宅事情がよくまとめられていますね。それから、この日本基準をクリアした施工業者を認証するスキームもおもしろいですね。ベトナムにＪＩＣＡ（国際協力機構）の職員で馬場さんという私の知り合いがいます。馬場さんはベトナムの建築関連省庁と太いパイプがある人なので、この認証スキームがどの程度受け入れられるものか聞いてみましょう」

「それはすごく助かります。受け入れられると分かれば、自信を持って進められますし。お願いできますか」

「分かりました。あと、教育プログラムの部分はどうします？」

「それは一旦社内でベテラン技術者を集めて案をつくってみようと思います」

「ぜひ、お願いします。それでは、二週間後ぐらいにまた打合せをして、詳細を詰めていきましょう」


　このように、伊澤企画官と複数回にわたる打合せや社内検討を経て、現地政府向けの建築基準案、ＪＩＴＣＯを使った海外人材の受け入れスキームとそれに伴う一部法改正案、人材育成プログラムの原案ができた。

　そして、この原案をもとに、他のハウスメーカーも巻き込みながら、さらにブラッシュアップしていくことで伊澤企画官と合意した。

　国交省から島川ハウスコーポレーションをはじめとする大手ハウスメーカーに声がかけられたのは、その約一週間後のことだった。そこでは、中澤局長と伊澤企画官から海外人材育成の趣旨や原案の説明が行われ、同時に研究会が発足した。

　この研究会は中澤局長と伊澤企画官を中心に進められた。複数回の検討を経たあと、人材育成プログラムに若干の修正が加えられた程度で、ほぼ原案どおりでよいということになった。通常であれば、利害関係が複雑に絡み、まとまらなくなってしまうところだが、これも中澤局長と伊澤企画官の進め方のうまさによるところが大きい。

ここでも、三谷氏のアドバイスどおり、「思いを共有した、適切な人に任せる」が活きたことを実感した。

伊澤企画官は研究会で了承を得たあと、すぐさまベトナム、フィリピン、インドネシア、タイ、マレーシアの東南アジア五カ国と交渉を開始した。交渉を始めて間もなく、伊澤企画官から「ベトナム、インドネシア、タイからは色よい返事が来た」と興奮した声で電話があった。特に、ベトナムでは動きが早く、建築基準の採用に加え、事業者の認証スキームの受け入れ検討と送り出し機関の立ち上げが始まりつつあるとの二重に嬉しい連絡であった。

また、現地政府と交渉している間にも関連省庁との調整を精力的に進め、新法が半年後に施行されるように目途をつけていた。

一方、中原は以前訪れた施工業者を再訪問していた。海外人材の受け入れを依頼するためだ。受け入れ趣旨などを各施工業者に説明して回ると、どの施工業者も海外人材の受け入れを了承するどころか、準備段階から自ら率先して動いてくれそうな態度を見せた。

ここでも以前、三谷氏に言われた「任せたいと思う人が自らその役割を担いたいと言い出すように持っていければベスト」という言葉を思い出し、その言葉の意味を嚙み締めていた。

伊達企画官から紹介されたＪＩＣＡの馬場氏も積極的に動いてくれた。馬場氏の古くからの友人で、ベトナムの教育機関で働く佐藤氏が、「現地の若者を送り出す際の事前研修を引き受けたい」と馬場氏を通して申し出てくれた。

佐藤氏は一見おとなしい感じの女性だったが、見かけによらず非常に行動力のある人で、馬場氏や送り出し機関、教育機関を周旋し、瞬《また》く間に事前研修プログラムをつくり上げてしまった。

東北の施工業者の社長からも、「言葉の壁」を危惧する声が多く、そういう意味でこの事前研修で日本語や日本の文化を教えてくれることは、受け入れ自体を非常にスムーズにする働きがあり、とてもありがたいものだった。

その後、各国で送り出し機関の立ち上げや事前研修が進む中、第一回研修生が総勢二〇名となることがはっきりした。内訳はベトナム八名、タイ七名、インドネシア五名である。

また、受け入れ先も東北の施工会社A社、B社、C社に決まり、それぞれ七名、七名、六名の体制で受け入れてもらうことになった。先生役の「親方」は、島川ハウスコーポレーションと他のハウスメーカーを定年退職したベテラン技術者一〇名で構成されることも確定した。こうしてすべての海外人材受け入れ準備が完了した。

◎担当者の交代から乱れたメーカーの足並み

構想の全体スケジュールの②のうち、「現地の住宅販売に向けて、自社の製品開発と仲間になってくれる住宅設備機器メーカーを集め、現地向け製品開発を行う」という活動も同時に進めた。

自社の製品開発は驚くほど順調に進んだ。これも製品開発部の献身的な協力によるところが大きい。現地法人の営業部も精力的に動いてくれていたとはいえ、製品化となるとやはり慣れていないため、手間どることが多かった。そこを製品開発部のメンバーがうまくフォローしてくれたためである。こうして、自社製品の生産までの見通しがついた。

しかし、すべてが予定どおりだったというわけではない。

例えば、製品コンセプトをあとから変更したことがあった。それまでは、現地向け製品は現地ニーズに基づいたものとはいえ、かなり標準化された製品を提供することを前提に進められていた。しかし、あるベトナム人建築家の意見で大きく方針を転換する事態となった。

「制約があって初めて創造性が発揮されると思う。ベトナムには様々な制約があるが、ベトナムの良さもある。各国の様々な制約を見据え、また良さを取り入れながら、創造的な製品を開発していくことが望ましい」

確かに、日本式に標準化されたものが諸外国にとって必ずしもよいとは限らない。その意見はもっともであり、すぐに取り入れることにした。幸い抜本的な変更とはならず、自社製品開発に大きな遅れは出なかった。

現地向け住宅設備機器の製品開発も並行して進めていた。この時期、中原は他の案件で多忙を極めており、この案件は同じ経営企画室メンバーの戸田主任に任せていた。戸田は中原より十歳年下の三十五歳だが、島川ハウスコーポレーションのエース級人材の一人である。戸田の報告でも、メーカー担当者が意欲を見せているなど、順調な様子がうかがえた。

しかし、三カ月後に届いた一通のメールで事態が大きく変わったことを知らされた。

そのとき、中原は丸大物産の林事業部長と一緒にベトナムのバリア・ブンタウ省に視察に行っていた。受け取ったメールの内容から、かなり深刻な状態であることを察して、予定を繰り上げて帰国した。

帰国してすぐに戸田から事情を聞いた。戸田はすっかり憔悴し切っており、中原に会うなり、「すみません」と力なく頭を下げた。

「いったい何があったのか詳しく話してくれないか」

「本当にすみません。私の力が足りませんでした」

戸田は繰り返し謝罪し、やがて事情を話し始めた。

「初めの二カ月くらいはとても順調で、早々に各メーカーの役割分担なども決まりました。特に、栗山さんのところからは、ベトナム向けの製品コンセプトまで出てきました」

「栗山さんって、キックオフのときにかなり意欲的だったメーカーの担当者だよな？　確か、女性ならではの視点で洗面台回りの製品開発経験を持つエース級の人で、話を聞いている限りでは、かなり好印象だったと思うが、どうしてダメになった？」

「要因はいろいろあると思いますが、全体のペースメーカーになってくれていた栗山さんが社内の人事異動で担当替えになったのが一番大きかったと思います。栗山さんの後任の壱岐さんという方は『やらされている感』がプンプンする人で、これまでの栗山さんの製品コンセプトを批判し始めました。

それでいて、ご自身から代替案を出すこともありませんでした。いつも社内に持ち帰って検討するとは言うものの、何も進まなくなってしまいました。

それを見て、他のメーカーから『うちが洗面台も担当したい』といった声が出て、初めに決めた役割分担が崩れ始めました。利害関係の調整が難しくなり、なかには今回の件から手を引きたいというメーカーまで出てきました。もしかしたら、社内の風向きが変わったのかもしれません」

図4-18 実行段階で起こりやすいトラブル／失敗のパターン

中原雄平ノート ⑱

何でもすべて自分でやろうとしてパンクする	自分がボトルネックにならないようにモジュール／役割に分ける
逆に、任せすぎて各所が迷走する	計画や、背景となる考え方をしっかりつくり、共有する
指示待ち族、やらされ感満載の人であふれる	思いを持った信頼できる人とうまく役割分担する 相手の意見や考えを引き出し／肯定することで"乗せる" 担当者を代えてもらう
有能な担当者が異動して突然ブレーキがかかる	
各プレイヤーのエゴが噴出する	
握ったはずのKPIがないがしろにされている	

「よく分かった。最初は同じ方向を向いていても、しょせんは赤の他人の集まりということだ。利害関係が複雑に絡むような今回のケースだと、特に『思い』を共有することが大事なのかもしれないな。そういう意味で、最初の段階でそれがうまくできていなかった私の責任だ。すまない」

「こちらこそ、本当にすみませんでした」

「まだ大丈夫だ。もう一度最初からやり直そう」

そうは言ったものの、メーカー間の調整は利害関係が絡むため中原が出ていったところで解決できるとは限らない。

「ここは中立的な立場で複雑に絡み合った糸を解きほぐしつつ、各メーカーにこの事業に参加する意義を再認識してもらうことができる人物に登場願うしかない」

そんな人物は中原には一人しか思い浮かばなかった。すぐに受話器を取った。

「三谷さん、お願いがあるのですが」

「どうしました？」

中原はこれまでの経緯を説明し、この事態を何とか収拾して、さらに進める推進役を引き受けてもらえないかと依頼した。すると三谷氏はあっさりと「いいですよ」と言い、快諾してくれた。

図4-19 当事者間のみで進める場合の問題点

中原雄平ノート ⑲

① 当事者だとどうしても主観が入ってしまい、どんどん冷静に判断がしづらくなってくる

② 相互にそれが分かっているので、相手の損得に少しでも関わる話は避けるようになる

③ 意外に、ちょっとした工夫で解決するようなことであっても、次第に問題が何なのかすら見えなくなってくる

外部コンサルタントを使うメリット/デメリット

- 中立で冷静かつ本音の議論を引き出してもらうことができる
- コンサルタント自身が保有している知恵やノウハウに救われることも多い
- ただし、そのコンサルタントの能力の見極めを間違うと余計にこじれるので注意

戸田には、そのまま三谷氏のサポートに入ってもらった。三谷氏から多くのことを学んでもらいたいという思いとともに、「失敗」体験を貴重な経験に変えてほしいと考えたからである。かなりこじれた状況だったため、三谷氏でも解きほぐすのにかなり苦労したようだ。しかし、全体を俯瞰しながら、中立的な立場で動く三谷氏に各メーカーの担当者も信頼を置いて対応するようになった。

それから一年後、三谷氏の精力的な活動のおかげで各社の現地向け製品開発と生産の目途がついた。

◎工業団地から「まちづくり」へ

全体構想スケジュールの③である「商社や電力会社などと一緒に工業団地をはじめとしたまちづくりを行う」は、四つの案件の中で最も順調に進んだ。その要因は、構想の早い段階から丸大物産の林事業部長と帝都電力の花房部長と繰り返し打合せを行ったことで、構想への「思い」や内容の「理解」が完全に一致したからだ。そのため、メンバーの多くが「自ら動く」状態になっていた。

例えば、工業団地の候補地選びにしても、林事業部長が自ら丸大物産の現地法人と連携しながら、また実際に現地に赴き確認しながら絞り込んでいった。

工業団地への企業誘致は、丸大物産の篠崎氏と帝都電力の花房部長が中心となって、住宅設備機器メーカーや金型メーカーなど、様々な企業にアプローチを仕掛け、誘致に成功している。

二人の強力な推進により、現地政府との交渉や仕掛けづくりが進められ、ベトナムを皮切りに、タイ、インドネシアなどの東南アジア諸国で建設工事が行われるところまでこぎつけた。

工事着工に当たり、中原と林事業部長はベトナムのバリア・ブンタウ省に飛んだ。ベトナムの夏は暑く、滝のように汗が出る。中原は大粒の汗を拭いながら、「どうにか工事にとりかかれることになりましたね」と話し始めた。

「ええ。ここまでの道のりは長かったですが、これからが本当の意味でのまちづくりになります。今日はその記念すべき第一日です」

林事業部長も汗を拭きながら答えた。林事業部長が「まちづくり」と繰り返すのには理由があった。当初の構想では、工業団地が中心で、工場への電力の安定供給の観点から電力会社を巻き込んだものであった。

しかし、三谷氏との議論の中で出てきた「都市」という言葉に中原は魅力を感じ、そのことを林事業部長や花房部長に話した。すると二人もそれに賛同し、それから「まちづくり」という考えが三人の共通言語のようになった。

「まちづくり」となると、工場や住宅だけでは不足で、スーパーなどの小売店、鉄道、バスなどのインフラ企業、映画館などのエンターテインメント企業など、様々な企業に声をかける必要がある。

「先日、大手スーパーの丸大ストアに構想を話しに行ったのですが、社長がすごく関心を持ってくれまして、大いに盛り上がりました。来週、また打合せです。工業団地の一棟目ができあがるタイミングで出店を依頼するつもりです。

それから、西急鉄道の社長も興味津々《しんしん》でした。あそこはバスも運行しているでしょ。これだけ広い工業団地を行き来するためのインフラとして、バスはいりますからね」

「すごいですね。着々とまちができあがっていきますね」

「そうです。もし、以前議論した『まちづくり』という考え方がなければ、これだけたくさんの企業に声をかけて、仲間になってもらうことはなかったかもしれません。これから、このまちはもっと大きくなりますよ。私はそれが楽しみで仕方がないんです」

林事業部長はまぶしい笑顔を見せながら言った。

◎難航する金融商品づくりに「女神」現る

タイムラインの④「現地消費者がもっと家を買いやすい環境をつくるための金融スキームを

金融機関とつくる」は、自社製品の生産の目途がついた時点で着手した。

大手金融機関を中心に住宅とセットにした金融商品づくりを依頼して回ったが、ほとんどはリスクが高いと断られた。

なかには、「こんな事業などではなく、御社は足元の国内事業を何とかするほうが先決なんじゃないですかねぇ?」などと、いらぬお節介をやく担当者もいた。

中原は金融に詳しくないため、金融商品の仕組みはよく分からない。金融のプロにここまでリスクが高いと続けて言われると本当にダメなのではないかと思い始めた。他の事業が周囲の協力でうまく進んでいるだけに焦りもあった。

だが、ここであきらめるわけにはいかなかった。もう一度、自らを叱咤激励し、金融機関を回った。そこで出会ったある金融機関の担当者が状況を大きく変えることになった。

高木氏は、外資系金融機関を渡り歩いてきた、バリバリのキャリアウーマン。中原は、その高木氏にひととおり説明をした。

「いい提案内容ですね。ちょうど、当行でもアジア向け金融商品を開発したいと思っていたところでした」

「それはよかった。それにしても、すごいタイミングですね」

「そうですね。こういう偶然もあるのですね。ただ、団体信用生命保険をうち一行で引き受けるのは、正直なところリスクが高すぎます。ですから、このお話は他の金融機関と組んでやってみたいと思います。とりまとめ含め、我々に任せていただいていいですよね？」

「もちろんです。うちはメーカーですから、金融のことはよく分かりません。よろしくお願いします」

「分かりました。お互い頑張りましょう」

高木氏の笑顔はとても心強かった。

その後しばらくして、高木氏から嬉しい連絡があった。

「すでにベトナムやインドネシア、タイなどに展開している外資系金融機関と一緒に住宅ローンと団体信用生命保険を開発することになりました。何とか、住宅販売と同じタイミングで販売できそうです」

これでどうにか、現地向け住宅を販売するための仕掛けがすべて完了し、中原はホッと胸をなでおろした。

◎研修生と親方の笑顔

役員会で承認をもらってから早五年の月日が流れた、ある晴れた日の朝、中原は第一期海外人材育成研修の修了式に出席していた。

修了生全員が、ベトナムなど東南アジア諸国で受け入れられた建築基準に則った施工技術をマスターしている。第一期の修了生は二〇人だが、今後そのペースは拡大し、第二期と第三期の研修生を合わせると三〇〇人近くになる。

今後、修了生が増えるにつれて、東南アジア諸国で日本レベルの住宅が増えていくことになるだろう。

また、研修生の増加に合わせて、受け入れ先の施工業者も約四〇社にまで急速に増えており、今後も増加する見込みだ。

修了式開始まで間もなくである。主役である修了生たちはすでに着席しており、その表情は希望と自信に満ちあふれていた。

中原は彼らの横顔を見ながら、隣に座っている親方の一人、黒田氏に話しかけた。

「日本に来たときは、頼りなく不安気な表情をしていて『本当に大丈夫かな?』と思った若者が、この三年で見違えるほどたくましくなりましたね」

「ええ。最初は『ひよっこ』でダメダメでしたけどね。でも、彼らの根性というか、やる気はものすごいものがありましたよ。私たち親方の言うことを『一言一句逃さない』という真剣な表情で、一つ一つノートにメモしますし、分からないことは何度でも聞いてきます。

彼らの熱意に動かされて、私たちの指導にもさらに熱が加わりました。すると、彼らもそれに負けずに食らいついてくる。研修を始めてしばらくして、これは成功するなと直感しましたよ」

「私も何度か現場を訪問して、そうした雰囲気は感じていました。良い師弟関係ができているなぁと……」

「そうですね。親方同士で月一回ぐらい集まって、教えるときのノウハウとか、悩んでいることとかも話しました。ただ、いつも最後は『彼らの熱意に負けずに教えていこう』という話になりました。今回の研修を通して、私たちみんなも生きがいを見つけたようです」

「そんな勉強会みたいな会合も行われていたんですね。存じませんでした。それに、親方のみなさんは本当に生き生きされていて、本当によかったです」

中原は、心の底からこの事業をやってよかったと思った。

修了式が始まり、島川社長をはじめ、来賓から激励の言葉がかけられた。式典は進み、修了生を代表して、ベトナム出身のグェンさんが挨拶をする番になった。グェンさんは登壇して、ゆっくりだがしっかりとした日本語で話し始めた。

「三年前、私たちはこの人材育成プログラムで日本にやってきました。初めての日本で、ちゃんとやっていけるかどうか不安でしたが、『親方』をはじめ、みなさんが本当によくしてくださいました。本当にありがとうございます。

今日でプログラムが修了し、私たちはそれぞれ国に帰ることになります。本当はまだまだここで学びたいです。親方にもっと教えてほしいです。でも、それはできません。私たちは今日から新しい道に向けて歩き出さなければなりません。私はここで得た数人の仲間とともに起業し、ここで身につけた技術を活かして、必ずベトナムに家を建てます。

それが、私たちに多くのことを教えてくださった親方やこうした機会をくださったみなさんへの恩返しになると信じています。いつか、ベトナムに来て、私たちが建てた家を見てください。待っています」

その言葉を聞いて、中原はここまでの道のりが長く険しかったことを思い出しながらも、修了生がとても大きく成長してくれたことを実感して、目頭を押さえずにはいられなかった。

◎そして、ベトナムへ

修了式から半年後、中原はベトナム支社の居室にいた。二カ月前、島川社長から「海外人材育成プロジェクトも一段落したようだから、海外に行って経営を勉強してこい」と言われ、ベトナムに赴任したためだ。

島川社長から直接海外赴任の話をされたときは単身赴任を覚悟したが、妻の美樹に話すと「一緒に行くに決まっているでしょ。夫婦なんだから。それに、あなた一人じゃ、何もできないでしょ」と明るく言われてしまった。美樹のこの明るさにはいつも助けられる。

彼女は彼女で持ち前の明るさと行動力を発揮して、先月から日系広告代理店のベトナム法人で働き始めている。ベトナムに来てから、二人でビールを飲みながら、毎日の出来事を話すのが日課になった。

「今日、第一期実習生のグェンさんたちに会社でばったり会ったんだ。ビックリしたよ。向こうも驚いていたけどね」

「へぇー、そうなんだ。グェンさんたちはなんで会社に来たの？　仕事？」

「そう。グェンさんたちは起業したんだ。それで住宅資材や機器を買いに来たんだよ。嬉しかったなあ。修了式のときに『自分たちで会社を興して、必ずベトナムに家を建てます』と言っていたけど、ちゃんと実現してくれたんだ。

しかも、この事業の一番最初のヒントをくれた金子先輩が『親方』としてグェンさんの会社で働いていて、グェンさんたちは毎日現場でどやされているってさ。金子先輩本人はすごく楽しそうにしているらしいけどね」

「すごいわね、グェンさんたちは。ちゃんと夢を実現して。それに、金子先輩って、あなたが新人だったころの現場教育係だった人でしょ？　第二の人生を見つけたみたいで、よかったじゃない。それにしても、多くの人が幸せになって、あなたは本当にいい仕事をしたのね。少し見直したわ」

　美樹は笑いながら、悪戯《いたずら》っぽく言った。

「大変だったからなあ。現地向け住宅の販売当初は多少混乱もあって、あちこち火消しに回っていたし、役員会で売上状況を報告したときには、かなり手厳しく問い詰められたこともあった。正直、役員会で問い詰められたときはどっと冷や汗が出たよ」

「そんなことあったの？　初耳かも」

「そうだね。今みたいにこうして話す余裕もなかったからね。あのころは本当に余裕がまったくなかったんだ」

「どんなことがあったの？　ちょっと聞かせてよ」

「あれは、現地向け住宅の販売を始めて、半年ぐらいたったときだったかな。役員会である役員が『売上規模が小さい。成長スピードも遅い。どうにかならんのか？』と言い出したんだ。事業開始前に役員全員と握っていたＫＰＩを、きちんと達成しているにもかかわらずね」

「どうしてそんなことになったの？」

「株主総会で『売上の伸びが小さい』と言われたのが大きいみたいだった。外部要因で、トップマネジメントの姿勢がぐらつき始め、視座が急速に下がったんだな。そのとき、誰も僕を援護する人がいなくて、四面楚歌のような状態だった」

「ひどい話ね。ＫＰＩを達成できていないのならまだしも、達成しているのに叩くなんて」

「そうだな。三谷さんにも言われていて、しっかりＫＰＩを握ったつもりだったんだけどね。でもね、島川社長が最後はビシッと言ってくれた。おかげで窮地を脱することができたんだ」

「社長はどんなことを言ったの？」

「うん。島川社長は『株主からいろいろ言われると対応を変えたくもなる。できるなら、もっともっとと要求したくなるのも分かる。人間の性《さが》だからな。しかし、この事業がどれくらいのリスクがあり、どのくらいのスピードで成長するか、そのためのマイルストーンとして事業開始前にＫＰＩをみんなで決めたはずだ。ここでグラついたら、事業自体がダメになってしまう。断固として、このまま進めるべきだ』と言ったんだ」

「重みのある言葉ね。やっぱり一流の経営者の言うことは全然違うわ」

「そうだね。この言葉で役員全員が納得して、僕は助かったんだ。役員会後にお礼に行ったら、『まずは小さな成功体験を積み重ね続けることが大事だ。それから、当たり前のことを徹底してやることも大事だぞ』と、さらにアドバイスまでもらったよ。島川社長が温かく見守ってくれている。ありがたいと思ったよ」

「やっぱりトップのサポートって大事なのね」

「そうだね。もし、あのとき、島川社長が援護してくれなかったら、今こうして二人でビールを飲むこともなかっただろうね」

「そっか。感謝しないといけないわね。今度、お礼にでも行ってみようかしら？」

また、美樹は悪戯っぽく言った。

第5章

ビジネスプロデューサーへの道

1……ビジネスプロデューサー型人材の要件

◎「守り」よりも「攻め」志向

第4章のビジネスプロデュースの架空ストーリーはいかがだっただろうか。あくまでビジネスプロデュースの全体像とその一連の流れを理解してもらうために創作したストーリーであり、紙幅の関係もあるため、ご都合主義的な部分がある点は大目に見ていただきたい。

架空ストーリーでも分かるとおり、ビジネスプロデュースで大切なのは、構想と連携である。そして、このビジネスプロデュースを構想し、各企業と連携を行うのがビジネスプロデューサーだ。

広い意味では、構想に参加する企業の担当者全員がビジネスプロデューサーなのだが、その中でも、ビジネスプロデューサー中のビジネスプロデューサーが、最初にビジネスプロデュースを構想する人——架空ストーリーで言えば、島川ハウスコーポレーション経営企画室長の中原雄平氏だ。

実は、経営企画室長をビジネスプロデューサーにするのには異論もあった。経営企画室の第一の仕事は、会社全体の経営計画を立て、それを各部門に振り分け、それぞれの進捗状況を管理して経営計画をつつがなく達成することにある。

どちらかと言うと、経営企画室の仕事は「守り」の仕事であり、新たな事業を発想して実行するような「攻め」の仕事ではない。

実際、二〇一四年三月～十月にかけて東洋経済オンラインに連載された「ビジネスプロデューサー列伝」で、「この人こそ日本企業におけるビジネスプロデューサーだ」という人たちに我々がインタビュアーとしてお話を伺った際、「経営企画室の仕事はおもしろくなかった」と話した人が何人もいらっしゃった。

ビジネスプロデューサーの仕事は、攻めの仕事であり、守りの仕事ではない。経営企画室で能力を発揮するのは管理や社内の部門間調整といった守りを得意とするタイプだから、ビジネスプロデューサーには向かないのであろう。

しかし「おもしろくなかった」と言いながらも、経営企画室で仕事をした経験のある人が多くいたことも事実だ。つまり、おもしろいかどうかを別にすると、経営企画室の仕事を通して会社全体を俯瞰した経験があることは、ビジネスプロデューサーにとって必要な経験なのだ。

ちなみに、その「ビジネスプロデューサー列伝」のトップを飾った富士フイルムの戸田雄三取締役常務執行役員は、コア事業であったフイルムが大きく傾く中、化粧品、医薬品、さらには再生医療事業という大きな事業を創造した方であり、その戸田氏が別のある講演の壇上で「守りは本能、攻めは才能である」とおっしゃっていた。そして同時に、「その攻めの才能を開花させるためには、人材に課題を与えてその才能を育むことが大事だ」とも話されていたのが印象的だった。

経営企画室に配属される人材の多くは、社内のエース級であろう。そのエース級でありながら、「経営企画室の仕事はおもしろくない」と感じるような人がビジネスプロデューサーに向いているのではないかということで、架空ストーリーでは経営企画室長の仕事に物足りなさを感じている人物をあえてビジネスプロデューサーに設定した。

◎ビジネスプロデューサーと起業家の違い

ビジネスプロデューサーには、守りよりも攻めに長けた人材が適しているが、イケイケドンドンで自らが先頭を切って突っ走ってしまうタイプとも違う。

もちろん、「俺についてこい！」というベンチャー企業家タイプの人がビジネスプロデューサーになっても構わない。アメリカでは、ベンチャー企業家がビッグビジネスをプロデュースしている例が多数あるのはご承知のとおりだ。

しかし、日本にはベンチャー企業家タイプが少ないことは間違いないし、大企業にヒト・モノ・カネといった経営資源が集まっていることを考えると、大企業の中でビジネスプロデュースを行える人材はどういう人材かと考えるほうが有意義だろう。

つまり、日本におけるビジネスプロデューサーは、ベンチャー企業家タイプとは違ったタイプが求められるということだ。

では、どういうタイプの人材かと言えば、例えば、企業トップからある程度信頼され、かわいがられるタイプ、経営陣や他の事業部、他社への説明ができ、しっかりと話を聞いてもらえるタイプ、と同時に相手の話にも耳を傾け、相手の立場に立って考えられるタイプ……。

ベンチャー企業家が三角形の頂点に立つイメージだとしたら、ビジネスプロデューサーは車輪のハブの真ん中に立って、多くの連携先とともに構想実現に向けて車輪を回していくイメージだ。

三角形の頂点に立つこともあれば、ときには逆さになった三角形の下の頂点に立って三角形を支えることもある。リーダーになることもあれば、フォロワーに回ることもある。どちらもできるタイプがビジネスプロデューサーにはふさわしい。

◎いわゆる「社内エリート」でないほうがよい理由

数千億円規模のビジネスを立ち上げようと思えば、社内のいわゆる「エリート」に任せるしかないと考える経営者もいる。

だが、これが必ずしもうまくいくとは限らないのがビジネスプロデュースのおもしろいところだ。

エリートがそう呼ばれる所以《ゆえん》は、既存事業でそれなりの実績をあげてきたからだろう。

しかし、既存事業の延長線上で行うビジネスと新たに事業としてゼロから立ち上げるビジネスはまったくの別物。だから、エリートがビジネスプロデューサーに最適とは限らない。

彼らは、既存事業で実績をあげて成功してきたからこそ、その成功体験に縛られて既存事業から脱却できないこともある。むしろ新しい事業の発想こそができない可能性すらあるのだ。

また、エリートを新たな事業にとられたくない所属部門が抵抗することもある。これも無用の諍《いさか》いとなるから、彼らはビジネスプロデューサーにしないほうがいい理由となる。

ある経営者は、事業創造の担当者にはクラスに二、三人しかいない「5」の成績の人よりも「4」の成績の人たちの中から適任者を探したほうがいいと言っていた。

いわゆる「社内エリート」ではなく、社内基準であれば準トップクラスの中から、攻めの仕事が好きで日ごろから「もっとチャレンジングな仕事をやってみたい」「俺に何か新しいことをやらせろ」と思っているような人材を選んだほうがいいと言うのだ。これはなかなか言い得て妙で、我々の経験則とも合致する。

◎ビジネスプロデューサーの三つの素養

統計データがあるわけではないが、我々はこれまでの経験からビジネスプロデューサーには、次の三つの素養が必要不可欠だと考えている。

1. 前向きで明るい
2. 謙虚で素直
3. 自分の意志がある

エリートが集まる経営企画室で活躍するためには、この三つの素養は必要ない。後ろ向きで暗くてもいいし、少々傲慢でも、素直でなくてもいい。自分の意志がなくても、会社の意志に従っていれば経営企画室では活躍できる。

ところが、ビジネスプロデューサーはそうはいかない。先が見えない、動いてみないと分からない環境で仕事を遂行するためには、前向きさと明るさは欠かせない。

誤解を恐れずに言えば、壁にぶつかるたびに立ち止まって反省することよりも、壁にぶつかったことをチームメンバーに感じさせない前向きさと明るさを持っていることのほうがビジネスプロデューサーにとっては尊い素養なのだ。

謙虚で素直でなければ、連携先との信頼関係は築けない。能力は非常に高いが、それを鼻にかけ、腹の中を見せない人と、あなたは連携して一緒にビジネスをしようと思うだろうか。能力が高いだけに、「いいように使われるだけなのではないか」という強い警戒心を持つのが普通であろう。これでは連携は進まない。

人は理詰めで説得されても動かないことが多い。その一方で、ちょっとした共感で動いたりすることは案外多い。その共感を生むのが謙虚さや素直さだったりするのだ。

そして、自分の意志があり、他人から言われてやっているわけではないことも重要だ。必ずと言っていいほど、ビジネスプロデュースでは大きな壁に二度、三度とぶつかる。そのときに心折れずにもうひと踏ん張りができるかどうかが勝敗を分けるのだが、自分の意志があり、その意志に従ってビジネスプロデュースを行っている人しか、この最後のもうひと踏ん張りができない。

会社の意志に従って仕事をしている人は、踏ん張る前に言い訳を先に考え始めてしまうことが多いのだ。

◎視座高く、使命感を持つ

ビジネスプロデュースを構想する際、社会的課題の解決を目指すと大きな構想ができると述べたが、「自分の意志」はこの社会的課題の解決と深い関係にあることが望ましい。

現代の日本は、良くも悪くも社会的課題の宝庫であり、課題先進国と言われている。にもかかわらず、少子化や高齢化、地方活性化、医療や労働などの社会的課題を自分の仕事と結びつけて考えている人は意外に少ないのではないだろうか。「自分たちの仕事とは関係ない」と考えていると大きなビジネスチャンスを逃すことになる。

ビジネスプロデューサーには、社会的課題への関心だけでなく、それを一つでも自分の手で解決したいという視座の高い、使命感のある「自分の意志」が求められる。

他企業と連携する際、ビジネスプロデューサーが高い視座を持って、使命感を持って話をするから、相手も「巻き込まれてみようか」という気持ちになるし、「一緒にやろう」という共感が生まれる。

社会的課題というのは容易には解決できない。だから社会的課題なのだが、そうであっても何とかしようという気持ちを長期的に持てるかということも大事だ。目の前の問題が、難しい問題であればあるほど、難しければ難しいほど燃えるというタイプはビジネスプロデューサーに向いている。

逆に言うと、自分で「限界」を決めてしまうタイプの人はビジネスプロデューサーには向かない。「これはここまでしかできない」と考えてしまうと、そこから先には一歩も進めなくなる。

「ビジネスプロデューサー列伝」に登場いただいた、KADOKAWA・DOWANGO代表取締役社長の佐藤辰男氏も、インフォブリッジグループ代表の繁田奈歩氏も「自分で限界を決めてしまう人はそこで終わります」という発言をされていた。

また、めがねのJINSで有名なジェイアイエヌ代表取締役社長の田中仁氏によると、意識しているのは、「自分は万能じゃない」ということだそうだ。「自分自身の能力が足りないと言い始めたら、うまくいくようになった」ともおっしゃっていた。

壁にぶつかったとき、自分で勝手に限界を決めずに、「そもそも何が目的だったんだっけ?」と原点に立ち戻って考え直すとか、「まったく逆の立場、逆の視点から考えてみよう」と発想を柔軟に変えられるということに加え、「一人ではできないから協力者を探そう」という発想になれる人や、「あの人に会って話を聞いてもらえば、何かヒントがもらえるかもしれない」と考えてその人に実際に会う約束をするとか、そうした「どこかにブレイクスルーできる方法があるに違いない」と信じて実際に行動に移せる人が、ビジネスプロデューサーには適している。

「あきらめのいい人よりも、あきらめの悪い人」や、「何でも自分一人でやろうとする人よりも、他人の助けを借りられる人」のほうがビジネスプロデューサーには向いている。

自分の限界は知っているけれども、自分一人でやる必要はない。いろいろな人の力を借りることを前提にすれば、課題解決の方法やビジネスには限界などないと思っている前向きで明るい人がいい。

◎サポートしてもらえるのも立派な能力

ビジネスプロデューサーに必要なマインドについて述べてきたが、もちろんマインドだけでは足りない。マインドを活かすスキルも、高い能力が必要になる。

例えば、ビジネスを構想する際には、調査分析力や論理的思考力、フレームワーク設計力などが必要になるし、経営トップに説明する際には、資料作成から実際に説明するプレゼンテーション能力が不可欠になる。

ビジネスプロデューサーは、こうした基本的なビジネススキルをひととおり身につけていることは必須である。

また、他社と連携する際には、人脈や交渉力も要る。相手の立場に立って考え、相手の本音や真意を聞き出す力、Ｗｉｎ‐Ｗｉｎの関係を構築する力なども求められる。

他人の助けを借りたい場面でも人脈が頼りになるし、自分が現在どういう状況なのか、どういう経緯があったのか、概要とポイントを適切に相手に伝える説明能力に加え、「何とか助けてやりたい」と相手に思わせる共感力のようなものも大事になる。

あらゆるビジネススキルが高ければ高いほどいいのは間違いないが、すべてを完璧に備えている人材などいない。

大切なのは、先にも述べたとおり、自分の能力の限界はきちんと把握して、不足している部分についてはサポートを求めることだ。

例えば、研究開発や経営企画、管理部門などの経験が長い人材は、調査分析力や論理的思考力、社内調整力には長けていても、社外人脈や折衝・交渉力には不安がある。営業や資材調達など社外向けの仕事経験が長い人は、逆の傾向があるかもしれない。

いずれにしても、自分の能力を見極め、不足している能力についてはチームメンバーに補ってもらうなり、外部の人材の力を借りるなどにより適切に補足する必要がある。

ビジネススキルを完璧に身につけている人材などいない以上、不足分を上手に補うことが何よりも重要だ。その意味では、助けてもらえる、サポートしてもらえる能力こそが、ビジネスプロデューサーには欠かせない絶対的な能力なのかもしれない。

2……ビジネスプロデューサーの育成法

◎「成功」「失敗」「どん底」を体験させよ

ビジネスプロデューサーは、社内エリートではなく、エース級の人材の中から、「前向きで明るい」「謙虚で素直」「自分の意志がある」という三つの素養がある人材を選び、ビジネス経験を積ませることで育成できる。

ビジネスプロデューサーとして活躍するのが四十代だと想定すると、二十代、三十代のときにどのような経験を重ねるかが重要になる。

「ビジネスプロデューサー列伝」で話を聞いた人たちの経験や、我々のビジネスプロデューサー経験から言えることは、次の三つの経験を最低でも一回、できれば数回積み重ねることがビジネスプロデューサーの育成につながるということだ。

1. 成功体験
2. 失敗体験
3. どん底体験

成功体験は、最初から大きな成功である必要はない。違う仕事、違う部署、違うエリアで、小さな成功を何度も繰り返すことで、その人の内面に自信と勇気の連鎖をつくる。一つの成功で自信が生まれ、その自信が次に挑戦する勇気になり、挑戦することで新たな成功が生まれる。この自信と勇気の連鎖が人を成長させてくれる。

先ほど富士フイルムの戸田雄三常務の「人材に課題を与えてその才能を育むことが大事だ」という言葉をご紹介したが、まさにこの話だ。

ちなみに戸田氏の最初の成功体験は、製造現場で発見した不良品の要因だったという。非常に小さな事業部門での小さな発見だったそうだが、そこで不良品が発生する「原理」を発見する重要性と、装置と材料との境界領域にそれを発見する体験をしたことにより、その後も様々な局面で、原理を突き詰めることや境界領域をまたがって考える大事さを応用していくことができるようになったそうだ。

一方、失敗体験は、大きな失敗ではないほうがいい。大きな失敗をしてしまうと、それがトラウマになってしまい、その後、チャレンジする勇気が生まれなくなってしまう。自信を喪失してしまうと勇気が生まれてこない。

失敗したとしても、必ず再チャレンジの機会を与えることも大事だ。一回や二回の失敗はむしろビジネスプロデューサーにとって貴重な経験となる。失敗の悔しさや苦味を知ることで、失敗を真摯に反省し、その反省を教訓として次の成功に活かすこともできるようになる。ちなみに他人の失敗からももちろん学べるが、自ら失敗をした実体験がある人とない人では、人間の深みや優しさが違うのではないだろうか。失敗したチームメンバーへの接し方など、やはり自分が経験している人のほうが痛みを知っているだけうまい。その意味では、チームを率いるうえでも失敗体験は欠かせないと言える。

成功体験は自信と勇気につながるという意味で大事であり、失敗体験は次に活かす教訓として大事になる。

また、成功体験があるから失敗体験を克服できるとも言える。一つの成功があれば、一つ失敗してもイーブンだし、仮に失敗が続いても、次に成功すればまたイーブンに戻せると不思議と前向きに考えることができるようになる。一つの成功体験は、複数の失敗でも耐えられる心の強さを養うことができるらしい。

◎どん底からの生還体験とは？

成功体験と失敗体験に関しては、企業としてそれほど特別なことをする必要はない。なぜなら、これまで述べてきたような適度にストレッチした目標を与えていれば、二十代、三十代でどちらもそれなりに体験するからだ。

これに対して、三つ目の「どん底体験」は、企業が意図的に与える必要があるかもしれない。では、どん底体験とはいったいどのような体験のことか。

「ビジネスプロデューサー列伝」に登場してもらったコニカミノルタの市村雄二執行役は、若い頃、前職のNECでオーストラリアに一人送られた。「一人で何かビジネスをやってこい」みたいな感じだったという。

オーストラリアで一年間、市村氏は悪戦苦闘するが、どのビジネスもうまくいかず、どん底を体験した。何をやってもうまくいかず、何をしたらいいのかも分からなくなった。一年半が過ぎたころ、ようやくあるきっかけからサーバーが売れ出し、ビジネスはその後信じられないほどの軌道に乗ったそうだが、それまではこれまでに経験したことがないほどの「どん底」を経験したと、当時を振り返っておっしゃっていた。

ＫＡＤＯＫＡＷＡ・ＤＯＷＡＮＧＯ代表取締役社長の佐藤辰男氏は、子会社に出向したときが、どん底体験だったという。佐藤氏は「どうせ、どん底なんだから好きなことをやろう」と開き直り、何も恐れることなく、いろいろなことをやった。それらのいくつかが当たったことで本社に戻ってくることができたのだそうだ。

こうした思いもかけない不遇な環境に置かれた体験が、どん底体験だ。そして、「ビジネスプロデューサー列伝」に登場された方の多くが、そのどん底から生還し、そのときの経験が後に新しいビジネスを立ち上げる際に役立ったと語ってくださった。現在の佐藤氏の役職にかんがみると、この体験が佐藤氏のビジネスマン人生に大きなプラスをもたらしたことは間違いない。

ただ、どん底に落ちてそのままという人もいる。いや、おそらく、そうした人のほうが多いかもしれない。ビジネスプロデューサーとして成功した人はどん底を体験した人が多いのは事実だが、それを意図的にやることは難しいのかもしれない。

◎研究費よりも旅費に予算をつけよ

ビジネスプロデューサーの仕事は、守りよりも攻め志向の仕事だ。社内を向いている人よりは、社外に目が向いている人のほうがいい。そう考えると、いわゆる研究費として予算をつけることも大事だが、ビジネスプロデュースという観点からいくと、同時に、あるいはそれ以上に旅費に予算をつけるほうがいいと言える。

社内で、机上で、ああだこうだ言っているのではなく、社外に出てもらい、人に会い、現場を見ることを促す。旅費に予算をつけ、その予算消化を促せば、それだけ社外に目が向くことになる。旅費が消化されないということは社内にこもっている証拠だ。

ビジネスプロデュース・ストーリーにおいても、中原雄平氏のブレイクスルーはほとんどすべて人との会話から生まれていることが分かるだろう。しかも、社内ではなく、違う業界や切り口を持っている人との接触から得られたヒントがその中核を占めている。

なお、ビジネスプロデューサー向きの人材かどうかを確かめるために、守りの仕事でエース級の人材にも、攻めの仕事を経験させてみることは意外に重要だ。外向性や社会的課題への関心度合いは、実際に外向きの仕事にトライさせてみないと分からない。

もしも、守りの仕事で力を発揮していただけの人が、攻めの仕事にも適性があれば、これほどビジネスプロデューサー向きの人材はいない。内にも外にも強い人こそ連携のハブになれるビジネスプロデューサー人材だからだ。

3……ビジネスプロデューサーが活躍できる組織づくり

◎経営トップのサポートなくして成功なし

ビジネスプロデューサーが活き活きと活躍できる組織になるためには、ビジネスプロデューサーを育成するとともに、経営トップを含めた周囲の人たちの意識改革や組織の仕組みづくりも必要になる。

なかでも、非常に重要なのが経営トップのサポートだ。経営トップのサポートなくしてビジネスプロデュースは絶対に成功しない。これは断言できる。

ビジネスプロデュースが当初の目的から逸れてしまったり、規模が小さくなったりしてしまうのは、経営トップの心変わりによることが多い。

ビジネスプロデュースにゴーサインを出したときの計画では、三年間は赤字を許容していたにもかかわらず、一年目の実績が実際に赤字になると、二年目、遅くとも三年目に黒字化するよう計画を変更するように促すなど、経営トップが心変わりしてしまうことが多いのだ。

経営トップといえども、赤字事業に対しては株主から圧力を受ける。他の事業が好調に推移していれば、株主からの圧力に屈することはないかもしれないが、主力事業がジリ貧だったりすると、新たな事業を早期に黒字化することが求められることもあり、そうなると簡単に心変わりしてしまう、あるいはそこまではなくとも、非常に気弱になってしまう経営トップは意外に多い。特にサラリーマン経営者にはその傾向が強い。

こうした経営トップの心変わりを防ぐために、ビジネスプロデュースの計画段階で経営トップとＫＰＩをしっかり握っておくことの重要性を、これまでも強調してきたが、改めてここでも強調しておきたい。それほど、経営トップの心変わりによるビジネスプロデュースの頓挫の事例が多いからだ。


ある企業では、中堅のエースであるＡ氏を子会社の社長に抜擢して本気で数百億円規模のビジネスを新たに立ち上げようと考えていた。Ａ氏は期待に応えて、なかなか有望な構想を描いた。計画段階でＫＰＩもきっちりと設定し、経営トップもそれを了承した。

そしてビジネスプロデュースが実際に実行に移され、Ａ氏は確実にＫＰＩを達成していった。ビジネスプロデュースは順調に大きくなろうとしていた。

それにもかかわらず、二年目の赤字が確定し、三年目も黒字になる可能性がないことを経営トップに報告した際、方針転換がA氏に伝えられた。規模を縮小して早期の黒字化を実現するようにと言われたのである。ハシゴを外された瞬間だ。

A氏は、当然のことながら納得がいかず、かなり抵抗した。何しろ三年目での赤字は計画どおりだったから当然だ。しかし社内の各部門からも黒字化の圧力がかかり、最後は孤立して精神的にまいってしまい、このビジネスプロデュースは頓挫してしまった。我々もいろいろ協力していたのだが、助けることができず本当にもったいないと感じた今でも悔いの残る事例であった。

逆の例もある。経営トップは赤字を容認し、最初の三年間は将来のビジネス拡大に向けて積極的な投資活動（採用、マーケティング、ITなど）を行うことを推奨し続けていた。

しかしながらビジネスプロデューサー側が黒字を追い求めるがあまり、自らが個別の営業活動にまい進してしまった。結果、何とか黒字になったのだが、大事な立ち上げ準備期間の間に必要な投資活動ができておらず、予定していた大きなビジネスにはならないという結末になってしまった。

これも失敗の典型例だ。ちなみに当初設定していたKPIのいくつか（特に必要なはずの投資活動の面）は明らかに達成できていなかったようだ。

ビジネスプロデュースにおいては、当初設定したＫＰＩの達成が難しくなることが多い。やってみなければ分からない不確定要素が多いからだ。ＫＰＩが達成できないと、ビジネスプロデューサー自身の自信が揺らぎ始める。そして、それはチームメンバーにも伝播する。当然、周囲の目も厳しくなり協力が得にくくなる。だから、ビジネスプロデューサーにとってＫＰＩの達成は死守しなければならないし、大事なＫＰＩが達成されないからといって、目先の営業数字や黒字化に飛びついてはいけない。

経営トップも、ＫＰＩの達成には目を光らせ、順守させることが重要だ。その一方で、ＫＰＩが達成され続けている間は、何があってもビジネスプロデューサーをサポートする。たとえ株主が早期の黒字化を求めても、経営幹部や他の収益事業の責任者がそれを求めても、そこは経営トップが腹を決めて当初の計画どおりであることを盾にしてビジネスプロデュースとビジネスプロデューサーを守らなければならない。

◎時間とお金を長期的視点で与える

ビジネスプロデュースには、どうしても時間がかかる。一年や二年では目に見える成果は出てこない。利益どころか売上さえ出ないことすらある。最低でも三年から五年は必要になることも多い。とかく短期的な成果が求められる現代においては、三年や五年は長期に感じられるかもしれない。しかし数百億円や数千億円規模のビジネスを行うに当たっては必須の時間的投資である。

経営トップは、ビジネスプロデューサーに対して、こうした長期の時間を与えるとともに、長期的なスパンで使えるお金を与える必要もある。

一年ごとの予算にするのではなく、ＫＰＩを設定した段階で、三年なら三年、五年なら五年の間の予算を決め、あらかじめその金額をプールして与えられているほうがビジネスプロデューサーは動きやすい。想定外の出費があっても、自分の判断で支出できる。

こうしたビジネスプロデュース予算をどういった名目で予算化するかという問題がある。オーナー社長ならポケットマネーや社長の特別予算から出すということもあるが、普通の企業だとこの方法は難しいかもしれない。

子会社化し、資本金を積むことで本社予算と分断してしまう方法は分かりやすい。連結決算上ではすべて本社に統合されるので、経営トップから見ると同じだし、切り離されてしまうことで不安が募るかもしれないが、他の事業部等との関係では比較的整理がつきやすい。

ただし、事業立ち上がり前からの子会社方式だと、短期的には赤字が続くし、当然、欠損金は積み上がる。そのプレッシャーに耐えられない場合には、本社からの研究委託や調査委託などを通じて売上を立てる仕組みをつくってもらうのも一案である。

一方で経営トップは、長期的な視点でヒト・カネ・時間を少なからず投資するわけだから、失敗したときの損失を把握しておくことが重要になる。

ダイエー創業者の中内㓛氏は、新規事業担当者に「失敗したとき損失がいくら出るかだけ教えてくれ。それだけ見とくから」とだけ言ったという。事業創造は全部失敗することを前提にしていて、中内氏はトータルの損失金額を把握するだけで、事業内容などには何も口を挟まないというわけだ。

失敗を前提として考えるということは、なかなかできない発想かもしれないが、新たな事業というのはそれほど成功が難しいビジネスでもある。このことは、経営トップに限らず、組織の誰もが理解しておいたほうがいい。

もし、事業創造を任されて失敗した人がその後冷遇され、二度と日の目を見ない境遇になってしまうことが分かれば、その組織では誰も新しい事業に挑戦する人がいなくなるだろう。その意味でも、「失敗は当たり前」という文化の醸成や、失敗しても再チャレンジの機会を与えるという会社からのメッセージは非常に重要である。

◎社内のサポート体制とメンターの必要性

経営トップのサポートがビジネスプロデュースには絶対不可欠だと述べたが、社内のサポート体制もまた欠かせない。ビジネスプロデュースは、ビジネスプロデューサーが一人で行うものではなく、企業として取り組むものだからだ。

その意味でも、ビジネスプロデューサーは、社内で協力を得るために構想を説明する責任があるが、なかなか既存事業の担当者には理解されにくい。

むしろ新規事業は既存事業とはまったくの別物だということを組織の全員に認識してもらい、新規事業には多くの社内的サポートが欠かせないということを理解してもらうことも組織として必要である。

架空ストーリーでも何人かの重要なサポーターを登場させたが、社外でも社内でもこうしたサポーターの存在がビジネスプロデュースの成功には欠かせない。

特に、メンター的な存在は重要で、ビジネスプロデューサーの精神的なサポートに加え、ビジネス経験に裏打ちされた技術的サポートが数々の場面で鍵を握る。小さな躓《つまず》きは日常茶飯事で、大きな躓きも次から次と発生するのがビジネスプロデュースである。そのたびに毎度毎度一人でゼロから対応していたのでは、時間がいくらあっても足りない。

架空ストーリーでは、社外コンサルタントを社外メンターとして登場させているが、タイムリーで効果的なアドバイスでプロデュース全体を加速し、または減速させないための重要な役割を果たしている。

社内でのメンター候補は、事業創造のビジネス経験のある役員クラスの人材や、経営の第一線を一歩引いて見ることができる顧問や会長クラスが適している。経営トップ自らがメンターになってもらえるならばこれほど心強いこともない。

とにかく、ビジネスプロデューサーは孤立しやすい。「自分がやらなければ」という責任感から内にこもりやすいということもあるし、協力を得ようとするたびにいちいち説明しなければならない面倒もあれば、そのたびに反対される経験もする。

思ったように進捗していないときこそ、誰かに相談したほうがいいのだが、うまくいっていないときほど相談しにくいため、逆に孤立しやすい。孤立すると情報が入ってこなくなり、視野も狭まるし、視座も低くなる。自分が進んでいる方向が本当に正しいのかどうかという不安にもかられる。

こうしたときに、相談できるメンターがいると、ビジネスプロデュースを「失敗スパイラル」から救い出しやすくなる。

◎情報にカネを惜しむな

ビジネスプロデュースにおいては、情報が非常に重要になることも述べておきたい。

情報と言っても、現場の一次情報から調査結果やアンケート結果、それらの分析情報、新聞や雑誌の記事、インターネットの玉石混淆の情報までいろいろあるが、それらすべての情報の中から客観性を重視して、定常的に情報を仕入れることが大切だ。

特に構想を考える段階での調査や分析は大変重要だが、このときにはお金を使って知りたい情報は徹底的に集める必要がある。情報収集にお金を惜しむと決定的な情報が不足してしまい、構想が絵に描いた餅になりやすい。しかも情報には、落ちているものを拾って集められる情報もあるが、本当に必要な情報は、切り口や深い思考が伴った形で調べないと見えてこないことが多い。

また、ビジネスプロデュースの肝である連携を行う際にも情報がものを言う。例えば、連携先が何を一番求めているかは、外側から見ているだけでは分からない。誰に連携の話を持っていくのがいいのか、誰と連携することが最適なのかなど、やはり連携先の内部情報を知り得る人から情報を得る必要もある。

さらには情報によっては真実度合いや重要度合いの見極めや、条件や環境によって中身が変化する情報もあるし、同じ情報でも受け止める側の知識や知恵でその価値が大きく変化するものもある。

◎外部コンサルタントの役割

新たな事業の創造は、企業にとっては定義により「非日常」である。逆に言うと、「非日常の取り組み」に適性のある人材を常時抱えることは必要ない。そういうときこそ、プロフェッショナルを雇う意味がある。

事業創造の際に外部のプロフェッショナルの力を借りようとすると、「自分でやれ」と言う経営トップや上司はいまだに多い。自分にもできないことを部下にやれと言うのは傍から見ていると滑稽な気もするが、言われた部下も「そうですね、頑張ります」と本気で言っていたりする。

志は大変素晴らしいが、事業創造が真剣勝負の場と思うなら、また、目指す事業規模が大きいならなおさら、社内人材に委ねる場合であっても、そこにプロフェッショナル人材のサポートをつけることで少しでも成功の確率を上げるべきだし、仮に成功しなくともいろいろな学びが得られるようにすべきである。

我々は外部側の立場なので、差し引いて読んでいただいて構わないが、それでもなお、外部の意見は聞いたほうがいいと強く推奨したい。

まず一流の外部コンサルタントは、企業の方々が持つ一〇倍以上の質と量の外部ネットワークを有している。先に述べた情報についても、客観的に集めることができる。情報提供側にとっても直接だとなんとなく出しづらい情報も、第三者の人間には意外に言いやすいし、途中の議論そのものが情報提供側にとって役に立つことも多い。

また、外部のコンサルタントは、アライアンス交渉だけにとどまらず、企業のビジネスプロデュースが行き詰まったときのメンター役も果たすことが可能である。様々な他業界や他の企業での経験は、特に経験の浅いビジネスプロデューサーにとっては大変ありがたいはずだ。

さらには、内部の人が「分かっているが言えないこと」を、コンサルタントから客観的かつプロとして適切な言葉で言ってもらえるということは意外に大きな付加価値でもある。

ただし、当然ながらその外部コンサルタントの質は厳しく問う必要がある。こういうところで投資を惜しむと、目も当てられない結果が待っていることは念のために書き添えておく。

4……行政へのアプローチの必要性とその方法

◎法律は変えられる

数千億円規模のビジネスプロデュースを行おうとすると行政への働きかけが必要になる場合も多いので、それについても触れておきたい。

ビッグビジネスは、規制と規制の間に生まれると言っても過言ではない。ここで言う規制とは、法律や業界慣習も含めたルールのことだが、この規制が変えられない前提で考えるのとそうでないのとでは、そのビジネスの大きさには雲泥の差が生まれる。

柔軟な規制の変更、撤廃がビジネスを大きく成長させる事例は多い。

例えば、「UBER《ウーバー》」というタクシーの配車サービスがアメリカ発で世界的に広がっているが、日本ではまだサービスが部分的にしか行われていない。これは日本に規制があるからだ。

アメリカでも当初は規制があった。それを「顧客の利便性を高めるサービスである」という大義名分をＵＢＥＲが掲げて州政府にロビー活動を行い、州単位で規制緩和を勝ちとることで、アメリカ全土へ広がっていったという経緯がある。そして、同じようなロビー活動を他国の政府や行政機関に対しても行うことでＵＢＥＲのサービスは世界的に広がっている。日本でも規制を緩和してＵＢＥＲの配車サービスが行えるようにしようという声があがっているが、これが実現して一番儲かるのはもちろんＵＢＥＲだ。今後、規制緩和が実現するにしても、それはアメリカからの「規制を緩和しろ」という外圧によるところが大きいという面は否定できない。

日本企業が数千億円規模のビジネスを考えるとき、それは世界初の技術で画期的な製品をつくるしかないと考えがちだが、実際はそうでないことのほうが多い。

ＵＢＥＲと同様の配車サービスを行えるソフト（システム）をつくる技術のある企業は、日本にもいくつもあるだろう。しかし、日本人は顧客の利便性を高めることができれば、規制緩和にとどまらず、制度設計もできるという発想があまりできていない。顧客第一と言いながら、現存する規制や業界慣習の中でしかビジネスを発想できていないと言えるのではないだろうか。

日本企業は、決められたルールの中で最適な製品やサービスをつくることは得意である。おそらく世界一と言っても過言ではないだろう。しかし逆にルールを変えてビジネスを発想するのは極めて苦手だ。

日本企業は、既存の規制に縛られた発想しかできていないと同時に、既存事業に対する影響とそれに対する反発を恐れてチャレンジしないという側面もある。ＵＢＥＲの配車サービスなら、当然、既存事業者であるタクシー業界から反発が起こることは間違いない。そうするとこれを恐れて、「面倒なことはやめておこう」という発想になる。

既存事業者の反発を抑えつつ、制度を変更してもらうには大義名分が欠かせず、それが社会的課題の解決であることも多い。

ビジネスプロデュースを構想する際に、社会的課題の解決を目的にする意味がここにもある。社会的な課題を解決するビジネスであれば、既存事業者も既得権益を守ることだけを主張して反対はできないし、行政も制度を変更しやすくなるのだ。

さらに進めて考えると、そもそも反発しそうな既存事業者を構想に巻き込んでしまうという手もある。既得権益に代わる新規の利益があることが分かれば、既存事業者の中にもビジネスプロデュースに協力する企業が出てくる。これも成功するＷｉｎ-Ｗｉｎの形の一つである。

◎「陳情」ではなく「ロビイング」を行え

規制に縛られずに「規制は変えられる」と考えてビジネスプロデュースを構想したら、次にやるべきことは実際に規制を変えるための行動だ。

アメリカでは、政治家に対してロビイングを行うのは企業にとって当然の行為だ。正確な数字は分からないが、一説によるとアメリカのロビイング市場は一兆円とも言われている。ロビイングに企業が一兆円のコストを払うということは、その効果は何十倍もあると考えているからであろう。日本においてもアメリカの半分、五〇〇〇億円くらいの潜在的なロビイング市場があると考えられるが、今現在、日本企業がこれだけのお金を使って日本の政治家や行政機関にロビイングを行っている事実はない。

ちなみに日本企業がロビイングの代わりにやっているのは「陳情」だ。規制の緩和や変更、撤廃を提案するよりも、補助金や助成金を出してほしいというお願いが圧倒的に多いのではないだろうか。

ロビイングに対しても同様に、自社に便宜をはかってもらうために行うちょっとこずるい行為という矮小化《わいしょうか》された認識がされているように思うが、アメリカのロビイングはまったく違う。アメリカでは、ロビイストは尊敬される存在だ。

それは、企業からお金を受け取っているにしても、その企業のためだけに我田引水の政策提案や調査結果レポートを出しているわけではないからだ。少なくとも表向きは「公的な利益の実現」のための活動なのだ。

ロビイングを受ける側も、個別の企業に利益誘導するような政策や規制緩和ばかりはできないし、そんな話を聞いている暇もない。これは日本の行政機関も同じだろう。

にもかかわらず、霞が関に行く企業担当者の多くが陳情を行っている。逆に言えば、公的な利益を実現するための政策提案であれば、行政担当者はどんなに忙しくても話を聞かなくてはならないであろうし、それこそが真のロビイングと言える。

今後は日本にも、こうしたロビイングを専門にしたロビイストが増えてくるかもしれないが、そうでなくても、企業が自社の利益を超えた公的な利益を実現するための政策提案や規制緩和要望などを行うことには何の問題もない。

◎企業も行政も自ら動き出せ

企業は、「行政が動き出して決めてくれないから自分たちも新しい動きができないのであって、行政が規制を変える／緩和すると決めてくれれば動き出せる」と言う。一方で行政は、「企業側が『こういう規制を変えてほしい、緩和してほしい』と具体的に言ってくれれば、いくらでも対応できる」と言う。お互いに相手に先に動き出してほしい、相手が先に動いてくれれば自分たちも動くと言っているのだ。

「一休さん」の話で、足利将軍が一休さんを困らせようと「屏風《びょうぶ》の虎が夜な夜な出てきて暴れて困るので捕まえてくれ」という無理難題をふっかけるシーンがある。それに対して一休さんが「虎を（屏風から）出してくれるなら捕まえてご覧にいれましょう」と、とんちで返すのだが、まさにこの状況にそっくりだ。相手が動くなら自分も動こうと言って、双方が動かない状況を我々は「一休さんの虎」状態と呼んでいる。自分が何もしない言い訳を相手のせいにすることで正当化しようとするのは、あまりに無益な行動であり、事業創造のプロセスにおいては、許し難き時間の浪費行為だと思う。

　少し衝撃的な言い方になるが、行政の人たちは、実は政策をつくることはできない。行政の人間が持っていて知っているのは、予算や税制や財政投融資、あるいは法令や基準認証といった「政策ツール」であり、「政策そのもの」ではない。「政策」は企業など現場を知っている側が創造していくものであって、それと「政策ツール」を持っている行政に協力してもらって手段として使いながら、共に紡いでいくものなのだ。

　したがって、双方で「一休さん」をやっている暇があったら、例えばまずは企業が先に動き出し、行政に取り組むべき社会的意義と、そこに対する企業側のコミットを伝え、そのうえで行政の役割を議論すればよい。そして、一緒に議論して規制を変えてもらうなり、新しい規制をつくってもらうなりして、制度の間から新しいビッグビジネスを生み出せばいいのではないか。

◎行政に求める三つの取り組みと、三つの意識変革

最後に、ビジネスプロデューサーを進め、ビジネスプロデューサーを育成するために行政に対して、三つの取り組みと三つの意識改革の提案をして本書を締めくくりたい。

まず取り組みの一つ目は、業界別の組織から社会的課題別の組織への変更だ。すでに述べたように、もはや既存の業界でできることは限られている。これからは業界横断で物事を考えていかないと新しい事業も政策も生まれない。したがって政府行政機関も、従来の業界別組織ではなく、「新しい何か」を生むには社会的課題別の組織に思い切って変えてみると発想がガラッと変わって新たなアイデアがたくさん出てくるように思う。少子高齢化、環境エネルギー、コミュニティ活性など、まずは何でも良い。比較的大きいと思われる課題でくくってスタートしてみてはどうか。うまくいかないと思ったら、どんどん変えればよい。

取り組みの二つ目は、「実証実験」のフィールドをたくさん用意してあげてほしいということ

とだ。業界を超えて新しいビジネスを生むためには、複数の企業がそれぞれの強みや工夫を持ち寄って実験する場が非常に重要だ。

先に述べた「自動運転」の実証フィールドはその典型だが、「アルツハイマー予防薬」の治験フィールドや「他家細胞を活用した再生医療」の提供フィールドがあってもいいかもしれないし、「団地の空室を宿泊施設や研修施設に活用」という目的での巨大住宅実証の場もおもしろいかもしれない。少なくともロボット、水素／ＦＣＶ（燃料電池自動車）、ドローン、医療など、およそ大きな市場になりそうな先端技術には大抵、このようなフィールドの設定が有効と思われる。

こうした場は、中立的な国や自治体でないとなかなか用意が難しいが、逆に言うとこれこそが国や自治体の仕事だとも言える。そしてこうした考え方は、技術実証の場に限らず、複数の業界プレイヤーが全体の構想やビジネスアーキテクチャを創造し試していくべき場や、共通のルールづくりを議論して試していく場でもまったく同じことが言える。特区の運用についても、規制緩和の中身を事前に列挙しないと認めないのではなく、フィールドを与えてから自由に制度設計できるようにするとか、構想に相当する共通部分への実現に予算を重点配分するといったことをすると、企業の動き方はもっと柔軟にできる。

取り組みの三つ目は、これは行政というより大学の話になるが、大学に「ビジネスプロデュース学部」を創設したらどうかと思う。半分はビジネススクールの課程を共有しつつも、新しく事業を創造することの意義やその手法を確立させるための学問体系をつくるという目的を兼ねながら、事業創造に対する意識改革も含めた取り組みを位置づけるという狙いだ。

米国では、例えば高齢化が問題になるとたちまち「老年学」という学問体系をつくり、結果的にグローバルにおけるビジネスのイニシアチブをとることに役立てたりしている。米国は、アカデミアにおいても、新たな専門領域をつくって人を育てながらビジネスへレバレッジさせていく取り組みは大変上手だなと感じる。日本でも二〇一四年に、山崎亮氏を学科長とする「コミュニティデザイン学科」というものが東北芸術工科大学にできたが、まさにこうした動きだ。

意識改革の一つ目は、ぜひ官僚の方々それぞれが、自分の考えや思いをしっかりと持ったうえで行動してほしいということだ。多くの官僚の方々は、企業やマスコミ、世間一般がどう思っているのか、どう考えているのかを気にしすぎているのではなかろうか。もちろん、唯我独尊にならないための自戒や自己規制は必要だが、そのうえで、それでも自分の考えや思いで行動することが求められる。特に、自分の考えや感覚で「おかしい」と思うことに対しては、「おかしい」と声をあげなければならないし、逆に、「これは絶対にやるべきだ」と思えば、その実現に向けて自らアクションを起こしていかなければならない。

　意識改革の二つ目は、行政の専門家として自負を持ち、担当する分野の情報の質と量では、企業担当者を圧倒してほしいということだ。そのためには現場を知らなければならないし、世界での動向や歴史的背景についても勉強しなければならないが、それが自在にできるのが官僚という立場である。

　官僚は、企業からの要望や提案を受けた際に、その場でそれがその企業の我田引水ではなく、本当に公的な利益を実現するものか否かが判断できなければならない。そして、仮に要望や提案の趣旨が正しいとしても、矛盾点や情報不足を正確に指摘して、要望や提案以上の公的な利益を実現できるようにしなくてはならないが、これをきちんとやることが逆に企業への良いプレッシャーになる。企業の担当者も「さすがに官僚は手ごわいな／詳しいな」と思えば、さらに勉強するし情報収集を徹底する。そしてその対応窓口となる渉外部に有能な人を充てるようになってくる。そうすれば企業と行政との切磋琢磨がドライブされ、世界を制するようなビッグビジネスも生まれやすくなる。

　意識改革の三つ目は、社会的課題の解決のために真剣に取り組んでいる企業に対しては、積極的に支援してほしいということだ。視座を高く持ち、一企業の利益を超えて日本社会、ひいては世界の人たちのためになるビジネスを行おうというビジネスプロデューサーや企業に対しては、国を挙げて応援するという姿勢で行動を起こしてほしい。

一企業や官庁の利益を超えた、もっと大きな社会的意義のある事業やビジネスについて議論するのであれば、どんなに密接なコミュニケーションをとっても、協力体制を築いても癒着とは言われない。社会的課題の解決という大義名分を掲げ、より大きな公的な利益を実現するためには企業と行政の関係強化は欠かせない。そのためには、今以上に密接な関係づくりが必要なのではないだろうか。

〈著者略歴〉

三宅孝之（みやけ・たかゆき）

株式会社ドリームインキュベータ執行役員。京都大学工学部卒業、京都大学大学院工学研究科応用システム科学専攻修了（工学修士）。経済産業省、A.T. カーニー株式会社を経て DI に参加。経済産業省では、ベンチャービジネスの制度設計、国際エネルギー政策立案に深く関わった他、情報通信、貿易、環境リサイクル、エネルギー、消費者取引、技術政策など幅広い政策立案の省内統括、法令策定に従事。DI では、環境エネルギー、まちづくり、ライフサイエンスなどをはじめとする様々な新しいフィールドの戦略策定及びビジネスプロデュースを実施。また、個別プロジェクトにおいても、メーカー、医療、IT、金融、エンターテインメント、流通小売など幅広いクライアントに対して、新規事業立案・実行支援、マーケティング戦略、マネジメント体制構築など成長を主とするテーマに関わっている。東洋経済オンライン「ビジネスプロデューサー列伝」シリーズのインタビュアーも務める。

島崎 崇（しまざき・たかし）

株式会社ドリームインキュベータ執行役員。早稲田大学理工学部工業経営学科卒業。慶應義塾大学大学院経営管理研究科修了。株式会社電通国際情報サービスを経て DI に参加。電通国際情報サービスでは、SE 及びプロジェクトマネジャーとして、金融機関における国内外のシステムインテグレーションのプロジェクトを経験。その後、経営計画室で中期計画・予算策定などの経営管理業務、R&D センターで R&D 投資委員会の設置・運用及び新規事業開発などに従事。DI では様々な業界に対し、構想策定、事業戦略策定から機能／サービスのアーキテクチャ設計、パートナー選定・交渉、組織設計、政策連携に至るまで、一貫して新規事業の創出・立ち上げに関わるプロジェクトに従事。愛知県豊田市のアドバイザーを務める他、文部科学省、経済産業省における検討会・ワーキンググループ委員を歴任。

3000億円の事業を生み出す「ビジネスプロデュース」戦略
なぜ、御社の新規事業は大きくならないのか？

2015年5月27日　第1版第1刷発行

著　者　三宅孝之
　　　　島崎崇
発行者　小林成彦
発行所　株式会社ＰＨＰ研究所
東京本部　〒102-8331　千代田区一番町21
ビジネス出版部　☎03-3239-6274（編集）
普及一部　☎03-3239-6233（販売）
京都本部　〒601-8411　京都市南区西九条北ノ内町11

PHP INTERFACE　http://www.php.co.jp/

組　版　株式会社PHPエディターズ・グループ
印刷所　大日本印刷株式会社
製本所　東京美術紙工協業組合

ISBN978-4-569-82429-1